ABRAÇOS QUE SUFOCAM

Roberto Espinosa

ABRAÇOS QUE SUFOCAM
e outros ensaios sobre a liberdade

Ilustrações
Waldomiro de Deus

VIRAMUNDO

Copyright © 2000, by Roberto Espinosa

Capa
Antônio Carlos Kehl

Ilustrações de capa e miolo
Waldomiro de Deus

Revisão
Danielly Moreira, Ênio Gruppi, Luís Brandino,
Marco Weber e Rosemere Fabrin

Diagramação
Decio Toshio Chiba

Produção gráfica
Sirlei Augusta Chaves

Fotolitos
OESP

Impressão e acabamento
Lis Gráfica

ISBN 85-85934-50-6

1ª edição: março de 2000

É vedada a reprodução total ou parcial de qualquer parte
deste livro sem a expressa autorização da editora.

Todos os direitos desta edição reservados à:
EDITORA VIRAMUNDO
Av. Pompéia, 1991 - Perdizes
São Paulo – SP – CEP 05023-001
Tel. (xx11) 3865-6947; fax (xx11) 3872-6869
E-mail: editoraviramundo@ig.com.br

Em memória de:
Carlos Lamarca,
Carlos Roberto Zanirato,
Chael Charles Shreier,
Dorival Ferreira,
João Domingues da Silva,
José Campos Barreto,
Mariane José Ferreira Alves,
Maria Auxiliadora Lara Barcelos,
Yara Iavelberg.
Eles me recordam e sintetizam todos que sacrificaram
suas vidas na luta contra a ditadura. Hoje eu gostaria
de poder discutir com eles as idéias contidas neste livro, também contra
as formas inovadoras e bem intencionadas de opressão,
e tenho certeza de que não se furtariam ao debate.

E também em memória de:
José Espinosa,
meu pai. Mesmo sem entender a luta do filho, ele foi preso e permaneceu
como refém do Estado no QG do II Exército.

SUMÁRIO

Prefácio 9

Abraços introdutórios 17

Abraços que sufocam 47

Papo de preso no Carandiru 89

O dia em que Pinochet chorou 113

Dragões, praças e a Besta 125

Ameaça de pijamas 137

Liberdade de banho e fim do gênero homem 151

O passado contra o futuro 171

A crise em busca de uma oposição 183

Banalização do ensino e futuro sombrio 199

Dois relâmpagos na noite do arrocho 221

Prefácio

Benjamin Abdala Júnior

Em seus "Abraços introdutórios", Antônio Roberto Espinosa explicita e busca um sentido para aqueles "abraços que sufocam", abraços estes que remontam a uma história muito antiga e que acabaram por marcar a nossa geração, que se embalou com os sonhos libertários e igualitários dos anos 60. Essa busca efetivamente nada tem de saudosista e é motivada por uma razão de ser, conforme explicita: "a procura de alternativas que revifiquem a utopia e alimentem uma nova prática, resgatando a identidade entre a esperança e as ações cotidianas". Espinosa reúne, então, uma seleção de crônicas que mostram suas ações cotidianas, com os pés colocados em Osasco, o lugar de sua identidade. É a partir dessa sua Osasco real, com suas carências e suas aspirações, que ele circula a sua cabeça, para observar o passado, por exemplo, buscando um sentido atual para imagens presentes em sua memória, recuperadas agora sob o crivo crítico da razão, mas também com muita afetividade. É desse local, no corpo-a-corpo com a vida, que ele apresenta suas reflexões políticas para mostrar que o que ocorre em Osasco mostra simetria com o que acontece em outros lugares, no Brasil e no exterior, conforme a dinâmica do atual processo de mundialização da economia capitalista.

Mais que rememorar fatos do passado e a memória de alguns de seus atores, talvez o que pretende é reviver e se possível reconfigurar, em termos de atualidade, parte do sentido das ações desenhadas sobretudo por aqueles atores que lhe foram mais caros, tal como essas ações se configuraram na década de 60. Seria essa uma forma de recuperar as linhas desses gestos libertários, para materializá-las em "ações cotidianas" de agora, num espaço concreto, Osasco. É neste local emblemático das movimentações operárias – próprias de uma década igualmente emblemática de manifestação do sonho libertário – que Espinosa procura reconfigurar o que considera mais relevante desses antigos gestos em sua práxis de jornalista e cidadão, através de sua escrita. Na atual etapa do processo de mundialização do capitalismo, reitero, Osasco – uma aldeia global, como outras – poderia ser vista assim, como pretende o autor, como um novo espaço representativo do que pode ocorrer noutros lugares. Motiva-o uma "nova prática", própria de quem assume a cidadania de forma mais acabada, diferente do corporativismo e do autoritarismo que visualiza nos movimentos populares após a democratização de 1985. E é em Osasco – analogamente ao

10

Eça de Queirós jornalista – que ele recebeu aquilo que falta a boa parte dos atores desses movimentos populares: o seu "banho de realidade", um "banho" que reconfigurou os conceitos teóricos que ele havia adquirido, como aconteceu com o escritor português, numa ambiência mais intelectualizada.

O "banho", conforme revelam suas crônicas, não é sufocante. A crítica é de quem acredita que as coisas possam ser diferentes, buscando "alternativas que revifiquem a utopia", como já apontei acima. Utopia aqui não é quimera, mas um princípio de quem tem esperança. A palavra utopia, como se sabe, foi cunhada no livro *A utopia*, de Thomas Morus[1], e tenho procurado fazer uma leitura que difere das interpretações tradicionais dessa narrativa. Quando nesse livro, publicado no início do século XVI (1516), a personagem Rafael, um navegador português, terminou sua narrativa em que explicava como funcionava a vida social da ilha da Utopia para Thomas Morus, este, encantado pelo relato, não perdeu o sentido crítico: *(...) se por um lado* [narrou o pensador inglês] *não posso concordar com tudo quanto esse homem disse, homem aliás muito sabedor sem contradição possível e muito hábil nas coisas humanas, por outro lado facilmente confesso que há nos utopianos uma porção de instituições que desejo ver estabelecidas nos nossos países. Desejo-o mais do que espero.*[2]

"Desejo-o mais do que espero", disse Thomas Morus. Esta última observação parece-me apontar para o sentido básico do texto: o relevo dado por Morus à dimensão do desejo de transformação, do sonho (diurno) direcionado para a frente e que acaba por mover os objetos, as sociedades, as culturas, como desenvolve Ernst Bloch em sua obra monumental *O princípio esperança*[3].

Nessa perspectiva o sonho, numa direção oposta à de Freud, é diurno. Não é noturno e nem vem de frustrações. É o sonho de quem procura novos horizontes, um princípio de juventude, que releva a potencialidade subjetiva dos indivíduos. É olhando para a frente, sonhando com o futuro (o projeto intermediando o presente e o futuro), que se torna possível concretizar objetivos. Essa atitude é mais adequada do que aquela que poderia advir do sonho noturno, de quem teima obsessivamente em olhar para trás, melancolicamente contemplando ruínas.

A utopia, como energia ou potencialidade subjetiva, não se coaduna com instâncias comportamentais de ordem burocrática. Importa é se colocar em movimento, com os pés no chão, mas com perspectivas abertas para mudanças de curso. É assim que procuro situar o sentido da práxis de Espinosa, a partir de seu texto. Se a ilha de Morus foi

---

[1] 7. Ed. Lisboa, Guimarães Editores, 1990.
[2] Idem. *Ibidem*, p. 169.
[3] *Le principe espérance*. Paris, Gallimard, 1976, 1982, 1989. 3 tomes.

criação do imaginário de seu autor, como se sabe, para que ele pudesse manifestar suas convicções sobre a organização política e sócio-econômica dos Estados nacionais europeus, então em formação – uma figuração aérea para ultrapassar labirintos político-sociais, Osasco – essa aldeia global como a situa Espinosa – diferentemente para os leitores um produto da observação, mas que motivada pelo princípio esperança, será um paradigma para outras cidades.

É com o pé nessas "ações cotidianas", no calor da hora dos fatos que eram notícias para o seu jornal, que Espinosa discute a prática dos movimentos populares: dos aspectos conjunturais de uma matéria, busca a estrutura na qual eles se articulam – as linhas que afinal acabam por modelar toda matéria capaz de se constituir notícia. É o espaço da crônica, que permite a expressão de um ponto de vista crítico e também a manifestação da emoção. Isto é, a crônica deixa mais manifesto o que a pretensa objetividade do discurso jornalístico escamoteia. Na crônica e na difícil arte de sobrevivência de seu jornal *Primeira Hora* tomou então o seu "banho de realidade". Para tanto, era necessário acreditar em seu projeto, fazer da esperança um princípio.

Preso político da ditadura militar, Espinosa – com quem me encontrei no presídio Tiradentes – procura recuperar o sentido mais profundo da nossa geração de jovens motivados por esse princípio, que não deixa de ser também uma expressão de juventude: o inconformismo em face das iniqüidades da ditadura militar. Talvez se possa fazer uma outra consideração sobre o caráter dessa "utopia" que ele procura "revificar" como jornalista e cidadão. Uma forma de se ver a historicidade do mundo é situar suas formas numa dialética entre a ascensão e a queda. Uma estrutura que pode representar essa dialética, nos horizontes dos sonhos libertários, é o mito de Ícaro, narrativa de um paradigma cultural que tem embalado nossos sonhos, uma forma de representação de nossos impulsos, onde a postura criativa conflui para a aspiração, estruturalmente similar, de liberdade.

Recupero aqui essa narrativa, que traz uma forma de comportamento que pode ser associada aos românticos dos anos 60. Filho de Dédalo, um genial engenheiro, Ícaro é símbolo do desejo humano de voar. Manifesta uma vontade análoga àquela que motivaria Leonardo da Vinci, que criou o princípio dos aviões na Renascença italiana, ou séculos mais tarde à de Santos Dumont que deu a volta na torre Eiffel com o seu balão dirigível. Gagárin, mais próximo de nós, foi o primeiro homem a ingressar no espaço exterior e Armstrong o primeiro a chegar à Lua.

Pois bem, voltando à Grécia clássica, diz o mito que Dédalo e seu filho Ícaro estavam presos no Labirinto que o próprio pai construíra para o rei Minos, de Creta. Para se libertarem, olhando para o espaço de liberdade possível – o céu –, Dédalo imaginou dois pares de asas – para ele e para seu filho. Traduziu sua imaginação em projeto, construindo um artefato que afinal os libertou do Labirinto. Pela elevação, para o céu, Dédalo, juntamente com o filho, afastou-se, assim, da armadilha que ele próprio construíra, de acordo com a efabulação. Uma prisão histórica e psicológica – é de se entender – por referência à estrutura dessa forma de representação dos impulsos humanos. Por certo, pelo alto, essas personagens poderiam conhecer também a configuração do Labirinto. A ascensão – isto é, a imaginação – pode propiciar a compreensão do enigma, desvendando-o em suas linhas estruturais, isto é, decifrando e relativizando o que era considerado indecifrável.

Ao movimento de ascensão da personagem mitológica, sucede-se o da queda. Antes da partida, Dédalo aconselhou seu filho a voar numa altitude média. Um ideal clássico de equilíbrio, para que ele, em vôo baixo, não se aproximasse do oceano, reino de Netuno, correndo o risco de tocar as asas nas águas; ou, em sentido contrário, em vôo alto, não se aproximasse da morada dos deuses celestes, correndo o risco de se queimar pela ação dos raios do Sol. Como se sabe, as asas eram de cera e foram construídas por Dédalo, com engenho e arte, fixando na cera penas de pássaros que caíam dentro do Labirinto. Deslumbrado com a liberdade do vôo, isto é, conforme estou lendo, com a sede de conhecimento que vinha da ascensão, o jovem Ícaro aproximou-se do Sol, dando seqüência então a seu destino trágico conhecido de todos nós: derreteram-se suas asas, sem que o pai se apercebesse, vindo a ocorrer em conseqüência sua queda e morte nas águas do oceano. Cada uma das asas, continua a narração mítica, formou uma ilha, originando o arquipélago das Icáricas. Se observarmos hoje o mapa da Grécia, podemos verificar que essas ilhas já estão fora dos domínios coercitivos do mar de Creta...

Valendo-me neste momento desse paradigma cultural, eu poderia afirmar que fomos Ícaros e, embora derrotados, boa parte dos atores sociais dos anos 60 ressurgiu em outros tempos, como na movimentação da anistia e das Diretas-já. Ressurgiu quem conseguiu pousar sem despersonalizar para além dos labirintos históricos estabelecidos. Quando analisamos uma forma literária, nós nos acostumamos a vê-la em sua historicidade. É o caso de Espinosa em seu barco-ilha – o jornal *Primeira Hora*, de Osasco. Não se trata de se visualizar nessa volta a simples repetição do modelo cíclico da representação do tempo, mas de se reconfigurar um sentido equivalente dos gestos, conforme o movimento dialético da espiral, que retoma, interfere e projeta essa forma. Os gestos, assim retomados, são impulsionados em atores como Espinosa, que afinal impede que eles se petrifiquem nas frases feitas ou nas práticas estereotipadas.

Um mito como o de Ícaro, mais do que uma lenda, mostra-se através dos ícaros de todos os tempos como uma forma de se conhecer uma linha de vida, dessas em que fulgura o futuro. Ele não pode ser tomado, pois, como uma fábula fossilizada. Na efabulação mítica, então, a vida não é um particípio, mas um gerúndio, um *faciendum* e não um *factum* (Ortega y Gasset). O homem, na verdade, quer viver a história tornando-a sua história. Pretende dramatizar essa história, para fazer dela seu destino.

Por ser o mito uma expressão da vontade renovada de uma nova história, ele não apenas registra grandes histórias arquetípicas do passado, mas sobretudo materializa nossos impulsos em forma de narrativa. O mito é manifestação, assim, de um *continuum* que envolve historicidade e psiquismo humano. Todo mito, além de manifestar essa vontade de história, é também expressão de um drama humano condensado. E é por isso que todo mito pode facilmente servir de símbolo de situações dramáticas que constituem paradigmas culturais.

Não é por acaso que Espinosa nomeia "Abraços que sufocam" para um conjunto de suas crônicas e que esse seja o título deste livro. Seu alvo principal é uma forma de prática dos movimentos de esquerda que se enreda pelos caminhos. Sufocam porque enredadas nas próprias práxis. Há uma imagem literária que bem exemplifica essa decorrência, que Espinosa aponta não só em relação ao passado recente no Brasil, mas também aos sonhos de liberdade de outros tempos que se transformaram em novas formas de tirania. Refiro a um romance pouco conhecido de leitores brasileiros: *O cão e os caluandas*, de autoria do angolano Pepetela, que recebeu a maior premiação literária entre os autores de língua portuguesa (Prêmio Camões). Pepetela, como Espinosa, participou da guerrilha. A diferença é de que lá eles venceram, melhor dizendo, assumiram o poder. Há, nesse romance, a imagem de uma buganvília – a árvore que popularmente chamamos de Primavera. Em Angola, como no Brasil, há uma simbolização positiva da primavera (identificação com a estação do ano, nascimento, renovação). Entretanto, na imagem do romance, essa árvore plantada na ocasião da tomada do poder, num momento, pois, de esperança libertária, foi crescendo de forma vertiginosa, tomou conta do terreno, "abraçou" a casa onde fora plantada (lugar da identidade) e começou a destruí-la. A imagem da Primavera figurava em poemas e nos discursos oficiais identificada ao novo estado igualitário, que havia derrotado o colonialismo. Um abraço que sufoca, pois, também na perspectiva de quem não foi derrotado politicamente, mas que o foi do ponto de vista da concretização do sonho libertário. O que haveria de errado? Os textos de Espinosa discorrem sobre o desenho dos gestos, isto é, determinados hábitos de pensamento e de comportamento que os indivíduos levam para onde circulam, quer estejam nas prisões ou no poder.

E se os vencidos dos movimentos libertários da década de 60, no Brasil, tivessem assumido o poder, repetir-se-ia a mesma frustração do escritor angolano? Para Espinosa, pouco mudaria, em razão da práxis corporativa e autoritária. Não se pode esquecer que no atual processo de mundialização tomam vulto as corporações multinacionais, cujas ações ao mesmo tempo que diminuem o poder dos estados nacionais inculcam ideologicamente os hábitos competitivos de sua maneira de ser. Falam em globalização, mas esta efetivamente não ocorre: globalização implica totalização e reciprocidade, mas o que se observa, por exemplo, é a concentração de riqueza nos EUA que impõem sua ordem ao conjunto do mundo. O modo de pensar a realidade do corporativismo passa então mais livremente para o conjunto da sociedade.

O corporativismo é uma forma de articulação social que não é nova e que acabou por ser apropriada, de acordo com Espinosa, pelos partidos políticos de esquerda do século XX, em suas mais variadas tendências. Estaria nessas articulações o modelo social que daria base ao chamado "socialismo real", entendido na verdade como uma corporação de burocratas que, no caso da URSS, veio a se transformar em classe dominante. Como se sabe, não foram propriamente esses burocratas que motivaram a revolução russa. Com a tomada do poder, boa parte dos antigos revolucionários (muitos considerados "românticos") não se enquadrou na nova ordem – isto é, a ordem da corporação burocrática, e acabaram por ser excluídos do processo.

Como a forma permanece, inclusive para além das motivações que determinaram seu surgimento, esse modelo corporativo passou para o conjunto das tendências de esquerda no país. É evidente que as formas de articulação da vida social possuem dinâmica própria, com uma autonomia relativa quando considerado um conjunto da situação histórica. Os hábitos de uma organização são passados para outra. Vale nesse caso a recorrência a experiências que teriam dado certo. Circunscrever-se a elas, entretanto, limitando-se a repetir seu ritual com um respeito quase religioso, implica o enredamento que repete a configuração já estabelecida. Ater-se a essas formas pode significar preservar formas conservadoras; atrever-se a buscar novas práticas, novos hábitos, por outro lado, pode significar o risco de cair num vazio. É de se perguntar então se a URSS teria sobrevivido sem a "máscara" Stálin. Num momento de crise interna e de grandes ameaças externas, esse modelo de líder atualizou para os russos a estrutura antiga de personalidade forte, profundamente arraigada na cultura, a do czar – o pai da pátria. A forma antiga, nesse caso, teve importância na consolidação do novo regime. Entretanto, ela também colaborou decisivamente para que esse regime fosse sufocado no que ele tinha de possibilidade de concretizar os sonhos de uma sociedade mais humana e solidária.

Para Espinosa, muitos daqueles que se dizem marxistas tiveram em Marx uma espécie de deus, idolatraram-no como outros o fizeram numa certa época em relação a Stálin. Não consideraram o que era fundamental: que Marx, o maior cientista social de todos os tempos era um homem e que sua obra magna *O capital* não era uma bíblia. Atualiza-se nessa situação um hábito antigo e atores sociais com um enredo que vem do campo das manifestações de religiosidade que nada têm de inovador. Pior, o respeito religioso nem vem diretamente da leitura acrítica de seus textos, mas da leitura de grosseiras simplificações, que se pretendem "científicas". A face conservadora da forma pode inviabilizar caminhos, como Espinosa aponta em relação ao social-corporativismo que persiste na prática de muitos partidos e grupos de esquerda. Compromete-se assim a própria idéia de socialismo, solidariedade e humanitarismo, neste final de século, deixando-se o campo aberto para a dominante perspectiva do individualismo exacerbado, que considera sua indiferença social com a única forma possível de expressão de liberdade: cada um pode fazer o que quiser porque este lhe é profundamente indiferente.

Se a contrapartida política ao processo de mundialização, para Espinosa, é a aldeia da produção, esta precisará descartar essas práticas corporativas. As reivindicações das classes e categorias profissionais não poderiam restringir-se, entretanto, ao específico. Há que considerar sempre que a face profissional de um trabalhador está imbricada com a do cidadão. Suas reivindicações não podem descartar o fato de que é um cidadão e de que sua práxis está articulada ao conjunto da sociedade. Talvez se pudesse indicar, nesse sentido, que o processo de mundialização que está transformando o estado nacional em figura de retórica, também tem um direcionamento reverso por propiciar articulações comunitárias, de caráter nacional e supranacional. Nessas novas condições, os hábitos corporativos das organizações de esquerda não têm mais razão de ser. É necessária a consideração da "interdependência absoluta entre todos os indivíduos, grupos sociais e nações", como assinala o autor deste livro. A liderança política, nesse sentido, é atribuição da sociedade, um papel para atores sociais que o possam desempenhar não apenas com ciência e técnica como ocorre noutros campos do conhecimento, mas também com muita arte. O líder, nesse sentido, ao captar as aspirações de uma coletividade torna-se mais um radar sócio-político do que um foco emissor de idéias. É essa a consciência que tem Espinosa da razão de ser do líder. É essa a imagem que dele construímos através dos textos originários de seu barco-ilha, produzidos na emergência da *Primeira Hora*, mas também com o conhecimento de quem se habituou a superar labirintos através da ascensão. Não só: se a queda é presumível, também é um seu desafio pousar de forma a viabilizar novos vôos – seus ou de outros atores de uma viagem, que ele veio a formar em seu jornal – uma escola de cidadania, para seus profissionais e para seus leitores. Essa última observação leva-me a uma imagem que foi muito cara à geração de 60:

16

o poema *Tecendo a Manhã*, de João Cabral de Melo Neto. Transcrevo o poema e em seguida faço algumas observações para colocá-lo como concretização simbólica dos gestos que a meu ver Espinosa procurou recuperar – e também como síntese deste meu percurso-discurso, que no fundo é um canto de esperança:

> *Um galo sozinho não tece uma manhã:*
> *ele precisará sempre de outros galos.*
> *De um que apanhe esse grito que ele*
> *e o lance a outro; de um outro galo*
> *que apanhe o grito que um galo antes*
> *e o lance a outro; e de outros galos*
> *que com muitos outros galos se cruzem*
> *os fios de sol de seus gritos de galo,*
> *para que a manhã, desde uma teia tênue,*
> *se vá tecendo, entre todos os galos.*
> *2*
> *E se encorpando em tela, entre todos,*
> *se erguendo tenda, onde entrem todos,*
> *se entretendendo para todos, no toldo*
> *(a manhã) que plana livre de armação.*
> *A manhã, toldo de um tecido tão aéreo*
> *que, tecido, se eleva por si: luz balão.*

O poema canta a ação solidária coletiva, com imagens que têm como referência os múltiplos campos da atividade humana, a partir das linhas de construção do próprio poema. Assim, nas laçadas dos "gritos de galo", conforma-se um tecido coletivo (o produto) que, impulsionado por múltiplos cantos, se eleva por si. Para a construção desse tecido aéreo – produto da aspiração utópica dos "galos" intervenientes – concorrem "gritos" incompletos individuais (níveis da sintaxe e da semântica) que, não obstante, se completam mutuamente no objeto construído. E foi justamente essa incompletude que deu força artística ao trabalho de João Cabral. Reside aí, além de sua criatividade artística, a força da ação coletiva: os "gritos", vôos individuais, não caem, porque são retomados pela ação de outros atores. O devir que o poema assim constrói passa pelo trabalho individual que conflui para o coletivo. São vozes individuais que, em sua relatividade, dão materialidade ao tecido comum. Dessa forma, para o "entretender" do processo de construção (a tecidura tende ao futuro) não cabem pseudoverdades unívocas, que se esgotam num ator, na ascensão e queda de sua voz. Só assim – no diálogo das vozes/ações individuais – o tecido (poético, social) pode planar "livre de armação" e construir um(a) (a)manhã que "se eleva por si".

Benjamin Abdala é professor de Literatura Brasileira da USP.

Capítulo 1
Abraços introdutórios

Este capítulo foi escrito de um único fôlego, para tentar dar um
rumo comum a textos escritos ao longo de quinze anos,
refletindo sobre conjunturas específicas. Entretanto,
foi inevitável dizer algumas coisas a mais.

Osasco, 14 de dezembro de 1999.

Não espere encontrar coerência acadêmica neste livro, ou um conjunto estruturado de teses desenvolvido harmoniosamente ao longo de seus capítulos. Ele não foi feito de uma única vez, nem obedeceu a um plano central. Pelo contrário, foi escrito em momentos diferentes e sob as mais variadas circunstâncias. O capítulo que emprestou o título ao conjunto – Abraços que sufocam –, por exemplo, é composto por 39 artigos de jornal, alguns de anos anteriores e 35 de uma série semanal em que comecei a sintetizar, em 1999, minhas reflexões sobre as causas da apatia dos movimentos populares após a redemocratização, em 1985. O apêndice, Dois relâmpagos na noite do arrocho, por outro lado, é um artigo que escrevi em 1978, para a revista *Cadernos do Presente – 2*, da Editora Aparte, publicada a propósito do décimo aniversário da Greve de Osasco de 1968, num período em que principiavam a tomar corpo os movimentos do ABC. Já se passaram, portanto, vinte anos; e meu artigo foi pautado como parte da revista e interagia com textos de diversos autores, entre eles José Ibrahim, ex-presidente do Sindicato dos Metalúrgicos de Osasco, pesquisas jornalísticas e uma mesa-redonda com sociólogos e sindicalistas, como era moda nas revistas alternativas da época.

Outros capítulos do livro agrupam, por algumas áreas de preocupação, cento e poucos dos mais de mil artigos que escrevi entre 1985 e 1999 para o jornal *Primeira Hora*, que fundei e edito em Osasco. Um dos tópicos reúne textos que relembram aspectos ou personagens da luta armada contra a ditadura e uma ou outra situação dos quatro anos em que fui preso político. Outros juntam artigos sobre temas como a decadência do social-corporativismo no Leste Europeu, a conjuntura de redemocratização da América Latina, aspectos da política mundial, teses polêmicas do final de século, a falta de alternativas do sindicalismo brasileiro e o comprometimento do futuro e do ensino no País.

Para compensar a descontinuidade dos artigos, eles são prenhes de dados sobre a realidade – no caso, Osasco funciona como um referencial próximo do que acontecia no mundo em cada momento. Como são textos produzidos para jornal, visando a leitura dos próprios atores sociais no momento seguinte a cada fato, procuram ser autocontidos e claros, podendo ser lidos individualmente ou em qualquer ordem, o que propicia uma reflexão autônoma também para os leitores.

Esses textos e a volta às minhas raízes, Osasco, na Grande São Paulo, para fazer um jornal independente, são parte de preocupações decorrentes de minha história de vida, que acredito útil compartilhar nessa introdução com quem se dispuser a encarar os textos a seguir.

Tempo para pensar

O retorno ao Estado de Direito no começo dos anos 80 já era inevitável. Apesar da derrota no Congresso da emenda das Diretas-já, em 1979 fora decretada a anistia, os últimos presos políticos haviam sido postos em liberdade, os exilados que o desejaram tinham regressado ao País, as greves de metalúrgicos sucediam-se no ABC, o regime estava politicamente isolado e o general João Baptista Figueiredo governava como que sitiado por uma imensa consciência cívica. Os militares preparavam a volta à caserna, mas antes queriam garantir a reciprocidade da anistia também para os torturadores e articulavam para que seus aliados civis, os políticos que deram sustentação à ditadura, continuassem no governo, com peso decisivo na Justiça e no sistema representativo. Estava claro que, com o fim do regime, MDB (Movimento Democrático Brasileiro) e Arena (Aliança Renovadora Nacional), os dois únicos partidos permitidos, também desapareceriam. As articulações para a criação dos partidos políticos para a fase pós-ditadura, contudo, foram surpreendidas pela extinção das duas agremiações, forçando o parto prematuro de PT, PMDB e PDT, que entraram numa guerra sem quartel para arrecadar para si a militância popular, arrebentando a unidade duramente construída dos movimentos de resistência à ditadura. Nesse período gestaram-se também o PTB e os primeiros partidos de aluguel, para acomodar interesses secundários, o PP, que retornaria ao PMDB, e o PDS, com o resto da Arena, berço tanto do PFL quanto posteriormente do PPB.

Posto em liberdade no final de 1973, após quatro anos de prisão sem julgamento, eu fiquei quase três anos sem uma atuação mais direta, pois era seguido onde ia por esbirros dos serviços secretos e da repressão política. Estava decidido, contudo, a não partir para o exílio, reconquistando a implantação social e as condições mínimas para voltar a atuar, levando à prática a autocrítica da luta armada desenvolvida na prisão. Trabalhando na Abril Cultural, primeiro como redator, depois como editor-chefe, voltei a militar na resistência ao regime atuando inicialmente no Sindicato dos Editores e em jornais da imprensa alternativa, principalmente o *Em Tempo*; depois integrei também as articulações para a construção de um partido de orientação socialista. Com o esgotamento do regime autoritário, contudo, a imprensa alternativa nacional começou a dividir-se e a perder importância; cada partido passou a editar seu próprio jornal. Como nenhum dos partidos clandestinos me atraía e eu continuava achando a unidade necessária, concordei em editar um dos últimos jornais de resistência, em Osasco, chamado *Batente*. A partir dele, foi desenvolvido um amplo trabalho de costura entre os movimentos de base da cidade e criada a Corrente Popular do MDB. Minha passagem pelo MDB, entretanto, foi muito rápida, durando menos de três meses, porque ele foi extinto pelo regime moribundo. A voracidade com que os novos partidos arremessaram-se sobre os movimentos populares, provocando rachas, jogando as lideranças umas contra as outras, criando intrigas e rotulando grupos e pessoas, causou-me, além de revolta, enjôos. Entendi com uma clareza brutal que, para os partidos nascentes, as conquistas democráticas e os avanços sociais significavam menos que seus interesses de grupo. A rigor, mesmo os partidos da nova esquerda, em tese os mais identificados com o futuro e o público, também se organizavam como constelações das cobiças corporativas e das ambições individuais de suas lideranças.

Da militância anterior na VPR (Vanguarda Popular Revolucionária) e Var-Palmares (Vanguarda Armada Revolucionária-Palmares) sobrara-me a crença no discurso da primazia dos movimentos populares sobre suas entidades e destas sobre os partidos, bem como, no interior destes, das bases sobre as cúpulas. Passei o período posterior à extinção do MDB tentando obter dos novos partidos, ao menos em Osasco, um pacto de respeito às entidades representativas. Apesar dos acordos verbais, a unidade dos movimentos de base foi estraçalhada pelo apetite de poder, que passou como exército de gafanhotos por cima da autonomia das entidades populares, plantando ódio no lugar do respeito e trocando amizades por disputas exacerbadas. Menos do que as diferenças ideológicas, as divisões então surgidas eram produto da cobiça individual e dos projetos pessoais de ascensão política, para ocupar rapidamente cargos e credenciar-se a disputar as próximas eleições.

A cupidez, mesmo dos agrupamentos que me pareciam mais desprendidos, além de mesquinha, era ilógica e contrariava o bom senso do acúmulo progressivo de forças pela maioria da população. Decidi ficar fora, não aderindo a qualquer dos partidos, buscando alternativas em outro lugar. Do ponto de vista pessoal, contabilizei que aquele assanhamento por espaços no espectro das oposições, impedindo o florescimento de propostas mais abrangentes, representava uma afronta aos anos que passara na clandestinidade e na prisão, uma profanação à memória dos companheiros que haviam tombado de armas na mão ou sido assassinados ou desaparecidos nas câmaras de tortura. Cheguei a ter a impressão de que era ingênuo e a dizer que me enganara, que não era um ser político, mas ético. A luta contra a ditadura tinha sido um enfrentamento ético, do qual sempre me orgulhei. Com a volta da democracia e a possibilidade de fazer política misturando convicção e interesse financeiro, resolvi dar um tempo para pensar e estudar. Ou seja, deliberei recolher-me a um retiro. O ano de 1982 encontrou-me com livros nas mãos, relendo Marx, Hegel, os socialistas e anarquistas, reapaixonado pelos últimos, recusando compromissos e com algum desprezo pelos novos partidos...

Volta às raízes

O esconderijo ético em que me refugiei logo revelou-se permeável à autocrítica. A decisão de não me envolver em atividades políticas mostrou-se arrogante e ineficiente, como se apenas eu conseguisse manter a limpeza da coerência, por meio do alheamento, enquanto todos se maculavam. Que postura ética era aquela, que se conformava que as coisas seguissem sendo exatamente do mesmo jeito que sempre foram? Precisava fazer alguma coisa, mas o quê? Não divisava espaços e acabara de descobrir que as alternativas disponíveis representavam somente opções de desmobilização e manipulação dos movimentos populares.

O tempo que havia me concedido para pensar até poderia ser válido com uma forma de protesto, mas ineficaz para a busca de novos caminhos e propostas. Eu até poderia manter-me sem compromissos com os novos partidos, mas senti que precisava fazer algo, ter uma atuação que me permitisse ter alguma utilidade e comunicar o que pensava. Precisava urgentemente de um banho de realidade. Embora avisado quanto à impossibilidade de contatar as coisas tais quais são, necessitava travar uma luta contra meus próprios conceitos e preconceitos, tinha que me despir dos vícios ideológicos que impediam a objetividade. A forma de empreender essa tentativa, no meu caso, seria a reportagem, mediante a produção de uma avalanche de informações que colocasse em xeque as velhas verdades carcomidas da velha esquerda e a obrigasse a repensar as coisas. Mas como fazer um trabalho sistemático de reportagem política na grande imprensa, que tinha, além da própria pauta, suas próprias verdades e seus interesses? Ou nos pequenos e decadentes jornais alternativos, ligados aos pequenos partidos clandestinos, presos ao centralismo-democrático stalinista ou trotskista?

Em 1984, finalmente, acabei me desligando da Abril, juntei as economias e decidi voltar às minhas raízes, para acompanhar de perto Osasco, que em 1968 fora o palco da greve mais importante durante o período mais sombrio da ditadura, e na qual eu tivera um papel. Os recursos de que dispunha eram insuficientes para realizar um projeto tão ambicioso, mas consegui o apoio de amigos para a tentativa de reproduzir o mais fielmente possível, e com independência, a história da cidade e de seus movimentos sociais, transformando imediatamente as constatações em notícias e análises.

Para que o projeto sobrevivesse, tivemos que fazer concessões de qualidade, não dando seqüência a linhas de reportagens, por não termos como sustentá-las. Apesar disso, no essencial, acredito que o jornal vem cumprindo seu papel de investigar e informar. Ao longo desse tempo, assumimos também como tarefa debater a conjuntura nacional. Não se tratava, como pode parecer, de um retorno nostálgico, ou um estágio provinciano, pois esta cidade passaria a fornecer a matéria-prima principal para uma tentativa de reflexão abrangente sobre o mundo. Como qualquer outra, ela reflete a conjuntura mais ampla e condensa os conflitos ideológicos. Em Osasco também procuraria a munição para a reedificação de projetos que estavam truncados ou em decadência.

As resistências a nosso esforço foram enormes, por parte da direita e da esquerda. Quando alguns amigos brincam que essa é a conseqüência do inconformismo, e que nossa vida seria bem mais fácil com maior flexibilidade de corpo e de princípios, comento que nunca me senti tão subversivo; antes insurgira-me contra as leis da ditadura; agora a insurreição seria contra a lei da gravidade; antes os adversários estavam apenas de um lado, depois passaram a estar de todos, como se nos ilhassem. De qualquer forma, o patrulhismo nunca me assustou. Não devo a ninguém o direito de fazer, pensar e dizer o que quiser. E o exercito plenamente, na medida do possível, reconhecendo que sou falível e posso errar, e que os outros têm o direito de divergir e expor suas discordâncias.

As reflexões arrancadas do dia-a-dia e, desse modo, publicadas, quase na marra, no jornal, constituem um ponto de partida para a busca de um jeito diferente de relacionamento entre lideranças e liderados, de formulação de programas e metas, e de apontar para o futuro. Este livro sintetiza parte desses ensaios, é o primeiro resultado – e espero que não seja o último – dessa volta às raízes, desse banho de realidade. Em nenhum momento, contudo, ele fornece respostas ou fórmulas acabadas. Apenas tenta pensar os problemas fora dos paradigmas simplistas, com independência dos dogmas que iluminaram o começo do século mas escureceram e manietaram o final.

Voluntarismo e ilusionismo

As realidades produzem suas verdades e ilusões. O século XX assistiu a vitória e o esboroamento do possivelmente maior concerto de vontades da História, a revolução russa de 1917, o sucesso do improvável, do esforço desesperado para contrariar a lógica da evolução econômica e da estruturação das classes sociais, para erradicar a pobreza num país miserável. Em decorrência dela, descobriu que a vontade pode ter força para mudar o rumo das coisas, mas, quando erigida em verdade, pode também ter um poder fantástico para mistificar e iludir.

As teorias que preconizavam a revolução do proletariado supunham como pré-condição para a consolidação da novidade o pleno desenvolvimento e a exaustão do antigo modo de produção, a existência de uma classe operária forte e de uma burguesia que já se tornara incapaz de impulsionar o progresso. A Rússia e os demais países que viriam a compor a União Soviética, ao contrário, eram atrasados, tinham burguesias ainda dominadas pelas oligarquias e um operariado em formação. Embora eles também não tivessem uma tradição de movimentos socialistas fortes e as ciências sociais ainda não fossem privilegiadas nas universidades, foi lá que a revolução conseguiu vingar, graças ao enferrujamento do czarismo e a eficiência de uma organização amplamente minoritária, a facção bolchevique do partido operário social-democrata. Sintomaticamente, depois disso, regimes proletários foram estruturados somente em países igualmente atrasados, em que o capitalismo ainda era incipiente, com reduzida cultura operária e limitada tradição sindical, geralmente no ocaso de ditaduras, como na China, em Cuba, nas ex-colônias portuguesas da África e no restante do Leste Europeu, neste caso na ponta das baionetas do Exército Vermelho, ao final da guerra contra o nazismo.

A tomada do poder nos lugares onde isso, teoricamente, seria menos provável denunciou as teorias de Karl Marx como excessivamente rígidas e eivadas de economicismo, mas colocou problemas originais, que exigiam prontamente respostas. Para justificar a revolução num único país e exatamente num dos mais atrasados, Vladimir Ilitch Lênin criou a teoria do elo mais fraco, defendendo que o sistema capitalista constituiria uma corrente, rompível justamente a partir do seu ponto mais frágil. A questão é que ela não apenas se iniciara, mas continuaria isolada no "elo mais fraco", cercada de hostilidades, dividida por guerras civis e precocemente na orfandade de sua maior liderança, com o partido gerenciado pela corrente de Joseph Stálin, que, para manter-se no poder, dizimou aliados como os anarquistas, os socialistas e os seguidores dos bolcheviques Kamenev e Leon Trotski.

A revolução soviética, e as que se seguiram, produziram novidades enormes e obtiveram sucessos consideráveis no que se refere à mobilização popular, às políticas de desenvolvimento, de erradicação da fome e do analfabetismo. Causaram encantamento em todo o mundo, arrebanhando parcelas significativas da intelectualidade e do mundo artístico, transformando-se na grande lenda ideológica do século XX. Quem se opunha aos Partidos Comunistas imediatamente confundia-se como inimigo da ciência social e da modernidade, como defensor do atraso e do egoísmo. Os improvisos teóricos para justificar a primeira revolução proletária, por outro lado, produziram mitos ideológicos e ilusões, como as etapas sugeridas pelo clássico *O Estado e a Revolução*, de Lênin, fartamente exageradas pelo voluntarismo stalinista nos anos seguintes e transformadas em verdades indiscutíveis. Segundo esse receituário, a fase inicial de ditadura do proletariado seria seguida por outra, denominada socialista, que precederia o fim do Estado e da história, com o comunismo. Com isso, o "socialismo" foi transformado em fase do processo histórico comunista, enquanto os socialistas não-bolcheviques foram extirpados como virtuais inimigos do proletariado.

Até hoje os mitos e valores criados a partir do voluntarismo soviético dominam o ideário da esquerda. Mesmo inimigos totais, como os trotskistas e stalinistas, embalam-se pelos mesmos mitos, disputam a primazia da fidelidade a Lênin, a superioridade de seu centralismo-democrático e a superioridade de seu partido. São tão diferentes entre si quanto irmãos gêmeos que se detestam.

Hoje ainda continua difícil projetar um programa igualitarista despojado do peso dos mitos consolidados pela relação de amor-ódio entre leninistas e trotskistas. Mesmo o socialismo, que começa a readquirir o *status* de uma alternativa independente para a humanidade, e renasce das cinzas, encontra dificuldades para discernir-se da fase chamada socialista que, a rigor, instituiu o regime social-corporativista, em que as corporações profissionais e partidárias constituíram-se primeiro em casta burocrática e depois em nova classe dominante.

Apesar da organização de internacionais proletárias, e do apoio decidido, mesmo financeiro, da União Soviética, os partidos comunistas não conseguiram tornar-se maioria nas democracias ocidentais e não conseguiram tomar o poder em nenhum país capitalista adiantado. Perderam a guerra ideológica porque sua maior virtude, a vitrine soviética, tornou-se também seu pior defeito, a demonstração na prática de que a desigualdade sempre sobrevive, ainda que os privilegiados tornem-se outros, e que estes não hesitam em recorrer à violência para garantir seu naco de carne a mais.

Criticar a União Soviética como laboratório de novas classes dominantes, formadas a partir dos compromissos de sindicalistas, intelectuais e militares, não era tarefa simples antes da queda dos regimes do Leste Europeu e ainda hoje causa incompreensão e isolamento. Dentre os autores que descobri depois que decidi fazer meu retiro ético e tomar um banho de realidade em Osasco está Étienne La Boétie, que reduziu minha solidão e mostrou que eu talvez não fosse tão ingênuo. Há mais de quatrocentos anos, ele também dava corpo à angústia da humanidade com a transformação dos sonhos de liberdade em novas formas de tirania. O regime social-corporativista-burocrático foi apenas a forma de o século XX acreditar e se iludir com a força inabalável da vontade e dos bons propósitos, para depois também se decepcionar.

A queda do muro vista de Osasco

Até hoje o que se pode chamar de esquerda ainda não entendeu que não foi apenas a União Soviética e o "socialismo real" que se desmantelaram entre 1989 e 1991, mas um modo de encarar e fazer política e uma concepção de partido. Este modo, aliás, estava falido há muito tempo, pelo menos desde a década de 50, e foi o ponto forte ocidental na Guerra Fria. Desde seu início, a VPR (Vanguarda Popular Revolucionária) e a Var-Palmares (Vanguarda Armada Revolucionária-Palmares), as duas únicas organizações em que militei (e das quais, com 22 anos de idade, fui comandante nacional) faziam reservas veementes à União Soviética e à República Popular da China. Definíamo-nos como socialistas, mas não era aquele tipo de socialismo que queríamos. Basta consultar os documentos de 1969, duas décadas antes da queda do muro. A Var-Palmares foi um dos poucos movimentos socialistas que criticou a invasão da Checoslováquia e o esmagamento da Primavera de Praga por tropas do Pacto de Varsóvia. Nós sabíamos o tipo de socialismo que não queríamos, mas não éramos capazes de definir o que pretendíamos, subjugados pelos mitos ideológicos soviéticos. Não conseguíamos nos desvencilhar, por isso, do viés autoritário e propúnhamos a ditadura do proletariado, sem enxergar a importância universal da democracia e incapazes de resgatar na plenitude e valorizar o conceito de indivíduo e os direitos individuais, sem os quais a cidadania é manca. E, por isso, éramos reféns da rede de conceitos leninista, enredávamo-nos nas armadilhas do social-corporativismo.

O esforço de superação dos modelos soviéticos prosseguiu na cadeia, entre 1969 e 1973, e juntamente com alguns colegas de cela, como Carlos Franklin Araújo, Miguel Nakamura e Cláudio de Souza Ribeiro, lia avidamente Charles Bettelheim, que defendia que a maior revolução da história, a de outubro de 1917, fora sepultada por sua lógica interna, abafada pela burocratização e as novas formas de diferença social e exploração, e chegava a propor em *A luta de classes na União Soviética*, uma nova revolução na terra de Lênin.

Minha autocrítica da luta armada no Brasil, desenvolvida ainda na prisão, não se limitou a aspectos estratégicos, técnicos ou de avaliação temporal. Perguntava-me e indagava aos colegas como seria o Estado construído por nós, caso vencêssemos a revolução. Não tinha dúvida de dizer que implantaríamos uma ditadura, que não saberíamos conviver com as diferenças e acabaríamos introduzindo práticas como a tortura e a pena de morte. Se, por um milagre conjuntural, saltássemos da Presídio Tiradentes ou do Carandiru para o poder, em pouquíssimo tempo muitos de nós estariam de volta à cadeia, enviados por ex-companheiros, que não vacilariam também em nos executar, na velha dialética Danton-Robespierre.

Apesar disso, e embora não tenha sofrido nem um pouco com a derrocada do social-corporativismo, confesso que assisti com surpresa, a partir de Osasco e escrevendo uma matéria ou outra a respeito, ao esboroamento do Leste Europeu. Não imaginava que aquele regime fosse tão frágil, um castelo de cartas com idéias em que ninguém mais acreditava. Reconhecer que essas idéias, generosas no início, deram origem a novas formas de exploração do homem pelo homem, tornaram-se egoísticas e produziram práticas criminosas não era e não é tarefa fácil, porque aceitar isso implica em reconhecer no mesmo ato a falência de nossas propostas, admitir que, ao invés de redentores, éramos candidatos apenas a novos sanguessugas da humanidade. Com certeza, muito antes da esquerda, o povo intuía a natureza profunda do regime soviético e evitava confiar na esquerda, preferindo continuar a viver sob a exploração conhecida e descarada do que debaixo da camuflada. Eu chamo de neo-esquerda as tendências surgidas no período final da ditadura, que absorveram parte dos mitos ideológicos da esquerda tradicional, amalgamando-os com o cristianismo das cavernas ou idéias nacionalistas anteriores ao período dos oligopólios. Tanto a esquerda stalinista-trotskista quanto a neoesquerda cristã, nas quais ainda reside a maior porção de altruísmo e de sentimentos humanitários, não conseguiram até hoje fazer uma autocrítica profunda e liberar-se dos aspectos negativos do modelo soviético e, por isso, a idéia de socialismo, embora muito anterior e reprimida pelo social-corporativismo, está chegando ao final do século ainda em crise, incapaz de ressuscitar os valores efetivos de solidariedade.

Socialismo e comunismo

A recuperação do ideário socialista está sendo menos complicada na Europa que na América Latina. É que lá as diferenças no campo da esquerda entre socialismo e comunismo sempre se mantiveram muito vivas, o primeiro como um fenômeno típico das democracias ocidentais, o segundo como uma realidade mais oriental, russa. Com o tempo as duas doutrinas tornaram-se inconciliáveis, embora tenham origem comum nos utópicos do século XIX e na dialética de Karl Marx. Ao longo do século XX, com Lênin, o Partido Bolchevique Russo e, sobretudo, os dissensos surgidos a partir da Revolução de Fevereiro e a vitória da Revolução de Outubro, comunistas e socialistas tornaram-se inimigos. Os primeiros transformaram a filosofia marxista em dogma, alçada à condição de ciência inquestionável, transformando *O Capital* na Bíblia da Revolução. O Partido Socialista foi colocado na clandestinidade e os socialistas foram perseguidos como inimigos mortais, como se fossem uma variante hipócrita do capitalismo. Na Europa Ocidental, em resposta, desde o final dos anos 30, os socialistas e social-democratas preferiram compor alianças com o Centro a juntar-se com os Partidos Comunistas e acabaram fornecendo argumentos para a Guerra Fria, denunciando o parentesco totalitário do nacional-socialismo (nazismo) com o stalinismo.

A derrocada da União Soviética foi o golpe final pela hegemonia mundial do grande capital e da aliança política chefiada pelos Estados Unidos, agrupados sob as teses neo-liberais. Num primeiro momento, a social-democracia e o socialismo também se ressentiram, mas, na Europa, estão reagrupando forças e começam a oferecer a alternativa de uma terceira via aos desempregados, excluídos e infelizes com o primado absoluto das leis brutas do mercado.

Na América Latina, como socialismo e comunismo chegaram praticamente juntos e confundidos na década de 10, o desembaralhamento está sendo mais lento e levará algum tempo ainda para que os socialistas sejam capazes de formular alternativas para o conjunto da sociedade. No Brasil, em particular, esse processo está mais atrasado porque, na reorganização partidária, a idéia de solidariedade foi politicamente capitalizada pela neo-esquerda, sem projeto de longo prazo, representada principalmente pelo PT, amálgama de sindicalistas sem tradição partidária, socialistas espontâneos, stalinistas, trotskistas, clero e militância cristã, que promete, além de melhores salários, a vida eterna. Essa tendência representa o desprendimento e o espírito de sacrifício em favor da coletividade, mas ao mesmo tempo limita seus horizontes históricos, por que somou ao imediatismo reivindicacionista uma prática corporativista, os vícios do centralismo-democrático e o entusiasmo dogmático da fé.

Marx e esses marxistas

Engraçadamente, uma das reações tardias ao esboroamento da União Soviética tem sido a abjuração das propostas e dos princípios alheios. Até com alguma pompa, como se tivessem feito um grande esforço para isso, gente que nunca foi socialista anda pregando que não o é mais. Nesta situação incluo duas tendências petistas, uma oriunda do comunismo stalinista, a outra nacionalista. A primeira é herdeira da perseguição soviética a todos os partidos não bolchevizantes e, portanto, inimiga histórica do socialismo. Como o socialismo, por definição, é internacionalista, a segunda só poderia sê-lo na versão nacional-socialista. Ambas, com sua abjuração hipócrita a Marx, apenas confundem.

Na linha da mudança de rumos do equivocado para lugar nenhum, o marxismo e Karl Marx também têm sido alvo de abjurações, como se antes fossem objeto de fé. No afã de mostrar uma cara menos assustadora à burguesia politicamente correta, no finalzinho de 1999, um ex-governador e alguns deputados pediram perdão, via revista *Veja*, por sua "crença" marxista no passado e disseram que não rezam mais pelo *Capital*! Certamente não se ajoelham nem fazem mais o sinal da cruz na frente dos retratos de Karl Marx! E jogaram fora todos os seus exemplares do *Manifesto Comunista* e queimaram os amuletos com a célebre consigna: "Proletários de todo o mundo, uni-vos!". Como evangélicos egressos do catolicismo, eles agora adoram outra Bíblia, professam outra religião, outra fé e talvez acreditem em outro Deus!

A despeito deles, continua válido o método de elevação do abstrato ao concreto, do simples ao complexo, reconstruindo a realidade da única forma possível, pela teoria, na direção dos conceitos gerais para as sínteses de múltiplas determinações. Também segue sem questionamento, mesmo dos abjuradores, a hipótese de que a esfera econômica, a forma como as sociedades ganham a vida e se reproduzem, como os homens organizam-se para produzir e trocar seus produtos, determinam, ainda que em última instância, os outros níveis da vida, o político-jurídico, o ideológico, os valores e até as formas de sensibilidade, fidelidade e amor.

Com certeza, até hoje nenhum filósofo foi tão adorado e tão pouco lido e conhecido quanto Marx. Descobri na prisão, onde convivi com grande parte dos dirigentes de esquerda, que, excetuando Jacob Gorender, eles desconheciam *O Capital*, a *Contribuição à Crítica da Economia Política*, a *Ideologia Alemã* e as demais obras de maior significação teórica de Marx e Engels, embora devessem ter exemplares luxuosamente encadernados nas estantes de suas residências. No máximo, eles haviam lido as simplificações grosseiras popularizadas pelo partido soviético ou decorado frases de obras menores, como o *Manifesto* ou *Salário, Preço e Lucro*. Ou seja, eles eram marxistas e preguiçosos. Marxistas, porque acreditavam piamente nas teorias de Marx, tinham versículos decorados, que sempre sacavam contra os mais jovens ou os dissidentes, mas acreditavam-se dispensados de ler, interpretar criticamente ou tentar conhecer o que achavam que pregavam. Certamente sentiam sono à noite e tinham mais o que fazer no dia seguinte pela revolução... E deixavam a leitura atenta para outra oportunidade. Tinham uma relação bíblica com *O Capital*. Ou seja, relacionavam-se com a obra de Marx como com artigos de fé. Devo ao criticismo de Louis Althusser, que também estudei na prisão, pelo menos a descoberta de que, para esse tipo de militantes, Marx não era um filósofo que viveu numa determinada época e participou dos debates de seu tempo, mas um Deus, que passou às obras o toque de sua divindade e que não são portanto para ser estudadas ou pesquisadas, mas adoradas. Só por isso dá para entender como uma das sínteses mais monumentais do espírito crítico da humanidade pode ser banalizada e identificada com um vulgar estado de vontade como o regime do social-corporativismo.

Eu nunca ouvi alguém dizer que Platão, Aristóteles ou Kant "já eram". Também não daria para levar a sério quem chamasse Isaac Newton de "babaca" porque sua teoria da gravidade teria sido relativizada por outra mais abrangente. Para enunciar juízos sobre Newton ou Kant convém ter uma noção de suas idéias, mas para "renunciar" e tripudiar sobre Marx basta ignorar suas teses e ter participado no passado de alguma seita que se intitulava marxista. Apesar dos "ex", o autor do *Dezoito Brumário de Luís Bonaparte* continua sendo um dos maiores filósofos da história, o principal humo, ou referência, da cultura ocidental do século passado até hoje, em relação ao qual se estruturam ainda as reflexões em todos os campos, da filosofia à sociologia, da economia à antropologia, como dizia Jean-Paul Sartre, que não se declarava marxista, mas "existencialista". Superada a fase de idolatria, aliás, talvez Marx passe a ser lido com mais seriedade, com maior objetividade e proveito, porque criticamente, livre dos guardiões da fé.

Mundialização e eficiência

Nos últimos 130 anos, desde a publicação do primeiro livro de *O Capital*, o mundo atravessou guerras mundiais, crises e diversas etapas históricas, além de vivenciar experiências como o social-corporativismo, o nacionalismo exacerbado, a descolonização, o racismo etc. O próprio modo de produção capitalista, então em sua etapa concorrencial, passou por sucessivas transformações, alterando a forma de produção, as relações jurídicas entre as classes sociais, o relacionamento entre os povos, engendrando descobertas científicas, tecnológicas e realidades morais e institucionais impensáveis um século atrás. Até pelo método de elevação do abstrato às "sínteses de múltiplas determinações", que fazem com que as conjunturas sejam únicas, a realidade precisa ser constantemente repensada de uma forma aberta. A tentativa de aprisionar o movimento operada pelo modelo de pensamento do tipo religioso fracassa e cai na fé e na censura.

A tendência das sociedades humanas à especialização das atividades e à integração e à generalização das experiências é bem anterior e, a rigor, independe do neoliberalismo. São exemplos dessa vocação tanto os fenícios quanto os conquistadores romanos, para ser claro de uma forma quase grosseira. A mundialização da economia, ou globalização, portanto, não é produto apenas da vontade de um ou de muitos governos, mas decorre de uma exigência permanente de progresso, do avanço dos esforços da humanidade para dominar a Natureza, incluir mais gente no mercado e generalizar as condições de conforto. É evidente também que a integração dos mercados e culturas é operada sob a hegemonia e aproveitada por quem está mais avançado e tem maior poder de influência e usada para aprofundar as diferenças, mas esse é um assunto para outra ocasião. Também não é o caso de tratar aqui da onda política dominante nos últimos anos, chamada neoliberal, e questões como o Estado Mínimo, importando apenas registrar que o período de retração das medidas de protecionismo social apenas coincidiu com a globalização das comunicações, e que, de resto, as vontades, mesmo as diabólicas, não explicam tudo e são produto de situações concretamente determinadas. De qualquer forma, a onda política conservadora atingiu sua expansão máxima e, agora, tende a refluir. São exemplos do refluxo neoliberal as vitórias eleitorais dos trabalhistas e socialistas em países como a Inglaterra, a França, a Alemanha, a Argentina e o Chile. Estão criadas as condições para uma outra fase de ascenso do progressismo, que pode ser mais profunda e durável dependendo da capacidade dos socialistas de apresentar alternativas para toda a sociedade.

Na última metade deste século, com base em descobertas anteriores, a humanidade vem conhecendo uma revolução incessante nas comunicações: após o telefone, o telégrafo, o rádio, a televisão, passamos pela informatização, as comunicações via satélite, a Internet. Até independentemente das políticas de redução dos governos, graças à simultaneidade propiciada pelos meios de comunicação, os negócios mundializaram-se e os preços uniformizaram-se, atravessando fronteiras e a legislação de cada país, colocando em questão as estruturas político-jurídicas e relativizando o poder dos Estados nacionais. Também em função da popularização das novas tecnologias de comunicação, fomos desaldeizados, provocados a aposentar as relações de vizinhança e a viver principalmente os grandes problemas apresentados pela mídia.

A contrapartida principal da mundialização da economia vem sendo a especialização. Cada povo, cada comunidade e cada indivíduo especializam-se em fazer aquilo que conseguem produzir com maior qualidade e menor preço. O verso da moeda política da desaldeização é, por isso, exatamente a aldeização da produção. Se os grandes meios de comunicação, por sua própria natureza, despersonalizam as culturas e as informações, o espaço para o exercício da cidadania, e conseqüentemente a capacidade de influir sobre o mundo, passou a ser, mais do que nunca, a aldeia. Ou seja, o canal para influir sobre o macro (a macropolítica, a macrocultura) depende da capacidade de reconstruir e redirecionar o micro, a comunidade local ou setorial. A especialização técnica para maximizar a produção local possibilita também o exercício da competência política para organizar as sociedades locais ou setoriais e abrir novos espaços para a mobilização geral e a liberação da criatividade individual e coletiva para a edificação de uma nova humanidade. Talvez os Estados nacionais não consigam mais dar conta da complexidade do mundo globalizado. Provavelmente as micro-organizações locais e setoriais e suas coordenações gerais e mesmo internacionais representam uma alternativa futura para o gerenciamento das relações humanas.

Globalização e individualização

A divisão do trabalho não é mais apenas social, entre atividades manuais e intelectuais, mas técnica, e chega quase a produzir seres diferentes, com habilidades físicas, mentais e até emocionais distintas. Nos últimos séculos reduziram-se as distâncias entre ciência e técnica e cada ramo do saber e do fazer constituiu um microcosmo que desenvolveu desde uma linguagem e cacoetes próprios até um incontável número de macetes, habilidades e conhecimentos específicos. O ideal do homem enciclopédico, com conhecimentos em todos os ramos, ou a realidade do artesão factótum do século XVI e começo do XVII, que sabia fazer tudo, foram enterrados com a evolução dos meios de reprodução e transmissão do saber. Hoje tornou-se impossível a uma mesma pessoa, por mais culta, inteligente ou habilidosa, dominar mais que quatro ou cinco atividades, pois todas exigem dedicação completa e um tempo de aprendizagem, além do desenvolvimento de sensibilidades e até pre-disposições emocionais específicas. Cada função exige um tipo de paciência e de memória. Não fosse assim a humanidade não manteria o vasto domínio que atingiu sobre a Natureza e o progresso seria interrompido.

A especialização extrema, que continua e prosseguirá se aprofundando, criou também uma interdependência absoluta entre todos os indivíduos, grupos sociais e nações. A figura dos virtuoses ou dos super-homens isolados, como Robinson Crusoe, tornou-se uma ficção irresgatável. Hoje ele precisaria de anzóis e iscas específicos para cada tipo de peixe, além de informações sobre a temperatura da água, correntezas e vida marinha, de sal, açúcar, óleo, guias de culinária e... de alguém que reconhecesse seus méritos e o aplaudisse. O grande concerto humano evolui em duas direções contraditórias: de um lado, nenhum intérprete consegue mais existir fora da orquestra, de outro, cada um está se tornando um virtuose único. A generalização torna-se irrecorrível e a espécie humana só sobreviverá se evoluir para a integração, a mundialização de todas as atividades, tornando todos os seres completamente dependentes. A contrapartida disso é que cada indivíduo se tornará fundamental e imprescindível naquilo em que é melhor que todos os outros para a espécie. Por isso direitos coletivos e individuais tendem a se tornar complementares. Estamos evoluindo para nos tornarmos a mais maravilhosa e incrível orquestra, com harmonias de que talvez nem uma colônia de abelhas ou formigas seja capaz, em que cada individualidade será também potencializada ao extremo, alcançando a plenitude do sagrado. Cada pessoa será (e será reconhecida como) um artista em sua atividade cotidiana.

Arte e liderança

Fiz as considerações anteriores para dar um campo de referência, a título introdutório, para alguns dos textos que se seguirão, porque o exercício da liderança é, ele também, uma atividade humana específica que, com a divisão de trabalho, só é exercida por pessoas com qualificações próprias. Os líderes, independentemente de suas ideologias e das causas que defendem, são como os artistas: interpretam e encarnam o estado de espírito e as necessidades da comunidade, mesmo quando não têm consciência disso, e muitas vezes mesmo contra a sua decisão pessoal. A vontade do artista, em qualquer campo, na pintura, na música ou na literatura, é importante para a criação de sua obra. Sua decisão, no entanto, não basta para estabelecer a cumplicidade com o público, é insuficiente para que a comunidade se projete em seus quadros ou sinta seus anseios expressos em suas poesias ou músicas. Para isso são necessários também um momento adequado à comunhão e um trabalho eficiente de interpretação e comunicação. Além da vontade, o artista precisa ter talento, uma sensibilidade específica e a capacidade de realização, que depende tanto da razão, e do controle das ferramentas

34

racionais, quanto da emoção, e de uma administração adequada de sua vontade de projeção.

Com certeza você agora estará questionando se o talento é inato, uma vocação que vem com a gente ao mundo, ou pode ser aprendido e desenvolvido. Essa discussão não caberia no espaço dessa introdução, mas, para não deixar a questão no ar, adianto que, em minha opinião, as duas alternativas são corretas, e complementam-se. Parece-me inquestionável que as pessoas têm tendências diferenciadas, adquiridas muito antes da educação formal. Elas são naturalmente mais altas ou baixas, trazem tendências que facilitam ou não o acúmulo de gorduras, assim como nascem com maior perspicácia auditiva, visual ou tátil, ou maior capacidade de armazenar informações e mobilizá-las da memória, com maior ou menor tendência a chorar ou rir, ou atrair as atenções. Algumas, também, têm mais habilidade para entender as situações de ruptura e criar casos divertidos, e outras gostam de puxar os fios trágicos dos acontecimentos até o último limite.

A vocação pode ser desenvolvida ou reprimida e embotada, assim como a capacidade de criação artística também pode ser adquirida e desenvolvida. Os músculos, o controle motor, a memória, os reflexos, o equilíbrio, a harmonia, a voz, as noções de temporalidade ou espacialidade, enfim, os atributos necessários à expressão artística, podem ser treinados e desenvolvidos. Sem o treinamento e a educação, a rigor, o talento teria grande dificuldade de alcançar o reconhecimento público, pois a sintonia com a sociedade é um dado cultural, que se adquire na vida (até das pessoas de quem discordamos, intuindo como evitar seu jeito) e também na escola, com métodos adequados (e com gente com talento e também treinada para ensinar).

A expressão artística é, portanto, um tipo de liderança, que depende de uma combinação de talento, habilidades adquiridas e senso crítico. A obra de arte, objetivo e instrumento do milagre da comunicação, só se realiza ao adquirir uma personalidade própria, uma cara, que é produto da identidade de seu criador, sempre individual e singularizado. Mesmo as obras coletivas ganham expressividade ao incorporar a alma de seus criadores, sobretudo de seus coordenadores ou inspiradores, no caso da orquestra, de seu maestro ou do solista principal, do grupo de teatro, de seu diretor, do ator principal ou do autor. A tradução dos estados de espírito coletivos, para adquirir o estatuto artístico, precisa da interpretação de uma subjetividade, da criatividade, em última análise, de um indivíduo. A propósito, foi dito que a unanimidade é burra. Em minha experiência com a palavra, nunca vi textos tão pobres e inexpressivos quanto os coletivos. Como exemplo, cito os textos coletivos feitos pelos grupos de teatro, em geral somatória insossa de cacos e truques banais, sem unidade, que resultam em condenação ao amadorismo perpétuo. Supõe-se que talentos reconhecidos isoladamente, quando agrupados, deveriam produzir obras de uma qualidade muitíssimo mais apurada. Puro engano: nas campanhas memoráveis do final da década de 70 e começo da de 80, os jornalistas da Abril, quando se reuniam, provocavam encontros insuportáveis pela sua duração, detalhismo e questiúnculas. O resultado dos manifestos era sempre pior do que o que seria produzido pelo mais incompetente deles.

A liderança política, igualmente, empresta seu rosto ao grupo. E, da mesma forma que nem todos podem ser artistas, não são todos que conseguem ser bons líderes. Claro que podem ser excelentes cidadãos ou pessoas maravilhosas, mas a aceitação de seu comando não depende deles. Não é por qualquer um que as pessoas se dispõem a dar a vida ou confiar suas esperanças. Sem contar que, num mundo de divisão do trabalho e especialização, não dá para uma pessoa ser razoável em mais de quatro ou cinco atividades. O bom líder é como o "cavalo" da umbanda, que empresta seu corpo, seu jeito de ser e expressar para a comunidade. São muito raros, portanto, os momentos que produzem líderes. E é por isso que eles se transformam em ferramentas públicas, patrimônios do grupo social. A liderança formata e potencializa os anseios comuns. Mesmo quando a direção exige um colegiado ou uma constelação de chefes, em última análise, a cara do movimento será sempre o rosto de seu principal líder.

É exatamente por causa da necessidade da liderança ser individual e personalizada que o risco da traição é imenso. Confiar é correr riscos e, quase sempre, culmina em decepções monumentais. O ego dos artistas costuma inflar-se com o sucesso e muitos tornam-se superiores, arrogantes e intratáveis. Entre os políticos é comum a confusão entre o interesse público e o privado e quem se projeta servindo acaba se servindo do povo, como se isso fosse natural e um direito. Esse processo é perverso: o artista acaba se isolando e caindo na mais doída das solidões. O líder que abandona seus liderados acaba traindo a si mesmo e, quando descobre que se transformou num cínico, sua perdição não tem mais reacerto.

O líder e a cara do líder

Os grupos sociais, para passarem a ter movimentos que os representem, precisam organizar-se especificamente para isso e requerem lideranças. As tentativas de abolir os líderes levaram à desorganização dos movimentos. Os esforços para despersonalizá-los, adotando direções colegiadas, também desmobilizaram os grupos. É o caso, por exemplo, dos sindicatos dominados pela tendência CUT pela base, que anonimizou as lideranças, deixando o grupo sem uma cara e, portanto, sem referência, pulverizando os erros e elidindo as responsabilidades. Isso não quer dizer que certos membros do colegiado não tenham influência maior que outros. É evidente que os mais preparados, ativos ou articulados têm um papel mais destacado. O que o colegiado faz é eclipsar os melhores talentos da comunidade, ocultando também seus crimes e perversões.

Em certas situações, as lideranças individuais acabam sendo impostas a despeito das intenções dos movimentos. No final da década de 60, por exemplo, os partidos de que participei, a VPR e a VAR-Palmares, pretendiam também ter direções colegiadas. Divergíamos da ALN (Ação Libertadora Nacional), por exemplo, primeiro pelo caráter da revolução (nós queríamos o socialismo, eles lutavam antes por uma etapa de libertação nacional) e, depois, pelo fato de ela ter uma direção personalizada (Carlos Marighela). O comando da VAR se pretendia colegiado, seus integrantes eram conhecidos apenas pelos nomes de guerra e os documentos internos eram, na sua maioria, assinados por entes abstratos, como o Comando Nacional. Só os textos de opinião pessoal eram assinados, mesmo assim por nomes de guerra, que variavam conforme as circunstâncias da clandestinidade. O capitão Carlos Lamarca, até abril de 1969, sequer participava do comando nacional. Depois que passou a integrá-lo, não se tornou seu principal membro, pois não era o que tinha maior experiência política ou teórica, e passava a maior parte do tempo enclausurado em aparelhos fechados, sem maior contato físico com as bases. Entretanto, para a imprensa, por ter desertado do 4º RI (Regimento de Infantaria) e entregue as armas à guerrilha, era um prato cheio e os noticiários sempre o colocavam no centro dos acontecimentos, mesmo quando não estava presente. Os *press-releases* da repressão e os jornalistas especializados informavam como se ele fosse o chefão, o que na verdade não era. Como a organização tinha uma estrutura clandestina, ou seja, os militantes só conheciam os membros da sua célula, e mesmo assim pelos nomes de guerra, mesmo os quadros internos informavam-se sobre os comandantes pelo que saía nos jornais. Ninguém, exceto os comandos regionais e assessores, tinha contato com os comandantes nacionais. O público externo e mesmo a base interna, induzidos pela imprensa, acabaram mitificando meu amigo. O próprio Lamarca não gostava disso, reclamava e pregava contra o culto à personalidade, mas, quanto mais o fazia, mais seu nome se difundia e catalizava. Dessa forma, ele acabou tendo um papel muito maior do que teria normalmente na cisão de setembro de 1969 e o capitão Carlos Lamarca, apesar de sua modéstia, acabou emprestando sua cara à nova VPR e, após as brilhantes operações táticas de treinamento no Vale da Ribeira, estas sim por sua inspiração direta, pois seu talento militar era notável, acabou emprestando-a também a uma fase de todos os movimentos de resistência à ditadura. Ou seja, como nós e ele próprio nos recusávamos a escolher e responsabilizar um líder maior, a mídia e a própria repressão acabaram fazendo-o em nosso nome.

Camaradas e amigos

Os movimentos armados contra o regime militar duraram relativamente pouco tempo. Em praticamente quatro anos estavam militarmente batidos, organicamente desestruturados e politicamente sem rumos, com uma extensa lista de presos, mortos, desaparecidos, banidos e exilados. Eles travaram batalhas físicas e simbólicas e estas talvez tenham maior significação, como as que derrubaram os tabus de que as mulheres não têm determinação, os jovens não conseguem ir além das brincadeiras de cabo de guerra e de que o povo brasileiro seria atavicamente conformista e incapaz de lutar contra a opressão. Outro combate, aparentemente menor, mas de significado simbólico, é o que diz respeito às formas de tratamento. A esquerda brasileira tradicional, de filiação stalinista e trotskista, adotava até a década de 60 o tratamento íntimo de "camarada", derivado do *tavarich* russo, reservado apenas aos militantes. Com os anos de uso e o desgaste, a palavra "camarada" foi ritualizada, transformada quase num procedimento protocolar, como o "excelência" das casas legislativas. Inspirada na forma de tratamento dos guerrilheiros cubanos, a esquerda armada adotou o "companheiro", válido não apenas entre os quadros internos, mas para todos que se colocavam nas trincheiras antiautoritárias. Para quem usava, na época, era uma expressão forte, que denotava um pacto de sangue, a disposição de fazer qualquer sacrifício e até dar a vida para salvar a do outro.

A guerra acabou e, na paz, o tratamento de "companheiro" acabou sendo apropriado pela neo-esquerda e é o mais comum hoje, mas também banalizado e ritualizado, como o velho "camarada", o que mostra que cada conjuntura adapta os conceitos e palavras, domesticando-os e fazendo-os "dizer" outras coisas e provocar sentimentos diferentes.

Outro desdobramento, também no plano simbólico, do período mais intenso de nossas vidas até hoje é a sensação de que fomos todos "condenados" a algum tipo de pena, alguns à prisão, outros (e não foram poucos, por que omitir?) a capitular na tortura e outros, ainda, à morte. Desde o assassinato de João Domingues da Silva, açougueiro de profissão na periferia de Osasco, e meu parceiro de armas, traduzi o fato de ter sobrevivido como um dever pessoal de preservar sua memória, o espírito que norteou sua vida, lutando para que seu sacrifício não fosse utilizado pelos mercadores de mitos, mesmo os que se achavam de esquerda. Quando foram morrendo outros, sobretudo os mais próximos, com laços de combate ou pessoais, fui renovando esses compromissos: Carlos Roberto Zanirato, soldado, Mariane José Ferreira Alves, cabo do 4º RI, Dorival Ferreira, de Presidente Altino, Chael Charles Schereier e Maria Auxiliadora Lara Barcelos, presos comigo no Rio de Janeiro, Carlos Lamarca e meu colega de Ceneart, de Cobrasma, de Gcan 90 e de entusiasmos José Campos Barreto. Nós não ensaiamos o *script* de que quem sobrevivesse ficaria encarregado de preservar a memória dos que tombaram, contaria a história da maneira mais honesta possível e procuraria manter o espírito crítico, mas tenho a certeza de que, se eles tivessem sobrevivido, certamente se empenhariam em impedir a profanação da memória de quem já não aqui estaria para falar. Embora não aprecie o gênero biografia, ao deliberar voltar às minhas raízes e tomar um banho de realidade, decidi também dedicar sempre que necessário um espaço no jornal *Primeira Hora* para falar desses amigos. É por isso que alguns dos artigos que fiz a respeito deles são recuperados também neste livro, e porque acho que eles podem ser úteis para ajudar a refletir sobre nosso tema central: o drama da humanidade à procura da liberdade e de cada um de nós em busca de um sentido para a existência.

A busca de um ângulo para enxergar

Somando os anos citados no início dessa introdução, eu disse que há praticamente dezessete estou sem atuação partidária ou engajamentos eleitorais. Isso porque, desde o período de descenso da ditadura, a militância política transformou-se numa coisa utilitária, datada para a próxima eleição, rebaixada a prática eleitoral, subordinando crescentemente outras esferas de atuação como a sindical, a de mobilização popular, as ações de solidariedade e mesmo a de elaboração de idéias. Meu recolhimento, entretanto, não significa que tenha ficado esse tempo todo recluso ao quarto de estudos. A fase de observação distante e de leituras dos anarquistas durou de 1982 a 1984, quando iniciei a reestruturação de minha vida e me organizei para o banho de realidade. No final daquele ano organizei o jornal e, em janeiro de 1985, *Primeira Hora* já estava circulando. Sem vínculo com qualquer agremiação partidária, ao mesmo tempo em que me banhava, indagando a realidade concreta de uma cidade que conhecia, também procurava o diálogo com suas forças reais, pautando as matérias que me pareciam mais significativas e, logo, escrevendo artigos em que desnudava minhas dúvidas e conclusões parciais. Buscava informar, debater e cultivar um público cidadão que eu pretendia que fosse crescente. Foi um processo, no princípio, penoso, porque as chamadas esquerdas tinham a expectativa de que eu retornara a Osasco para secundar seus projetos eleitorais. Eu, por outro lado, queria me municiar para poder investigar o que havia acontecido, afinal, para que no meio da estrada elas tivessem descido do ônibus da liberdade e construído um abrigo seguro para seu imediatismo; por que a igualdade das maiorias fora suplantada pela segurança dos correligionários num mundo tumultuado pela competição cada vez mais selvagem? Quando falo das "esquerdas", evidentemente, refiro-me à maioria dos dirigentes, dos profissionais dos partidos e dos quadros com mandato; as bases desses partidos ainda representam a maior fonte do manancial da esperança. Além de compreender a perda do compromisso com as idéias de igualdade, queria comunicar-me com as direções, provocá-las, denunciando sua preguiça para ver e pensar, escancarando minhas interpretações, com a expectativa também de que fossem capazes de mostrar meus erros ou dialogassem com as angústias que eu tentava expor. De resto, como nunca me senti em débito com ninguém, nem vassalo de idéias, achando que conquistara com minha vida o direito de tentar entender e até errar, por que não?, sempre escrevi o que conseguia elaborar, tomando o cuidado, é evidente, para não machucar a dignidade de ninguém, mas também não contemporizando com o que me parecia errado, ou defesa de interesses mesquinhos.

Não é difícil imaginar que o jornal e eu enfrentamos dificuldades, boicotes, insinuações e intrigas. Uma parte das forças que atuavam na cidade nos recebeu e sempre tratou com a desconfiança reservada aos inimigos antigos. A outra, com as reservas e os rancores alimentados especialmente para os novos adversários. Apesar disso, em meio às dezenas de temas locais, não incluídos nesse livro, porque ele tem a pretensão de provocar um debate mais geral, refleti, em cima do fato, a respeito de acontecimentos internacionais, a queda do social-corporativismo, e das grandes questões culturais e legais, como o aborto e a eutanásia, e as polêmicas do movimento sindical, como as reincidentes e fracassadas propostas de greve geral, o imposto sindical, o juiz classista, a aposentadoria dos funcionários públicos etc. Cada vez que escrevia um artigo alimentava mais o descontentamento daqueles que queriam meu aplauso. Às vezes eles extravasavam em respostas iradas, que também nunca ficaram sem resposta. Por isso, apesar de ter reunido artigos isolados, às vezes separados um do outro por longo período de tempo e por contradições decorrentes do aprimoramento das idéias, eles acabam formando uma unidade, mostram o percurso de amadurecimento das idéias.

Dentre todas as áreas, a mais importante, porque diz respeito à formação das próximas gerações, e a que rendeu maior volume de polêmicas, é a do ensino público. Os sindicalistas do professorado, com toda certeza, jamais me perdoarão por ter denunciado que eles se tornaram chefes de corporação, colocando os interesses salariais do magistério acima do direito ao saber dos alunos, e transformaram-se, eles próprios, numa microcorporação, com interesses econômico-políticos próprios, usando as dificuldades do professor como trampolim para suas carreiras. Deles partiram também as queixas mais amargas e o preconceito mais vivo contra o exercício de minha liberdade de pensamento. Devo agradecer pela sua revolta, entretanto, porque, ao me evidenciarem o lado em que se encontravam e a fúria com que reagiam a quem abordava seus interesses, eles me ajudaram a perceber que, no fundo, eu estava procurando um ângulo para enxergar melhor o mundo e que, só vendo, eu poderia tentar compreender para, depois, propor correções de rota.

Cenário do corporativismo

O ponto do qual se vislumbra as coisas é fundamental para estruturar a visão do conjunto. Eu li, por exemplo, *1984*, de George Orwell, uns doze anos antes da data estabelecida no título, numa cela individual, no quinto andar do pavilhão 8, o dos reincidentes, na Casa de Detenção do Carandiru. Éramos uns 30 e poucos presos políticos num mar de mais de 5 mil comuns, isolados num dos lados dos corredores. As portas eram de aço reforçado, com pelo menos uns 5 centímetros de espessura e tinham, mais ou menos na altura do pescoço, uma janelinha que era fechada por fora. Só era aberta quando os "faxinas" traziam a bóia, em geral imunda e gordurosa, ou quando os carcereiros tinham algum recado ou ameaça; às vezes, a janelinha ficava aberta e nos comunicávamos pela linguagem adaptada dos surdos-mudos, com a mão, usando espelhinhos de cabelo. Depois passei também uma temporada na Penitenciária, que tinha uma disciplina muito mais rígida; as portas eram abertas simultaneamente e os presos ficavam no umbral, só podendo dar um passo à frente quando comandados para isso; outro comando e se viravam, para sair andando em fila; a cela da penitenciária era parecida com a da Detenção, mas a janelinha nunca era esquecida aberta e tinha um visor na altura do olho, não para que os moradores olhassem para fora, mas para que seus movimentos fossem acompanhados pelos carcereiros. Li *1984* nessa situação, depois da fase das torturas, quando um ser humano é capaz de provocar no outro todas as dores, angústias e sofrimentos para arrancar informações dos cantos mais guarnecidos de sua alma. Acho que não poderia ser diferente e me apavorei com as tele-telas, aparelhos instalados em todos os lugares, nos logradouros públicos, no interior das casas, que identificavam e acompanhavam as 24 horas do dia os movimentos de cada indivíduo. As tele-telas não apenas transmitiam uma programação insípida e politicamente dirigida, como exigiam as posturas adequadas de cada pessoa, falando pessoalmente com cada uma. Repentinamente, o indivíduo era flagrado com um olhar triste ou pensativo: "Fulano, você poderia esclarecer o que está pensando neste momento". Se a resposta não fosse convincente, e muitas vezes não era, momentos depois passos pesados no corredor e batidas secas na porta anunciavam a chegada da Polícia do Pensamento, que levaria o triste ou descontente para desintoxicar suas idéias.

Isso aconteceria conosco, sem dúvida, se os militares dominassem a tecnologia necessária. Os princípios e a ética que permitiam a invasão da privacidade eram os mesmos. Eu conseguira atravessar a fase da tortura não com heroísmo mas com um jogo de mentiras que me possibilitara passar por aquilo de forma a, mais tarde, falar a respeito com alguma tranqüilidade, por sentir que não haviam conseguido fazer com que eu me maculasse, praticando algum ato de que pudesse me envergonhar. Entretanto, com certeza, não resistiria a uma polícia do pensamento, nem a uma tele-tela que registrasse o movimento dos meus olhos mesmo quando dormisse, desvendando minhas contradições. Nem o heroísmo nem a mentira poderiam vencer uma ditadura como aquela. E a nossa seria assim, se fosse capaz. Qualquer uma chegaria a isso, talvez essa seja a sina do Estado, de qualquer Estado, de implantar todas as formas de controle para a sua segurança. Senti Orwell, por isso, como um romancista de esquerda, que falava contra a violência bestial, contra a invasão da privacidade. Ele, no entanto, era um fugitivo da Europa Oriental e, visto do ângulo do social-corporativismo, um traidor da revolução, um renegado da "nova sociedade". O stalinismo vestira a carapuça e se sentira agredido por suas obras, que desnudavam seu caráter anti-humano. Nem sempre o tempo mostra qual o melhor ângulo para abordar a realidade, mas, no caso, a história acabou dando razão ao romancista e condenando o Partido, que acabou apeado do poder pelas mãos do próprio povo europeu oriental, que ele dizia representar. Sobretudo o povo polonês, o húngaro, o alemão oriental e o russo, quando o regime se desagregou, encarregaram de sair às ruas para varrer os burocratas partidários de seus *bunkers*, acordando do sonho de revolução que se transformara num pesadelo sem fim.

O social-corporativismo, a rigor, é o regime da soma dos corporativismos individuais das categorias de trabalhadores, controlados pelo corporativismo dos sindicalistas, outra categoria, esta com função de dirigir as bases e que funciona como correia de transmissão das diretrizes do partido, que representa os interesses políticos e materiais dos donos do poder, os mais esclarecidos e perfeitos dos homens, que se sentem, por isso, autorizados a fazer o que acham necessário aos demais. O corporavismo enxerga o mundo somente a partir do ângulo da necessidade de seus membros, ignorando os interesses alheios e as condições de possibilidade. É a fome cega e sem limites, que quer ser saciada de qualquer forma, independentemente do que isso pode representar para os outros. A única lógica que ele respeita é o discurso dos seus dirigentes, que às vezes alegam que os subalternos, se conformados agora, poderão comer muito mais no futuro. Os dirigentes, por sua vez, articulam-se com os dirigentes de outras corporações e com eles formam um tecido de interesses de poder. Um dia isso será assunto para alguém com tempo, paciência e competência.

Fiz essa longa digressão sobre o apetite, a consciência e a inteligência corporativistas para enfocar o ângulo a partir do qual os sindicalistas do professorado, nos últimos vinte anos, enxergam e justificam sua atuação: única e exclusivamente o salário dos professores, de fato humilhante e degradante. Eu reconheço que esse é um dos lados pelo qual o ensino público deve ser enfocado, mas há outros, que não podem ser esquecidos. Sem dúvida, os problemas de sobrevivência dos professores em todo o Brasil, até em São Paulo, onde a humilhação é menor, são da maior gravidade. Com certeza, em meados da década de 80, seria impossível manter a tranqüilidade mínima para procurar ensinar os filhos dos outros enquanto os próprios estavam malvestidos, mal-alimentados e mal-educados.

O descaso pela educação e o desprezo pelos professores vinham de longe, pois a ditadura encarregou-se de desestruturar o sistema de ensino. Nem sei se essa era a intenção dos militares, e nem importa. Mas foi o resultado. Seguindo as leis econômicas e, para defender o valor de sua força de trabalho, os professores mais preparados começaram a abandonar a profissão, adotando outras, em que ganhavam salários mais compatíveis com seu nível de vida e com o custo de suas famílias. Aos poucos, os mais competentes foram substituídos por outros, sem as qualificações pedagógicas mínimas, baixando progressivamente a qualidade de ensino. O sindicato passou a representar uma maioria de amadores despreparados, inúmeros dando aulas de matérias sem ter a menor noção de seus conteúdos e muitos completamente desinteressados pelos alunos ou pelo ensino, preocupados apenas com o salário. Refletindo esse quadro, os dirigentes sindicais desenvolveram também um discurso contra o antigo espírito de sacerdócio do professor, passando a pugnar por uma noção de profissionalismo segundo a qual o desprezo pela qualidade do trabalho seria a resposta ao baixo salário. A concepção de luta de classes dos sindicalistas e de seu partido político acabaram produzindo um enfrentamento dentro das classes das escolas públicas, em que professores malpagos, despreparados e rancorosos enfrentavam alunos pobres, sofridos, sem futuro e cada vez mais numerosos. Talvez seja por isso também que as escolas se transformaram em pontos de concentração e expansão da violência, com agressões físicas contra professores e tráfico de drogas.

O todo tem mais lados

O ângulo pelo qual o sindicato dos professores consegue divisar o ensino ainda é o do salário dos professores, que reduz a questão a apenas um de seus aspectos. Depois de 1985, escrevi uma série de artigos a propósito dos sucessivos projetos apresentados pelo Governo do Estado para a educação. Uma parte deles está reunida no último capítulo deste livro, na ordem em que foram escritos, com o mesmo texto em que foram originalmente publicados, refletindo em estado bruto o que acontecia em cada fase e a evolução, às vezes dolorosa, de minha forma de encarar a questão, a mais candente da atualidade, pois sempre acreditei que o Brasil só tem uma saída, que subordina todas as outras, para seus problemas estruturais: a educação, especialmente pelo ensino público. Nos artigos, embora reconhecendo a justiça dos pleitos salariais, passei a procurar entender também a realidade a partir de outros ângulos, o da comunidade, o dos alunos, o do futuro e o da qualidade da educação oferecida aos filhos dos trabalhadores e das massas de subempregados e pessoas que vivem de bico e de favor.

Numa sociedade multifacetada pela divisão em classes sociais, ramos de atividade, países, nações, raças, sexos, especialidades e opções de toda natureza, os sindicatos e entidades têm mesmo que privilegiar o interesse de seus representados, colocá-los em primeiro plano. Isso não significa, contudo, que os professores, por exemplo, sejam apenas os seus baixos salários. Eles são muito mais que os seus salários. Muitos deles, além de dar aulas, em outros momentos de sua vida, são também alunos e vivem o outro lado, onde são representados por um outro tipo de entidade. A maioria deles é, ou um dia será, pai de aluno; e como a categoria é mal-remunerada, seus filhos não poderão freqüentar escolas particulares, mas outras escolas públicas, em que serão atendidos por colegas igualmente malpagos, revoltados e insuflados pelo mesmo sindicato. Como membros de uma sociedade, os professores dependem das mesmas vias públicas, dos serviços prestados pelo mesmo Estado e, como são contribuintes, pagam os impostos, que são altos, mas insuficientes para cobrir as necessidades da sociedade em todos os campos, as aspirações do funcionalismo e a cobiça pessoal de tantos governantes e representantes.

Se a razão de ser do sindicalismo é apenas um dos aspectos da vida da pessoa, o cidadão é muito maior e mais diversificado. E a atividade sindical, por isso mesmo, poderia ser mais ampla, até para ser mais eficaz. Os partidos, além disso, têm a obrigação de ser mais abrangentes, de ter uma visão mais profunda das contradições e buscar alternativas para o conjunto dos cidadãos, propondo formas de convívio organizado, representando não apenas uma faceta deles ou uma soma de facetas, como as agremiações que funcionam como conglomerados de corporativismos.

A unilateralidade limita e provoca esterilidade política. Uma concepção mais abrangente, útil e eficaz da realidade depende da capacidade de abordar a questão de diversos ângulos, da construção da análise como síntese de múltiplas determinações, da disponibilidade de se colocar no lugar dos mais diferentes agentes sociais e pressentir os fatos como eles sentiriam. Colocar-se no lugar do outro não é apenas uma forma de exercício da tolerância, mas também um dos elementos do relacionamento democrático, porque, para os demais, nós também somos um "outro". A elaboração de uma linha política como síntese de múltiplas determinações e capaz de produzir os efeitos desejados depende também da determinação em analisar os próprios atos de diferentes perspectivas temporais: do presente, do passado, mas principalmente do futuro próximo e do distante.

Os movimentos corporativistas em geral, e não apenas os sindicatos, reduzem a realidade complexa aos interesses de um único setor da sociedade e temporalmente buscam somente o ângulo do passado para fundamentar a injustiça de que esse grupo deveria julgar-se vítima. Isto é, fazem análises historicistas, como se a "verdade" estivesse lá atrás, em algum elo perdido da vida, que se procura resgatar para iluminar o presente e torná-lo compreensível. A teoria, para eles, então, é buscar no passado a suposta origem da situação atual, reduzindo o percurso histórico à manutenção ou ao aprofundamento daquele vício original. O reducionismo e o historicismo fundamentam ideologias voluntaristas e alimentam ódios enormes, mas não explicam os fatos, mesmo porque a realidade é produto de determinações e combinações muito mais variadas e o leito da história é um caminho cheio de curvas e surpresas. O procedimento limitador e historicista produz explicações fechadas, aparentemente coerentes, impede o diálogo e a retificação de suas verdades, o que leva ao sectarismo e a um tipo de militância cada vez mais aguerrida, emocional e socialmente isolada, fadada a derrotas.

Uma postura possivelmente muito mais produtiva e democrática é a que se baseia no postulado de que não existe uma verdade, mas verdades, todas com a mesma credibilidade e merecedoras do mesmo respeito, conforme a capacidade de análise e os ângulos adotados para a interpretação. Desse ponto de vista, mais importante do que as respostas é o espírito de buscar as explicações, mobilizando e combinando todos os ângulos possíveis, o que pode nos aproximar da realidade, embora ela, por definição, seja fugidia e mude como um camaleão. Em qualquer campo, é bom fazer projeções no tempo e tentar imaginar as conseqüências dos próprios atos no futuro longíquo, no próximo, analisar o passado e, no presente, todos os sujeitos envolvidos. No caso do ensino, por exemplo, ver a questão salarial, mas também o prédio e as condições de trabalho dos professores; o currículo oficial, a didática adotada, a estrutura pedagógica; a comunidade, os interesses e a participação dos pais; as condições econômicas e sócio-educativas dos alunos, seu tempo disponível, sua capacidade cognitiva. Cada um desses aspectos tem um passado, que pode ser reconstruído, e um futuro, cujas tendências, dependendo de nossos atos presentes, podem ser antecipadas e analisadas. Se as explicações objetivas tiverem maior peso que os interesses subjetivos, o futuro subordinar o presente e este o passado, a criatividade for mais valorizada que a repetição mecânica, a inventividade mais estimulada que a memória, a participação que a disciplina, a justiça prevalecer sobre a esperteza, o coletivo sobre o individual, a solidariedade sobre a competição, que certamente também deve ter seu lugar, certamente as análises serão mais explicativas e alimentarão uma prática mais eficaz.

Uma nova onda?

A chegada ao final do século acontece simultaneamente a dois fatos da maior importância, que prenunciam uma nova era na história da humanidade: o ápice do novo liberalismo e o começo do esgotamento de mitos como o da eficiência econômica a qualquer custo, que produziram um notável desenvolvimento para as grandes potências, o enriquecimento dos poderosos e o empobrecimento relativo do restante do mundo, com uma expansão da miséria e das taxas de infelicidade, em conseqüência do surgimento de exércitos de fracassados; de outro lado, dez anos depois do esfacelamento do social-corporativismo, começa a ser possível dar vigorosas sacudidelas nos ombros, para espantar seus fantasmas ideológicos, como a idéia de socialismo científico, de partido único e ditadura do proletariado. No Brasil, onde as coisas sempre demoram um pouco mais a chegar, o atraso combinou-se com a ressurreição de um fenômeno religioso antigo, o espírito inquisitorial e das santas cruzadas, que misturou catecismos com o proselitismo stalinista. Apesar de tudo, a boa vontade ainda prepondera sobre as intenções rasteiras e, ainda que com dificuldade, organiza-se e é abafada nos partidos de neo-esquerda. Mas pode tomar vulto e declarar sua independência.

A combinação de desenvolvimento econômico com progresso social e solidariedade humana é perfeitamente possível e necessária e deverá marcar a próxima etapa histórica, se os agentes da novidade estiverem preparados para isso. Do ponto de vista pessoal, as conseqüências finais da lógica da frieza econômica e do fundamentalismo político impõem o fim do retiro e um esforço para tentar articular o pensamento crítico, produzindo idéias e estados de espírito favoráveis a um novo surto de humanismo e solidariedade na política, inspirado pelas consignas da liberdade e da igualdade. Os textos reunidos neste trabalho pretendem ser um ajuste de contas com o passado recente e uma contribuição para a imensa tarefa que se coloca a todos na divisa do milênio.

Se este livro tem um tema geral, é este: Por que, até hoje, a humanidade sempre planejou e lutou por uma coisa e o resultado foi outro, às vezes o contrário do pretendido? Por que as lutas pela liberdade sempre geraram novas formas de tirania e os esforços pela igualdade pariram outros tipos de diferença? Por que, enfim, a confiança é sempre utilizada para a traição? Sei que essas questões não são novas, mas elas sempre se renovam pois, no fundo, existe a esperança de que, da próxima vez, será diferente.

Capítulo 2
Abraços que sufocam

A série *Abraços que sufocam* foi publicada a partir de 20 de março de 1999 no jornal *Primeira Hora*, para debater uma inquietação antiga, e suscitada pelas aulas dadas no Curso de Lideranças Comunitárias do Ieac-21 (Instituto de Estudos, Ação e Cooperação Século XXI). No início são publicados também três artigos anteriores em que a questão foi esboçada e seu tratamento anunciado para mais tarde.

Sectarismo partilhado

As classificações políticas do passado, úteis para a diferenciação de inimigos e adversários e para o estabelecimento de alianças em cada conjuntura, transformaram-se em adjetivos, usados para agradar ou ofender. Hoje, a auto-intitulada esquerda, quando pretende agredir, chama a pessoa de direitista. Ou neoliberal. Ao colocar o outro na "direita", o xingador acredita que se coloca automaticamente na "esquerda". Ou no campo da solidariedade e do desprendimento, do socialismo. No fundo, a cabeça dos xingadores desceu do social para o pessoal e derivou dos fatos sociais para as crenças imutáveis, como se já tivesse ultrapassado a história, o reino da transitoriedade, e mergulhado no universo ontológico das realidades eternas e definitivas, céu e inferno, ele, evidentemente, no céu. O estreitamento mental faz com que determinadas posições políticas percam a noção da realidade e o bom senso, acomodando-se no terreno nebuloso dos microinteresses de grupos de 10, 12, 100 ou 5 ou 10 mil, do sectarismo partilhado.

A promiscuidade dos microinteresses, sejam eles de grupos profissionais ou de posições políticas abrigadas em partidos ou facções, caracterizam formas moralmente descendentes do egoísmo corporativista, ainda que disfarçadas sob discursos generosos e até altruístas. Em verdade, a capa coletivista não passa de instrumento de legitimação de um interesse minúsculo, uma candidatura, um cargo de assessoria, uma posição de destaque no partido ou simplesmente o aplauso momentâneo de correligionários ou companheiros.

Além de uma forma desenvolvida de repúdio à inteligência e à sensibilidade, o sectarismo é covarde, porque reclama sociedades ou solidariedades, e mesquinho, pois visa à conquista de privilégios. Quando busca legitimar-se também no plano metafísico, recorrendo à comunhão ou intimidade com Deus, ele se torna extremamente perigoso, uma vez que justifica quaisquer atos, arrebentando com todas as normas de convívio e justificando a supressão violenta das diferenças, dos inimigos, dos adversários e até das pessoas que o sectário simplesmente não consegue compreender. Nesse ponto ele dá origem ou se confunde com o tipo de postura combatido pela humanidade no passado como fascista.

O sectário político não reflete sobre a sociedade e não define programas, porque ele se rege apenas por dogmas e mandamentos, ainda que partilhados por seu grupo. Como não tem um programa claro de intervenção, ele também não tem um projeto de sociedade e, portanto, sua ação torna-se cega. Ele apenas reage às palavras e aos atos de terceiros, porque se sente ameaçado pelas mudanças e propostas inovadoras. Transforma-se num ser reacionário, intitulando-se de esquerda ou de direita, tanto faz, pois se transforma em inimigo das mudanças, do progresso, do conhecimento e da verdade.

18/3/1995

Revolta, ódio de classe e inveja

Depois de três séculos, este é o primeiro momento da humanidade sem a idéia da revolução. Constrangido às correrias do dia-a-dia da redação e circunstrito aos montões de coisinhas da Região Oeste, confesso que não tenho acompanhado como gostaria os embates teóricos e ideológicos posteriores à queda do social-corporativismo no Leste da Europa. Parece-me, contudo, infensa a questionamentos a tese de que a dissolução da União Soviética e as revoltas populares que destroçaram os regimes daquela parte do mundo conseguiram colocar em crise também o sonho do socialismo e deixaram a humanidade, ao menos temporariamente, sem a idéia reguladora da revolução. Excluindo os portadores de dogmas esquizofrênicos, pela natureza de suas afecções impermeáveis aos fatos e mudanças, ninguém em sã consciência se define hoje como revolucionário. Ou contra.

Nos últimos trezentos e tantos anos, desde bem antes da Revolução Francesa, dois mitos têm balizado as utopias políticas e a filosofia, a idéia de uma sociedade originária pura e igualitária, sem exploração ou diferenças, e a de uma revolução regeneradora da essência libertária da humanidade. Os mitos da origem e do futuro inevitável sempre estiveram tanto na base das proposições conformistas ou conservadoras quanto dos programas mínimos radicais. Por isso, os partidos organizavam-se em leque claro da direita para a esquerda ou vice-versa, alinhando sindicatos, correntes artísticas, jornais etc. Com o fim da referência "socialista" soviética e as últimas desventuras da humanidade, o leque embaralhou-se, as diferenças políticas obscureceram-se e a palavra esquerda, na orfandade da revolução, deixou de ser uma descrição objetiva para transformar-se num rótulo auto-outorgado. Em alguns países, como no Brasil, ela divorciou-se até do materialismo e do ateísmo, subordinando-se a fés milenares das classes dominantes.

Sem a idéia da revolução, que não depende do voluntarismo individual mas decorre das contradições materiais e espirituais de um momento da história, tornou-se impossível definir um projeto claro de transformação efetiva da realidade social, característica de que padecem, por exemplo, do PDS italiano ao nosso PT. O programa de mudanças na estrutura social, com isso, não consegue clarear-se num programa político, caindo numa pauta de reivindicações imediatistas, ainda que enraivecidas, porque o ódio de classe, tão caro a Marx, Lênin e Trotski, transformou-se em mera inveja, o que mudou até o papel dos sindicatos. Mas isso já é outro assunto, que fica para daqui a muito tempo.

7/12/1996

O besteirol dos neoesquerdistas

Eu nunca tive dúvida de que, apesar das curvas e retrocessos, o caminho da humanidade, no geral, é pela esquerda e que a utopia que ilumina as esperanças continuam sendo as consignas da igualdade, liberdade e fraternidade da Revolução Francesa. Digo isso, embora venha aprendendo, com o tempo, a me questionar e a admitir que erro, e muito. Às vezes, é necessário levantar os olhos acima do agita-empurra-xinga do cotidiano para conferir o caminho e, mais por isso que pela eventual falta de outro assunto, é que de tempos em tempos volto a conferir os mapas e a falar das abstrações que constituem o concreto.

Nos últimos 80 anos desde 1917 não foram poucos os que alertaram que a esquerda trafegava, apesar das suas intenções, na contramão do socialismo, não pela ação de seus inimigos, mas pelo efeito de seus próprios preconceitos, que enrijeceram, como a estátuas, conceitos que deveriam ser flexíveis e abrangentes. Hoje, e isto é mais que uma figura de linguagem, as definições ideológicas não se classificam mais pela lateralidade, porque as mudanças do mundo provocaram terremotos nos significados de dicionário. Não há mais esquerda, nem direita, pois tudo virou neo (prefixo que quer dizer novo). São a neodireita, ou os neoliberais, como queiram, versus os neoesquerdistas. Eu até ousaria dizer, retomando a questão do imbróglio intestino, que a caminhada da humanidade para a esquerda hoje está bloqueada pela neoesquerda, produto da substituição do estudo e da reflexão paciente por chavões.

Outras vezes, segundo os clássicos, é preciso recuar para avançar e, praticamente desde 1790, as esquerdas de fato — anarquistas ou socialistas — acrescentaram às consignas da revolução burguesa alguns princípios básicos, como os de progresso, modernidade e internacionalismo. O ser (ou *ethos*) de esquerda, ao contrário de hoje, definia-se pela interdependência entre a conquista da igualdade, o fim dos Estados nacionais e o avanço das liberdades públicas e individuais, inclusive contra os tabus e preconceitos sexuais dominantes. Talvez em decorrência da degenaração da União Soviética num estado autoritário corporativista-sindical e da sua derrota final, há seis anos, combinada com a contra-investida das hierarquias religiosas na questão social, a neoesquerda tornou-se nacionalista (sob o pretexto de combater a globalização da economia), adversária do desenvolvimento das forças produtivas e do avanço tecnológico (em favor das corporações) e (sob o chavão do combate ao neoliberalismo) inimiga das liberdades civis e individuais.

15/2/1997

Blecaute da luz e da liberdade

Um engraçadinho gritou no meio da madrugada de ontem, 12 de março, durante o blecaute que deixou quase todo o Brasil às escuras, as crianças sem banho e os insones sem TV, que se tratava do *Day After* e que a bomba atômica havia explodido. Um prédio inteiro acordou em sobressalto na avenida Santo Antônio, em Osasco, esperando a morte. Ou a luz. Embora tenha pouco mais de um século, a energia elétrica está tão incorporada a nosso cotidiano que não conseguimos mais viver sem ela. Nada funciona: a geladeira, o elevador, o semáforo. O fim do mundo não precisa ser necessariamente a pulverização do planeta, mas pode ser simplesmente o caos decorrente do desaparecimento dos confortos chamados civilizados. Ou dos jornais, por exemplo. Outra forma de fim do mundo, já ensaiada diversas vezes, é o desaparecimento da liberdade ou o asfixiamento da individualidade.

As ameaças à liberdade implantam-se sempre ao som de botas marchando disciplinadas. Mas às vezes a intolerância nasce de devaneios até generosos de igualdade, fraternidade ou eternização da alma. Antevendo o florescimento do stalinismo, o pesadelo do seu sonho de igualdade, Vladimir Lênin travou um combate infrutífero contra a prática das correias de transmissão, a perda de autonomia pelos sindicatos, transformados em extensões das políticas do Partido Comunista. Depois que a ditadura burocrática, sob a ideologia do corporativismo sindical, já havia estruturado a União Soviética, Leon Trótski descreveu a genealogia do autoritarismo com o conceito, aliás muito mal traduzido para o português, de hipostasiação, ou substituição. Segundo ele, pelo mecanismo substitutivista, o povo russo seria substituído pela classe operária, sua vanguarda; esta pelo seu partido; no partido, as bases, pelos seus representantes legitimamente eleitos; estes, pelo comitê central, livremente escolhido; o comitê, pela executiva, e esta, pelo secretário-geral, o líder maior ou o ditador. Pelo conceito de hipostasiação, em última análise, Stálin corporificaria a vontade do povo soviético. Acabei lembrando isso hoje porque tivemos uma noite escura e para não deixar cair no esquecimento uma frase isolada de um artigo da semana passada, que causou tanto ódio, assunto ao qual voltarei, que falava da fobia de certos militantes em ocupar espaços, aparelhando sindicatos, conselhos e organismos populares, ou seja, substituindo o povo, e abraçando, para sufocar, a espontaneidade dos movimentos e a alegria das pessoas.

13/3/1999

Povo sem esperança e sociologismo vulgar

A ausência de movimentos reivindicatórios e a apatia sindical, como se vivêssemos no mais confortável dos primeiros mundos, contrasta de forma gritante com a agudização da crise, a carestia e a evolução do desemprego. Excetuando os juízes, que querem aumentar o teto salarial para R$ 12.720, e uma outra corporação de funcionários públicos, os assalariados parecem satisfeitos. Os privilegiados e apaniguados querem mais e os menos favorecidos, aparentemente, renunciam até a própria dignidade para sobreviver. Por que nosso povo está se deixando conduzir ao matadouro, embora consciente de seu destino? Estamos numa encruzilhada, não apenas econômica, mas também política e de valores, ilustrada pela ausência de alternativas.

Seria leviano pretender esgotar, em simples artigos de menos de quinhentas palavras, as causas profundas da nossa crise ou os motivos que fazem com que as pessoas percam a fé (ou mergulhem em crenças para se alhear da realidade). Mas, como avisei na semana passada, estou iniciando com este uma série de artigos, que pode ser interrompida sempre que algum outro assunto se impuser, com algumas reflexões que vão tentar escapar do simplismo e da lógica de Pilatos, da tentativa de justificar sempre transferindo as responsabilidades. Da mesma forma que o governo procura explicar a crise econômica a partir da especulação externa, como se vítima de uma situação inevitável, as direções sindicais e da neoesquerda atribuem a apatia popular única e exclusivamente à crise econômica. Alegam que se tornou impossível mobilizar a sociedade porque as pessoas, aterrorizadas com o risco da perda do emprego, tornaram-se individualistas e acovardaram-se.

O esforço de justificar a desmobilização popular como produto da conjuntura econômica resulta de um sociologismo vulgar e tem a finalidade de camuflar e perpetuar regalias das próprias lideranças. A "lei sociológica" da apatia é desmentida por inúmeros fatos ao longo da história. Aqui em Osasco mesmo, os movimentos populares que se seguiram ao golpe de 1964, sobretudo a greve de 1968, mostram que nem sempre as crises econômicas causam conformismo, nem mesmo sob o tacão da força. Será que o medo de perder o emprego, que de fato existe, não se aprofunda e se transforma em indiferença em virtude da falta de legitimidade das lideranças, do sentimento de abandono das bases, ou dos representados por seus representantes? Se outro assunto não me forçar a mudar de rumo, voltarei ao tema, com a pretensão de escapar dos lugares comuns.

20/3/1999

La Boétie e a liberdade dos pulmões

"Em todas as regiões, em todos os ares, amarga é a sujeição e aprazível ser livre".
Étienne La Boétie. O Discurso da servidão voluntária.

Os sonhos de igualdade, nos últimos séculos, apesar dos avanços no atacado, degeneraram sempre, no varejo, para outras formas de diferença e violência social. A rigor, as lutas contra as oligarquias sempre embutiram, em germe, as novas modalidades de poder e de sujeição do homem pelo homem. Identifico uma componente tirânica no corporativismo e no ansioso aparelhamento das entidades populares, o tema dessas matérias e uma das causas, suponho, da desconfiança e da apatia popular em meio ao turbilhão da crise. Como o drama das desilusões históricas não é recente, nas próximas semanas vou resenhar alguns dos autores que já pensaram sobre ele. Neste artigo e no próximo, quero apresentar, em duas colheradas rápidas *O Discurso da servidão voluntária — ou O contra um*, do francês Étienne La Boétie, que morreu com 33 anos de idade (1530-1563). Na primeira colher: uma idéia de um dos maiores cânticos à liberdade já produzidos; na segunda: um esqueleto dos mecanismos pelos quais o sonho de liberdade costuma ser engolido pela tirania. O manuscrito foi confiado por La Boétie a seu amigo Michel Eyquem de Montaigne e só foi descoberto e publicado três séculos depois da sua morte, em 1853*.

A liberdade, para La Boétie, é um dado da natureza, como os olhos, os pés ou os pulmões. Como não se conformava com a renúncia humana a seu próprio ser, ele deu um título antagônico a seu opúsculo: *Discurso da servidão voluntária*, como se se pudesse trocar livremente a liberdade pela escravidão. "É a liberdade, todavia, um bem tão grande e tão aprazível que, uma vez perdido, todos os males seguem de enfiada; e os próprios bens que ficam depois dela perdem inteiramente seu gosto e sabor." O homem destituído da liberdade é uma coisa mutilada, mantida nessa condição para conservar o poder estabelecido, ou seja, no século XVI, a monarquia ou o Governo de Um. "É certamente por isso que o tirano nunca é amado, nem ama." Os súditos perdem a espontaneidade, a capacidade de indignação. "A gente subjugada não tem júbilo nem furor no combate: parte para o perigo como que amarrada." É por esse motivo que, citando o grego Xenofonte, La Boétie escreveu que foram inventados os mercenários estrangeiros e os exércitos de profissionais. "Os tiranos (...), fazendo mal a todos, são obrigados a temer a todos; (...) Os maus reis servem-se de estrangeiros na guerra e os assoldadam pois não ousam a confiança de pôr armas nas mãos de sua gente, a quem fizeram mal."

---

* *Discurso da servidão voluntária*. E. La Boétie (edição bilíngüe). Editora Brasiliense, 1982.
27/3/1999

Como engolir a peçonha da servidão

"Decidi não mais servir e sereis livres; não pretendo que o empurreis ou sacudais, somente não mais o sustentai, e o vereis como um grande colosso, de quem subtraiu-se a base, desmanchar-se com seu próprio peso e rebentar-se."
Étienne La Boétie. *O Discurso da servidão voluntária.*

Continuando a resenha do *Discurso da servidão voluntária – ou O contra um,* * iniciada no artigo passado, Étienne La Boétie foi virtualmente o primeiro a tentar explicar como os homens deixam-se domar por um pequeno grupo e, em última instância, por apenas um. "Se diversos são os meios de aos reinados chegar (por eleição, guerra ou herança), quase sempre semelhante é a maneira de reinar. Os eleitos os tratam (aos súditos) como se tivessem pegado touros para domar; os conquistadores os consideram presa sua; os sucessores pensam tratá-los como seus escravos naturais."

O homem privado de liberdade, para ele, é como o peixe fora d'água, asfixia-se. Nossos instintos, porém, podem ser moldados pela conveniência, o hábito ou a educação (no sentido amplo, e não meramente escolar da palavra); em determinadas situações conformamo-nos em viver manietados. Para explicar o papel da educação (que "consegue fazer-nos engolir, sem repugnância, a amarga peçonha da servidão"), La Boétie cita Licurgo, o legislador de Esparta, que criara "dois cães irmãos, ambos amamentados com o mesmo leite, um engordando na cozinha, o outro acostumado pelos campos". Um dia ele "pôs os dois no meio do mercado e entre eles uma sopa e uma lebre; um correu para o prato e o outro para a lebre".

Os instrumentos de persuasão do poder são variados, da palmatória às "recompensas", passando pela "caridade". O abandono do "instinto" de liberdade, para ele, decorre da ambição de poder sobre o outro e no que modernamente chamamos corrupção, passiva e ativa. Ou seja, sempre há os que "querem servir para ter bens" e a tirania se instala quando eles se tornam numerosos. "Ocorre que afinal é que há tanta gente para quem a tirania parece ser proveitosa quanto aqueles para quem a liberdade seria agradável." Para isso, o líder não precisa convencer a todo o povo, a rigor nem precisa convencer ninguém, mas ser convencido por cinco ou seis, que se transformam em "tiranetes", "proxenetas de suas volúpias." "Tão bem esses seis domam seu chefe, que ele deve ser mau para a sociedade não só com suas maldades, mas também com as deles." Esses seis, por sua vez, cooptam e/ou são domados por dez cada um, e estes, por outros dez, formando a corrente de sustentação do poder, organizada quase como um exército, suficientemente numerosa para abafar os seres livres. Semelhante é a genealogia das lideranças dos oprimidos, surgidas para "cuidar" dos interesses alheios. E traí-los.

---

* *Discurso da servidão voluntária*, E. La Boétie.
3/4/1999

Rousseau, a depravação e a invenção da cerca

"Por que só o homem é suscetível de tornar-se imbecil?"
Jean-Jacques Rousseau (1712-1778). *Discurso sobre a origem das desigualdades.*

Embora constituam uma série, esses artigos singulares e podem ser lidos independentemente. Neste e nos vizinhos, estou apresentando idéias de alguns autores que certamente devem ser levadas em conta para compreender um fenômeno atualíssimo, que está se passando sob nossos narizes: o uso das necessidades das maiorias para a instalação do primado de minorias. Nesta edição resenho *O discurso sobre a desigualdade,** tese com que Rousseau concorreu ao prêmio de 1754 da Academia de Dijon, oito anos antes da publicação de *O contrato social*, sua obra mais famosa. Em 1750, ele fora premiado pela mesma academia com seu *Discurso sobre as ciências e as artes*, mas suas idéias sobre a desigualdade não convenceram a comissão julgadora; o prêmio acabou abiscoitado por um padre especialista em sermões e certames filosóficos chamado Talbert.

"O homem nasceu livre e em todo lugar encontra-se a ferros. O que se crê senhor dos demais não é menos escravo do que eles. Como adveio tal mudança?" Essa questão foi retomada em *O contrato social* para explicar o Direito e o funcionamento da sociedade. No discurso sobre as origens, Rousseau diz que no "estado de natureza", anterior à sociedade organizada, as diferenças entre os homens, somente de compleição física, seriam mínimas, porque só sobreviviam as pessoas saudáveis e todos seriam "robustos". Era mais fácil construir uma choça para a sua família do que tentar tomar a de outrem. Nesse momento, os homens seriam regidos por dois instintos básicos: o de sobrevivência (movimentado pelos desejos de alimentação, reprodução e repouso) e o de altruísmo (descrito como "uma repugnância natural por ver perecer ou sofrer qualquer ser sensível e principalmente nossos semelhantes"). Ele exemplificou esse "altruísmo" com a paixão materna, que sacrifica até a própria vida, pela prole. Ou seja, o homem natural seria livre e "bom".

"O homem tornou-se sociável e mau", lamenta Rousseau, dizendo que evoluímos do estado de natureza para a sociedade e, dessa forma, instituímos tanto a linguagem quanto o pensamento e a razão. "O homem que pensa é um animal depravado." A institucionalização da depravação tornou-se necessária com a invenção da cerca e a propriedade privada e a diferenciação dos homens em ricos e pobres que, para manter-se, deu origem às leis e aos magistrados e deu formato ao Estado, que degenerou para o despotismo, distinguindo os homens também em fortes e fracos, opressores e oprimidos.

---

*J.J Rousseau (1754).
10/4/1999

Maquiavel e o uso de forças mercenárias

"O objetivo do povo é mais honesto do que o dos poderosos; estes querem oprimir e aquele não ser oprimido".
Nicolau Maquiavel (1469-1527). O príncipe.

O primeiro a refletir sobre a política como ela é, sem enfeites éticos ou religiosos, o diplomata florentino Maquiavel passou os últimos quatrocentos anos da história dividindo opiniões: detestado ou amado. Suas lições a Lorenzo de Médicis, o príncipe que ele achava capaz de unificar a Itália, então dividida em uma miríade de mini-Estados, já causaram muitas urticárias, pela franqueza rude com que escreveu coisas como: "Os homens esquecem mais depressa a morte do pai do que a perda de seu patrimônio". E também: "Os homens devem ser mimados ou exterminados, pois se vingam de ofensas leves, das graves já não podem fazê-lo". Ou: "As injúrias devem ser feitas todas de uma vez, a fim de que, tomando-se-lhes o gosto, ofendam menos. E os benefícios devem ser realizados pouco a pouco, para que sejam mais bem saboreados". Ou ainda: "Quem se torna senhor de uma cidade tradicionalmente livre e não a destrói será destruído por ela".

Argumentando que os príncipes não precisariam dos conselhos de Maquiavel, por disporem de ministros e conselheiros, Antonio Gramsci apresentou a leitura que me parece mais convincente, de que ele, ao dar a forma de livro a seus princípios, na verdade forneceu uma ferramenta ao povo, sobre a arte da conquista e manutenção do poder. A propósito, o tempo todo, ele insiste no papel do povo na história. "A um príncipe pouco devem importar as conspirações se é amado pelo povo, mas quando este é seu inimigo e o odeia, deve temer tudo e a todos."

Em *O príncipe*,* em que se concentra no exame da monarquia, e em outras obras, como o *Discurso sobre a primeira década de Tito Lívio*, em que estuda a república, Maquiavel dissecou os erros e acertos cometidos pelos poderosos ao longo da história. Para ele, eram essenciais os primados da ordem interna (boas leis) e da soberania. A esse propósito, defendia veementemente a construção de exércitos nacionais próprios, contra a prática reinante do uso de mercenários (profissionais estrangeiros pagos), tropas auxiliares (de outras potências) ou mistas. "Tais tropas podem ser úteis e boas por si próprias, mas quase sempre acarretam prejuízos ao que as solicita, pois, se perderem, estará anulado, se vencerem, estará seu prisioneiro"; e mais: "Se alguém tiver o seu Estado apoiado em tal classe de forças, não estará nunca seguro; não são unidas aos príncipes, são ambiciosas, infiéis, insolentes para com os amigos, mas covardes perante os inimigos".

---

* *O príncipe*, N. Maquiavel (1513).
17/4/999

Michels e a ascensão pela necessidade alheia

"Ao escolherem seus líderes, os operários criam, com suas próprias mãos, novos senhores."
Robert Michels (1876-1936). *Os partidos políticos — Um estudo das tendências oligárquicas nas democracias modernas.*

Para ter sucesso nas sociedades complexas, qualquer esforço coletivo — partido político, sindicato ou cooperativa — exige organização e a alocação das pessoas nas funções em que podem ser mais eficientes. A necessidade objetiva da estruturação, contudo, provoca a diferenciação entre representantes e representados, entre líderes e a massa, engendrando o que o sociólogo e socialista alemão-italiano Robert Michels* denunciou como "a lei de ferro da oligarquia", a tendência inelutável dos dirigentes em adquirir interesses próprios e agir como classe dominante. "Quem diz organização diz tendência para a oligarquia (...) O mecanismo da organização, ao mesmo tempo que dá a esta uma estrutura sólida, provoca graves modificações na massa organizada. Ele inverte completamente as respectivas posições dos chefes e das massas."

O livro de Michels é um estudo clássico dos partidos políticos. Mais de meio século antes do esfacelamento dos regimes social-corporativistas do Leste Europeu, ele dissecou suas mazelas. Como militante ativo, acompanhou toda a história dos partidos de esquerda desde o século passado e, citando Gaetano Mosca, denunciou a "falsidade da lenda parlamentar". "Uma vez completado o ato eleitoral, o poder dos eleitores sobre os eleitos termina." Comparando a idéia de partido político com a de exército, para o combate de classes, Michels diz que "a democracia é totalmente incompatível com a presteza estratégica e suas forças não servem para uma rápida entrada em luta". Ou, conforme o holandês Van Kol, a verdadeira democracia só poderá advir depois de terminada a luta. Antes disso, disciplina. "Àqueles que são chamados para nos conduzir, prometemos fidelidade e submissão."

"Nem todo membro de um partido político pode praticar a alta política", diz ele, para em seguida completar que "por isso existe distância tão grande entre os chefes e os dirigidos". Com o tempo, Michels enuncia que os princípios de Maquiavel são usados pelos dirigentes para eternizar-se no poder. "Aquele que foi eleito uma vez fará todo o possível para ser reeleito." O chefe é como uma molécula que se destacou da massa. Em decorrência disso, os partidos, mesmo os mais "coerentes", acabam derivando para a hipocrisia. "Cada partido deixa que se insinue em seu seio o sistema eleitoral indireto que com a maior veemência ele combate na vida pública."

---

* *Os partidos políticos*, R. Michels (1925).
1º/5/1999

A lei de ferro da oligarquização

> "A acumulação do poder nas mãos de algumas pessoas relativamente pouco numerosas, tal como se dá no movimento operário, conduz fatalmente a inúmeros abusos. O `representante', com a força de se saber indispensável, transforma-se facilmente de servidor em senhor do povo." Robert Michels. *Os partidos políticos — Um estudo das tendências oligárquicas nas democracias modernas.*

Em seu alentado livro *Os partidos políticos*, em que expõe "a lei de ferro da oligarquia", baseado nas experiências socialistas até 1925, por acreditar que os partidos de esquerda, naquela época ainda, seriam "os mais rigorosamente democráticos", Robert Michels expõe um quadro quase desalentador para o futuro da humanidade. "Aumenta mais e mais a distância entre os chefes e o grosso do partido, chegando o momento em que os primeiros perdem todo sentimento de solidariedade para com a classe de onde saíram". Em função desse distanciamento, os líderes passam a representar um papel em que cada vez acreditam menos. "A presunção desmesurada, nem sempre desprovida de traços cômicos, que observamos entre os condutores das massas modernas, provém não apenas do fato de serem eles, em sua maioria, *self made men*, mas também da atmosfera de entusiasmo (artificial) na qual vivem e respiram."

O processo de transformação dos chefes em classe social autônoma, segundo Michels, começa com a profissionalização das lideranças. "Nos primórdios do socialismo alemão, o homem de confiança, o *Vertrauensmann*, continuava a exercer sua profissão normal (...). Atualmente ele é quase sempre substituído pelo político profissional, o *Berzirksleiter*." Os instrumentos das entidades para a divulgação de suas idéias são transformados em ferramentas de promoção pessoal das lideranças, como os jornais internos. "Em resumo: é aos chefes remunerados que está realmente afeta a tarefa de resolver as questões políticas relativas à imprensa."

A tendência à elitização dos líderes manifesta-se não apenas nos partidos e sindicatos, mas também nas cooperativas. "Trata-se, como demonstrou (Karl) Kautsky, de uma empresa essencialmente comercial e, como tal, ultrapassa a competência da massa. É por essa razão que as sociedades de cooperativa de consumo são geridas, de modo geral, segundo o princípio monárquico." De um modo geral, os eleitos são criaturas que se especializam e passam a explorar seus criadores, os eleitores. "(Essa tendência) reforça-se por outros fatores, tais como a rotina, as boas maneiras que os deputados adquirem na Câmara e sua especialização nas comissões. Os chefes procuram depois, naturalmente, aplicar à vida normal as manobras aprendidas nos meios parlamentares."

"Abraços que sufocam"

"As ameaças à liberdade implantam-se sempre ao som de botas marchando disciplinadas. Mas às vezes a intolerância nasce de devaneios até generosos de igualdade, fraternidade ou eternização da alma." Do artigo *Blecaute da luz e da liberdade*.

Abraço que sufoca é a "carícia" que extrai sangue e lambe o suor, é a solidariedade que suga a boa-fé dos explorados, a adulação transformada em instrumento de caça e dominação. A angústia com a degeneração dos sonhos de liberdade em novas formas de tirania é uma questão que já atormentava Étienne La Boétie no século XVI. Depois disso foi tema constante de toda a filosofia política, como procurei exemplificar nos textos precedentes, até Robert Michels, da "lei de ferro da oligarquização", que dissecou os mecanismos de "distanciamento" das suas bases pelos sindicatos operários e partidos de esquerda.

Quando garoto de calças curtas, o armazém de meu pai no jardim Umuarama era frequentado por velhinhos que viviam no Asilo Vicentina (atual Lar Bussocaba) e eu passava os dias frios ouvindo suas conversas. Um deles, espanhol e agnóstico, dizia que nunca um morto voltara para contar como são as coisas após a vida. "Isso é porque não existe o outro lado ou porque lá é tão bom que não vale a pena voltar nem para informar como é." Tomo sua retórica emprestada para dizer que são muito raros os casos de operários transformados em líderes que tenham, tempos depois, retomado as ferramentas. Nesse caso, com certeza, o outro lado existe, e também uma nova vida, que é como um céu quando comparada à anterior; por isso a volta ao batente seria uma derrota insuportável, como para o burguês bem-nascido sair com a carteira na mão procurando uma assinatura.

Sob a inspiração de Mao-Tse-tung, entre 1966 e o começo da década de 70, a República Popular da China passou pela mais dramática experiência de luta contra a burocratização e a lei de ferro que sempre cria uma nova classe dominante: a Revolução Cultural. Foi promovido um rodízio generalizado de funções, dirigentes partidários foram mandados para os arrozais, os chefes colocados nas oficinas e os operários chamados para dirigir as fábricas de forma colegiada. A experiência implantou o amadorismo e provocou o caos e a fome. Os velhos dirigentes comunistas acabaram sendo reabilitados e mandando para a prisão até a viúva de Mao. Hoje, economicamente a China vai bem, há comida na mesa e o país cresce, mas os camaradas dirigentes não se diferenciam dos capitalistas japoneses nem pelo tom da gravata ou do terno.*

---

*A propósito: esteve em Osasco uma comitiva da cidade de Xuzou, encabeçada pelo prefeito Yu Guangzou, para firmar um convênio de cidades-irmãs, e todo-o tempo dos visitantes foi consumido com festas e jantares, submetendo-os até a indigestas feijoadas.
15/5/1999

Liderança e tradução dos anseios gerais

"Tradutores, traidores", diz um velho adágio italiano, significando que, ao transpor uma obra para outra língua, os profissionais da versão acabam desfigurando as intenções e mensagens do autor, muitas vezes fazendo-os "dizer" no novo idioma o contrário do que pretendiam no original. Não se trata de produto de má vontade ou de intenção diabólica dos tradutores, mas de uma espécie de mecanismo inevitável que faz com que o café, depois de requentado, adquira sempre um paladar diferente. Nesta semana, enquanto esperávamos a chegada da Secretária da Educação Rose Neubauer para a aula inaugural deste ano do projeto "OAB vai à escola", Albertino Oliva, o papa dos advogados e decano da esquerda cristã de Osasco, me relatou uma de suas leituras recentes a respeito de uma pesquisa sobre a transmissão das informações. Em seu experimento, um professor contou uma história a um aluno de sua classe e pediu que a reproduzisse fielmente para um segundo, este para um terceiro e assim sucessivamente. Ao final pediu que o último aluno contasse a história e ouviu uma versão que não tinha nada a ver com a original, porque cada um foi acrescentando um detalhe e transformando a história em sua história. Com a melhor das intenções, todos os encarregados de fazer uma transmissão fiel tornaram-se mentirosos, resultando numa gigantesca "traição" coletiva.

Fiz uma introdução mais longa do que a tese a expor neste artigo porque em geral o líder — imposto, auto-imposto ou livremente escolhido —, no fundo, é apenas um tradutor de anseios e expectativas. Embora possa transformar-se em membro de outra classe posteriormente, e gostar da nova situação, como espero demonstrar nos próximos artigos desta série, no início o dirigente, na maioria dos casos, é uma pessoa sincera e reconhecida pelo grupo social como a mais apta a traduzir suas aspirações perante os adversários de classe e o restante da sociedade. No exato momento, contudo, em que principia a fazer sua tradução dos interesses do grupo, e apesar de sua vontade, o líder começa a acrescentar sua interpretação pessoal e a distanciar-se dos seus eleitores, estabelecendo laços de semelhança e cumplicidade com outros chefes, mesmo que de grupos rivais. Passa a adquirir interesses próprios, a guiar-se por eles e a impô-los aos representados. Apesar disso, para ter voz a expressão na sociedade, dado o grau de desenvolvimento da consciência pública e da individual, os líderes são imprescindíveis. São remédios contra a falta de identidade do grupo, mas, como no caso de qualquer outra droga, convém precaver-se...

22/5/1999

O líder e a cara do grupo

Ao se destacarem da massa de seus iguais, os chefes comunitários ou sindicais começam a ficar diferentes, pois adquirem um nível de vida (salários, viagens, reconhecimento público) que torna o retrocesso insuportável. Eles passam a compor a "classe" dos dirigentes. Esse processo acelera-se quando eles são profissionalizados ou suas funções são remuneradas. Quanto maior o salário dos líderes, mais eles aferram-se a seus cargos e aumenta o número e a voracidade de seus opositores, o que profissionaliza e amoraliza a política grupal.* Robert Michels, no livro *Os partidos políticos*, compara os dirigentes populares alemães e franceses na década de 20. "De modo geral, a classe operária alemã está hoje habituada a pagar bem seus funcionários", escreveu ele. "Na França, onde a baixa remuneração dos chefes socialistas ainda é regra, pudemos constatar a falta de uma nova geração pronta a tomar o lugar da antiga: os sindicatos, por exemplo, são sempre representados nos congressos pelos mesmos delegados."

Até para aumentar a contundência da sua "lei de ferro da oligarquização", Michels dispensou-se de falar sobre o aspecto positivo e necessário das chefias populares, que pretendo realçar neste artigo, pois é exatamente por serem importantes para os liderados que os líderes, no final das contas, os abandonam.

Os ajuntamentos de pessoas — por crença, para o trabalho, o estudo ou por locais de moradia — só se transformam em grupo sociais quando tomam consciência dos interesses comuns e passam a relacionar-se com o restante da sociedade como uma entidade com finalidades próprias; na expressão de Gyorgy Lukács, quando passam da condição de "ser em si" para a de "ser para si". Para isso são fundamentais as lideranças, que funcionam como pontos de aglutinação interna e referências para os demais grupos. O líder é, por isso, uma pessoa que dá sentido à existência de seus iguais, empresta sua cara, dá personalidade, ou seja, uma alma, e torna o grupo visível ao restante da sociedade. Não se fabrica um quadro dirigente da noite para o dia e a vontade de liderar não é suficiente para forjar um líder, porque ele só surge quando a sociedade está madura, grávida de uma nova realidade. Embora a pessoa possa se esforçar para assumir a chefia do seu grupo, o líder não é produto de si próprio, mas um patrimônio da comunidade, que fica desamparada quando é abandonada, sofre e demora para aceitar a orfandade.

---

* A luta para a manutenção do poder cria fenômenos como o culto da personalidade. Para preveni-lo, tentaram-se várias coisas, como, atualmente, no Brasil, as direções colegiadas e anônimas.
29/5/1999

Culto à personalidade e revolução cultural

Como o líder é o ponto de aglutinação e influi de modo decisivo na vontade e na disposição dos chefiados, o grupo torna-se mais coeso e visível para o conjunto da sociedade e tem uma ação mais ou menos eficiente conforme a representatividade e a habilidade de seus comandantes. O sucesso do grupo social depende, portanto, do alcance de visão e competência de seus dirigentes. O bom senso recomenda, por isso, que os movimentos sociais invistam em suas chefias, preparando-as e dando-lhes condições para que exerçam bem seus papéis. Ou seja, é necessário que os dirigentes especializem-se cada vez mais na arte de representar e comandar.

Os líderes são o ponto forte do grupo, mas também representam seu calcanhar-de-aquiles. Os movimentos com direções amadoras costumam ser inconstantes e irregulares, movidos por entusiasmos eventuais e incapazes de transformar o esforço coletivo em conquistas permanentes. Em contrapartida, aqueles que dispõem de chefes treinados conseguem maximizar os resultados de sua mobilização. É por isso que os sindicatos e movimentos mais fortes profissionalizam suas lideranças e, em seu interior, os primados éticos são substituídos pela luta política profissional, no sentido do receituário clássico de Maquiavel.

A profissionalização também faz com que o líder, inexoravelmente, deixe de servir a causa para servir-se da causa, para conservar o seu poder pessoal. Ao longo do século XX, os partidos comunistas criaram e abusaram do culto à personalidade, o "endeusamento" dos líderes, apresentados como super-homens, dotados de inteligência supra-histórica e guardiões infalíveis das causas das maiorias. Seus resultados sempre foram os mesmos: a rendição da consciência crítica pelo entusiasmo cego, o sectarismo, a ditadura e, no final, a desmobilização e a derrota. No caso da União Soviética, o culto à personalidade de Josef Stálin serviu de capa à consolidação do poder da burocracia corporativista. No caso da China, usado com objetivo oposto, o culto a Mao Tse-tung durante a Revolução Cultural levou a uma gestão amadora e à derrota avassaladora para a casta de burocratas especialistas em direção, que saíram da prisão e exercem o poder até hoje. O culto à personalidade dos líderes, ainda adotado pelos partidos da neoesquerda, mesmo no Brasil, é hoje sentido com desconfiança pelas massas e funciona como um freio ao desenvolvimento da inteligência política e de consciências autônomas.

5/6/1999

O basismo amador e desmobilizador

A invenção das direções colegiadas faz parte da cartilha de trapalhadas de algumas alas da neoesquerda, criadas até com a boa intenção de evitar o lucro pessoal em cima das expectativas coletivas. Para bloquear o culto à personalidade tiraram da cartola o culto ao colegiado, defensivo que mata, junto com a praga do individualismo, a autenticidade das lideranças, deixando as entidades sem fibra ou vitalidade. Como em outras facetas do voluntarismo, o esforço para dobrar as tendências profundas à força da vontade, a emenda piorou o soneto. Em Osasco, por exemplo, o Sindicato dos Químicos foi arrancado de cerca de duas décadas sob uma direção estigmatizada como pelega e mergulhou na penumbra do anonimato e na perda de identidade.

Depois de séculos de transformação das esperanças em decepções, é imperioso aprender a colocar freios nos dirigentes, criando formas de controle, fiscalização e vigilância e semeando meios para fomentar o surgimento de líderes concorrentes. As tentativas de deter na marra "a lei de ferro da oligarquização", porém, acabaram sempre instaurando o amadorismo e a incompetência e preparando a derrota dos movimentos. A Revolução Cultural na China foi uma tentativa de usar o culto à personalidade contra a casta burocrática emergente. As direções colegiadas, aqui, são artífices da apatia e do desinteresse das bases.

A crescente complexidade da sociedade e a divisão social do trabalho (nem todos sabem e podem fazer tudo com a mesma eficiência) tornam inevitável a existência de direções e a escolha dos líderes, sobretudo quando eles são profissionalizados, os diferencia de seus iguais. Estes tornam-se diferentes e sempre acabam adquirindo interesses políticos e econômicos próprios, passando a resistir às novidades e aos novos concorrentes, lutando como feras para a manutenção do seu poder. Ao contrário dos movimentos que escolhem um dirigente, identificam-se com ele e sabem de quem cobrar os resultados, os colegiados são ótimos para ocultar os próprios privilégios, pois camuflam as responsabilidades e deixam os críticos sem endereço, gessando tanto a alegria quanto a fúria sagrada das bases.

12/6/1999

Canal da eficiência é o mesmo da traição

Em palestra no Curso de Líderes Comunitários do Ieac-21, ouvi do meu amigo Ricardo Dias a bela utopia de que o amadurecimento da cidadania tornará os líderes dispensáveis e que o mundo poderá passar muito bem sem eles, obrigado. O seu sonho, compartilhado pelos anarquistas desde sempre, de uma sociedade sem patronato, partidos, burocracia ou leis, e também sem Estado ou governo, funda-se na esperança de que cada cidadão consciente possa ser líder de si mesmo, dispensando os representantes. É bonito, Ricardo... Essa fantasia também encanta os meus devaneios, mas talvez não seja concretizável, porque os humanos nos tornamos seres mutilados pela divisão social do trabalho e pela especialização, que aumentou a eficácia, mas nos alienou e tornou intrinsecamente dependentes uns dos outros. Claro que algo deve ser feito contra os abusos das lideranças — assunto que tratarei mais para a frente —, mas os grupos sociais continuarão a criar e a depender de chefes.

Talvez seja necessária uma revolução genética e muitos milênios ainda para que nos tornemos todos igualmente tão bons mecânicos, cantores, cientistas, pintores ou cozinheiros quanto os melhores. Por causa disso, a política e a arte da representação continuarão a ser, até onde a vista alcança, uma especialidade, desenvolvida com mais eficiência pelos profissionais especializados. É possível e necessário, porém, aprender a controlá-los. Para criar regras que chefiem os líderes, é importante identificar com clareza o momento e o mecanismo que faz com que eles deixem de traduzir os anseios comuns para vertê-los para seus próprios interesses, muitas vezes antagônicos às esperanças da coletividade. As experiências históricas para limitar as lideranças personalizadas não deram certo porque, aparentemente, o indivíduo é a ferramenta mais simples para a expressão do grupo social. As tentativas de direção colegiada redundaram em anonimato e reduziram a identidade e a força do grupo social. Também foram pouco eficazes as medidas para limitar o poder das chefias, mediante a alternância no poder ou via mandatos curtos, que igualmente trocaram o comando profissional pela direção amadora. Exatamente porque — para ter luz, brilho, ser facilmente identificável e ter rapidez de decisão — precisa ser individual, o comando acaba sendo o melhor canal para a instalação dos interesses pessoais do chefe. A necessidade de singularização das responsabilidades engendra, no mesmo ato, o carreirismo e o individualismo.

19/6/1999

A cumplicidade entre líderes inimigos

A ojeriza aos "novos ricos" oriundos da representação popular generaliza-se e começa a ser maior que o desprezo ao velho egoísmo das classes dominantes tradicionais. Quando percebem que sua miséria é usada como escada pelos alpinistas sociais, as pessoas perdem a confiança e a esperança; talvez seja por esse motivo que, apesar da gravidade da crise social hoje, é tão profunda a apatia e o desinteresse popular. Pelo menos senti isso nas saraivadas de perguntas vindas dos mais de duzentos freqüentadores do Curso de Líderes Comunitários do Ieac-21.

A angústia de ver o sonho de liberdade degenerar em tirania perturba a filosofia política pelo menos há meio milênio. Por isso, estarei em boa companhia se fracassar na tentativa de indicar alguns dos mecanismos que levam a esse tipo de traição. No artigo passado, disse com ênfase que o fio condutor para que os chefes passem a nortear-se pelos seus interesses pessoais, confundindo-os e colocando-os acima da causa comum, é a necessidade de lideranças personalizadas.

Com o crescimento dos movimentos, o contato direto dos dirigentes com as bases torna-se progressivamente menor, mediado pelos assessores de confiança, mais leais ao líder que às bases, ferramentas de manutenção do *status quo* dentro dos movimentos, propagandistas profissionais e trincheiras contra a concorrência, em muitos casos amigos e parentes dos dirigentes. Quanto mais o movimento (sindicato, sociedade ou partido político) cresce, mais o trabalho dos assessores torna-se profissional e bem pago. Como a disputa pelo poder também aumenta, as regras de convivência interna passam a ser profissionalizadas, ou seja, a política no sentido maquiavélico introduz-se no seio do grupo: a combinação de propaganda (convencimento) e coação (contra a oposição e os dissidentes).

Os mecanismos de distanciamento das bases são os mesmos para os partidos adversários e movimentos antagônicos (sindicatos de operários e de patrões, por exemplo). Por essa razão, os líderes de grupos adversários acabam se reconhecendo como semelhantes entre si e desenvolvem laços de cumplicidade, tornando-se parceiros na manutenção da ordem interna da entidade rival. Dirigentes sindicais e patronais e de grupos rivais de representação das mesmas categorias (por exemplo Central Única dos Trabalhadores e Força Sindical) tornam-se "parceiros" na manutenção de suas ordens internas, colaborando para a disciplina na entidade inimiga, fechando a teia de defesa dos privilégios antigos e recentes do novo *establishment*.

26/6/1999

O regime das chapas únicas nos sindicatos

Com oposições nascidas no seio da sua própria diretoria, o Sindicato dos Professores do Estado de São Paulo (Apeoesp) é uma exceção, pois o processo eleitoral concluído no dia 20 de junho de 1999 foi disputado por nada menos que seis chapas. Como as oposições entraram na disputa esfaceladas, em decorrência ou não do princípio romano do dividir para governar, a chapa situacionista encabeçada por Isabel Noronha, sucessora da dinastia dos irmãos Felício, venceu sem dificuldades e vai prorrogar por mais três anos uma hegemonia absoluta que vem desde 1979. Apesar disso, a Apeoesp foge à mesmice das eleições mornas e é uma das raras entidades sindicais em que ainda existe alguma vida, o princípio da disputa, escapando da monotonia das chapas únicas. No restante do espectro sindical, sobretudo desde 1985, impera a ditadura dos mesmos grupos, as correntes que se eternizam no poder, às vezes com os mesmos dirigentes, alguns emplacando quinze anos nos seus cargos.

Os movimentos dos trabalhadores caminham na contramão da sociedade e das instituições. Enquanto eles se burocratizavam e fechavam, o Brasil passava pela abertura. Na época da ditadura, as grandes categorias sindicais tinham não apenas uma situação, mas também uma oposição organizada. Evidentemente, da mesma forma que hoje, os situacionistas contavam a seu favor com a legislação herdada do Estado Novo, os recursos do imposto sindical, a ajuda das listas oficiais, o apoio escancarado dos mesários e escrutinadores e reservavam para si as listas de votantes e dos locais de votação. Apesar disso, as oposições sindicais eram barulhentas e as disputas saíam acirradas. Não era raro encontrar urnas com unanimidade de votos para a situação, em geral enfeixadas nas Chapas 1, e urnas iguais, mas com conteúdo diferente, jogadas em rios. Apesar disso, havia mais disputa... algum colorido.

Com a democratização institucional e a pluralidade das centrais sindicais, os sindicatos foram transformados em aparelhos de apenas um grupo, em máquinas de reprodução dos mesmos esquemas. A maioria das entidades adquiriu relações internas de caráter mafioso, sustentadas por manipulações estatutárias e golpes legais, intimidação e até o emprego da violência física. Os mecanismos de controle e preservação do poder dos dirigentes foi levado às últimas conseqüências, mediante o aniquilamento das oposições, a supressão do debate e o fim da democracia. Curiosamente, no Brasil de hoje, tornou-se muito mais fácil mudar o presidente da República que o presidente de um simples sindicato ou federação de trabalhadores.

3/7/1999

Imposto sindical e polícia paralela

Um dos apelidos da máfia norte-americana, em voga entre os anos 20 e 50, é Sindicato do Crime, em referência a um de seus ramos, as entidades que monopolizavam o corporativismo dos estivadores e os serviços de carga e descarga dos navios. Funcionando quase como um Estado ilegal dentro do Estado de Direito, esse tipo de sindicato cobrava impostos (propinas) dos imigrantes desesperados e sujeitava-os a um regime de semi-escravidão, em troca da garantia de emprego e salário. Controlavam os portos com mão de ferro. Pela sua "proteção", a máfia costuma cobrar a obediência de seus súditos a um código de ética e leis próprios, mantendo a "ordem interna" com uma polícia paralela, pela força, reprimindo, exemplando e até executando os insubmissos e seus "subversivos".

No Brasil, a estrutura sindical baseada na *Carta del Lavoro* herdada do fascismo de Mussolini transformou as categorias de trabalhadores em enormes portos, prontas para explorações do tipo mafioso. A diferença é que o "imposto" corporativo, aqui, não é cobrado diretamente pelos sindicatos, mas pelo próprio governo, que arranca também dos trabalhadores, todos os anos, a contribuição confederativa, repassando o produto para a enorme rede de *capi*, chefes sindicais incrustados também nas confederações. Entre nós, aliás, há uma década se fala na extinção das famigeradas figuras dos vogais ou juízes classistas (ramificação empreguista dos "descolados" da base na própria estrutura da Justiça) e do imposto sindical, sempre sem sucesso.

Nos Estados Unidos, o Sindicato do Crime funcionava como um Estado paralelo, mas, no Brasil, atua como sanguessuga da sociedade atrelado ao Estado, mesmo na versão radicalizada das corporações de funcionários públicos. Apesar da associação ao *establishment*, após o sufocamento das oposições e a adoção do regime dinástico pela maioria dos sindicatos, muitos, aproveitando a abertura democrática, criaram uma espécie de polícia paralela, treinada em academias de artes marciais, e não hesitam em recorrer à violência para apagar as divergências pela força. O recurso à coação no interior dos movimentos decorre da artificialidade das lideranças e do fato de elas buscarem sua legitimidade de cima para baixo, com base no reconhecimento cartorial e nas alianças de cúpula, como os ecossistemas de solos arenosos, que se sustentam a partir do entrelaçamento das copas das árvores, que impedem a penetração dos raios do sol e retêm a umidade, sobrevivendo com raízes frágeis e superficiais.

10/7/1999

Dinastias sindicais e *vendettas* mafiosas

Uma das principais chamadas de *Primeira Hora* de 5 de junho de 1999 é reveladora do atual nível das disputas políticas no interior dos sindicatos: "Briga pelo poder ou intriga pessoal: Quatro homens metralham carro de sindicalista". Não vou entrar no mérito das denúncias do ex-secretário-geral do Sindicato do Asseio e Conservação, que se declarava perseguido pelo presidente da entidade e mostrou à reportagem dezenas de boletins de ocorrências policiais. Também não pretendo tecer qualquer juízo sobre a defesa do presidente do sindicato, que se disse vítima de uma campanha de "calúnia, difamação e injúria". Ambos querem o adversário condenado e na cadeia. Cito essa matéria como exemplo, mas poderia nomear dezenas de outras, para mostrar que a disputa política na maioria dos sindicatos, regidos pelo princípio dinástico e da chapa única, foi rebaixada ao enfrentamento pessoal, trocando o embate de idéias pelo *grand finale* das acareações nas delegacias de polícia.

Como podem as bases confiar no futuro que lhes é proposto por dirigentes sindicais que querem manter-se a qualquer custo no poder, apelando para agressões morais e físicas, perseguições econômicas e confrontos de advogados, bem no estilo mafioso?

Durante os anos de chumbo da ditadura militar, as matérias sindicais, inclusive as greves de Contagem e Osasco, eram noticiadas pela maior parte dos jornais nas páginas nobres de política, apesar da censura. Mesmo as greves do ABC, o último cenário das lutas contra a ditadura, que projetaram Luiz Inácio da Silva e o PT em todo o País, renderam manchetes e matérias tão bem localizadas como as dedicadas às manifestações pelas diretas-já. Depois, em decorrência da abertura política e com o Plano Cruzado, as lutas salariais passaram a ser noticiadas nas seções de economia, porque deixaram de significar uma alternativa de futuro para o conjunto da sociedade e passaram a representar o direito de defesa de apenas uma classe social. Atualmente, com o esvaziamento das reivindicações salariais, em decorrência da estabilização da economia, e o fim virtual das disputas políticas no interior dos sindicatos, em virtude do desaparecimento das oposições internas, as matérias a respeito da vida sindical acabaram relegadas às páginas policiais, como sintoma de que a maioria dos fatos noticiados desceram ao patamar das desinteligências pessoais ou das *vendettas* de pequenos grupos organizados, alguns com características indisfarçáveis de gangues.

17/7/1999

Um filé suculento para o dirigente

> "Os chefes, que no início eram mandatários de seus subordinados, acabam por ser os seus mandantes: uma velha verdade já enunciada por Goethe, que fez Mefistófeles dizer que o homem sempre se deixa dominar por sua criatura." Robert Michels *Os partidos políticos*.

A personagem de Goethe constatará para todo o futuro que a criatura acaba sempre por dominar seu criador. O monstro apropriou-se até do nome do médico que o criou, o doutor Frankenstein. O dinamarquês Soren Kierkegaard descreveu a religião como um desdobramento do amor natural, criada para o aprofundamento da ligação com o próximo, mas que acabou se transformando numa instituição de divisão entre os homens; segundo ele, embora tenha criado Deus, o homem não mais se reconheceu Nele e terminou por se sentir como seu filho imperfeito, rebelde e enjeitado. O Karl Marx dos Manuscritos Econômicos e Filosóficos, para quem a essência do homem é o trabalho, afirmava que o trabalhador deixa de se reconhecer no seu produto, a causa de seus infortúnios.

Nesta série de artigos procurei descrever alguns dos mecanismos que provocam a relação de crescente estranhamento entre os liderados e seus chefes livremente escolhidos, fazendo com que o sonho de liberdade se transforme em pesadelo e culmine sempre em novas formas de tirania.

Os líderes, eleitos ou espontâneos, são criados pelas bases, mas a sintonia inicial acaba sendo estilhaçada. O chefe começa a ver o mundo e a si próprio de forma diferente, a utilizar palavras que não são mais compreendidas e a ouvir somente parte do que lhe é dito. Quando o estranhamento completa-se, a simples recordação dos engodos torna-se dolorosa. Lembro-me de Encarnación Crispim, operária têxtil já idosa, que me abrigou em sua casa da Vila Hamburguesa, quando eu era caçado pela repressão da ditadura, que chorava revoltada com as aberrações em que havia acreditado no passado. Ela me dizia que, no final do Estado Novo, durante os almoços das conferências partidárias clandestinas do PCB, enquanto os demais militantes satisfaziam-se com um prato magro com arroz e ovo, na mesma mesa, o famoso Vítor dos *Subterrâneos da liberdade*, de Jorge Amado, comia suculentos filés. Enquanto se refestelava, "Vítor" explicava aos camaradas que era um patrimônio da classe operária e que, portanto, ao investir nele, o partido edificava o futuro da humanidade.

Quando as maiorias começam a desconfiar de seus "representantes", constatando que suas ações estão divorciadas de sua pregação, perdem a esperança. Esses momentos são dramáticos, como a atual aguda crise de confiança popular.

24/7/1999

Sentir uma coisa e pregar outra

Para explicar as diferenças culturais entre "a civilização do ter" (a ocidental e cristã) e "a do ser" (a indígena), o sociólogo índio Kaká Werá Jecupe, em entrevista à revista *Isto É* de 21 de julho de 1999 disse que "para o tupi-guarani a palavra tem espírito. Na sociedade civilizada as pessoas vivem de palavras sem espírito". Para os guaranis, portanto, a palavra é um ente prenhe de realidade, carregado de sentido, e repleto de divindade, significando um compromisso essencial e atemporal com toda a humanidade, isto é, tanto com os vivos quanto com as gerações passadas e as que ainda não nasceram. Ou seja, ela é uma transposição do mundo das coisas para o mundo verbal e abençoada pela comunhão imediata com a inteligência do universo e com Deus. Entre nós, os civilizados, segundo Kaká, a palavra foi banalizada, despida dos vínculos com a divindade, as coisas e a verdade, podendo não significar nada ou exatamente o oposto do que sugere.

A expressão "palavras sem espírito" é perfeita para explicar a crise de credibilidade em que nos debatemos, que faz com que, apesar da gravidade da situação econômica, a sociedade seja incapaz de se articular para produzir respostas eficientes. Aludi a essa situação ao falar no lançamento público do Ieac-21, em 15 de abril, do divórcio entre sentimento, pensamento, palavra e ação. Disse que as pessoas "sentem uma coisa, pensam uma segunda, falam uma terceira e fazem uma quarta". Naquela oportunidade até revelei que isso pode não ser deliberado, mas um comportamento automatizado. "É o cinismo involuntário". A hipocrisia está na base da crise de credibilidade. Ao contrário da fórmula de Joseph Goebbels, a repetição incessante de uma mentira nem sempre a torna verdadeira ou um fato real. Por exemplo, os programas reduntantes em favor da redistribuição da riqueza e contra a miséria, em vez de acreditados, hoje provocam ironia, assim como virou piada o insistente chamado, de vinte anos, para a "greve geral", desmoralizando essa forma de luta.

Até porque sabem que os dirigentes dizem uma coisa e vivem outra, as pessoas não crêem no que ouvem e se recusam a deixar-se mobilizar. Sentimento, pensamento, pregação e ação são níveis essenciais e autônomos e a coerência não resulta do sufocamento de um deles, a inteligência por exemplo; isso provoca teimosia e dogmatismo e fenômenos como o nazismo, o fascismo, o racismo e o stalinismo. A crise de credibilidade só será superada quando a sociedade estiver farta do cinismo institucionalizado, a partir do momento em que o senso crítico e a vontade forem recolocados em harmonia com os programas e os atos concretos.

31/7/1999

O PC do B e seu "socialismo"

O momento mais azedo da programação da TV brasileira, acima de qualquer dúvida, é a propaganda partidária gratuita do PC do B (Partido Comunista do Brasil), com o qual só concorre a bílis ácida do Prona (Partido da Reorganização Nacional) e de seu controvertido presidente Enéas Carneiro. Independentemente do aspecto sempre iracundo, que planta o mau humor eletrônico dentro de nossos lares em pleno horário nobre, na última semana (vi no sábado, 31 de julho), o anúncio dizia que "PC do B é socialismo".

A rigor, não é, não. Muito pelo contrário. Eu já não ia mais escrever sobre a hipocrisia em política, a respeito do divórcio entre sentimento, pensamento, palavra e ação, mas o uso de palavras sem compromisso com o que elas significam na propaganda me forçou a permanecer no assunto. Com o objetivo de passar uma imagem que considera mais amena do seu partido à classe média, João Amazonas e seus liderados mentiram aos telespectadores. Em verdade, o PC do B não é socialista, mas comunista, e comunista da espécie produzida pela III Internacional entre as décadas de 30 e 50: stalinista. Quando Nikita Krushev denunciou ao 20º Congresso do PC da URSS os crimes de Joseph Stálin, Amazonas, Pedro Pomar e Diógenes Arruda Câmara romperam com o sovietista PCB, colocaram um "do" no meio da sigla e alinharam-se com a China, então sob o culto à personalidade de Mao Tse-tung. Posteriormente a China também começou a se desestalinizar e os pecedobeístas buscaram bandeira na Albânia e, para eles, o grande dirigente dos povos passou a ser o temido Henver Hoxxa. Hoje, com a dissolução do social-corporativismo burocrático no Leste Europeu, o PC do B está sem grande farol internacional, mas continua adepto da ditadura do proletariado e ainda cultua o centralismo-democrático.

Linguagem jurídica à parte, o socialismo do PC do B é um caso de falsidade ideológica. Por que um partido que se proclama comunista até no nome camufla suas convicções? Por que tenta confundir-se com os socialistas verdadeiros, que foram perseguidos e chacinados juntamente com os anarquistas e os trotskistas pela KGB e a repressão stalinista? Certamente o malabarismo teórico interno "criou" alguma coisa que recebeu a alcunha de socialismo, como uma etapa intermediária entre a ditadura do proletariado e o comunismo. Mero truque de engenharia política e ficção, um recurso promocional que, em vez de clarear, ilude, confunde e desacredita todas as formas de proselitismo.

7/8/1999

O que os nomes revelam e ocultam

As palavras, entre os civilizados, como disse o índio Kaká Jecupe, foram banalizadas, transformadas em instrumentos da verdade ou da mentira, indiferentemente. Não só as palavras, mas, entre nós, os conceitos também foram esvaziados, generalizando o cinismo político. A múmia (pois seu corpo, embalsamado, permanece insepulto no Mausoléu do Kremlin desde 1924, usado como relíquia sagrada do stalinismo) de Vladimir Ilitch Ulianóv, o Lênin, certamente espetaria os olhos com o "socialismo" inaudito do PC do B, e o uso de substantivos como adjetivos. Quanto tiver o direito a uma sepultura e a Revolução de 1917 for distinguida da degeneração burocrática posterior, ele certamente será reconhecido como um dos clássicos do pensamento político, com um lugar reservado nas antologias ao lado de La Boétie, Maquiavel e Bodin. Criterioso em suas análises, Lênin cultuava as palavras exatas, porque elas significam interesses históricos, facções políticas, arregimentam ou dispersam, organizam ou bagunçam.

Apesar das degenerações posteriores, Lênin sempre fez questão de discernir partido de sindicato e combatia o que chamava de "correias de transmissão". De acordo com ele, os sindicatos representam grupos sociais e têm uma função de troca, mais econômica e imediata; os partidos desempenham papéis de longo prazo, representam os projetos de uma classe para o futuro da humanidade, pautam-se por ideologias. Hoje os conceitos estão embaralhados em paralisante promiscuidade. Na ânsia da propaganda fácil, os sentidos de partido, sindicato e até religião foram misturados. No Brasil, por exemplo, surgiram até agremiações com nomes como Partido dos Aposentados e dos Evangélicos, de olho no voto de um segmento. Ou Partido da Juventude, sem disfarçar a vontade de representar na marra a maioria da população, mas ocultando que os jovens de hoje um dia serão idosos. Ou ainda, Partido dos Trabalhadores, assim, sem qualquer ideologia no nome, visando o grupo social em estado bruto, transformando o substantivo (trabalhadores) em adjetivo: logo, os que não concordam ou não se encaixam são reduzidos a um outro adjetivo: vagabundos. A imprecisão conceitual faz com que o debate de idéias degenere para o campo dos preconceitos.

As palavras, como propunha Lênin, devem ser respeitadas, pois são entes vivos da sociedade, promovem a paz e a guerra. Ou a indiferença. Os movimentos que não levam seu próprio nome a sério correm o risco, como temos testemunhado, de impregnar de descrédito todas as suas propostas.

14/8/1999

Por que só Osasco e Contagem em 1968?

"A pequena tragédia do sindicato oficial de Osasco está em que ele levou mais longe que qualquer outro o esforço por 'renovar' a estrutura sindical. Sobre a base das 'comissões de fábrica' levou-se ao extremo o processo de democratização." De Francisco Weffort em Participação e conflito industrial: Osasco e Contagem 1968, *p. 52. Cebrap, 1972.*

Estará na Unifieo na próxima sexta, 27, a convite do Ieac-21, o ministro da Cultura Francisco Weffort, autor da primeira tentativa de compreender as greves operárias de 1968, quando os muros de todo o Brasil ainda estavam pichados com a inscrição "Osasco é exemplo de luta". Os dois movimentos adquiriram imediatamente um caráter de resistência operária à ditadura, com razoável cobertura da imprensa, até por causa da tomada de fábricas, como a Belgo-Mineira, a Cobrasma e a Lonaflex. Em seu trabalho, Weffort tentou responder a uma indagação central: Por que, entre 1964 e 1978, só essas duas greves tiveram caráter maior que o de movimentos moleculares? "As greves de Osasco e Contagem foram acontecimentos até certo ponto surpreendentes" (*Participação e conflito*, página 7). Se a conjuntura, de arrocho salarial e repressão política, era a mesma em todo o País, por que somente os metalúrgicos dessas duas cidades conseguiram insurgir-se? Colocando a questão de outra maneira: O que havia em Osasco que a diferenciava do ABC e da cidade de São Paulo?

O tema de Weffort na aula magna do Curso de Lideranças será o papel dos líderes locais no mundo globalizado. Falará de questões contemporâneas. Coincidentemente, três décadas depois, ele voltará à mesma cidade para debater os movimentos populares. Beneficiado e atrapalhado pela proximidade dos acontecimentos, em seu livro Weffort assinalou que as duas cidades vinham de movimentos autonomistas recentes e vitoriosos. No caso de Osasco principalmente, ele identificou o surgimento de uma categoria social importante: os operários-estudantes, jovens que, durante o dia, trabalhavam nas grandes metalúrgicas e, no período noturno, frequentavam as escolas, onde entravam em contato com novas idéias e a vontade de mudança social.

Com certeza o próprio ministro hoje concordaria em que não conseguiu explicar completamente o que diferenciava essas duas cidades. Hoje, além de compreender por que só aconteceram greves em Osasco, é necessário tentar entender também por que depois jamais houve aqui outro movimento semelhante, apesar das facilidades políticas trazidas pela redemocratização e da agudização recente da crise econômica. Certamente esse assunto não será tratado por Weffort na sua aula, mas nós voltaremos a ele.*

---

* Em verdade, pela ordem, eu só iria recordar o livro *Participação e conflito* daqui a dois artigos. Resolvi antecipá-lo em homenagem a Weffort, autor de uma tese discutível mas corajosa considerando-se o momento em que foi escrita.
21/8/1999

Por que a preferência pelo menor?

"Por Osasco passa o Trópico de Capricórnio. Quem descer a estrada poderá ali encontrar um marco, no ponto exato em que ocorre seu percurso imginário." Orlando Pinto de Miranda, *Obscuros heróis de Capricórnio*, p. 253 Editora Singular & Plural, 1987.

Os brilhos dos olhos de Jorge Baptista e Raimundo são as duas expressões que me ficaram do lançamento do Partido dos Trabalhadores em Osasco, se não me engano em 1980, no Clube Atlético. O primeiro não se continha de alegria, certo de que a história do Brasil começava a mudar ali; jornalista, ex-líder estudantil preso em Ibiúna e meu contemporâneo de Presídio Tiradentes, ele passara a atuar em Osasco dois anos antes, a meu convite, no jornal *Batente*. De Raimundo, confesso que esqueci o sobrenome e outros pormenores biográficos, exceto que seria do bairro do Pombal e carregava no rosto as marcas de uma varíola, no que, aliás, era muito parecido com a Osasco da época.Testemunha viva das lutas de 1968, não se conformava com o clima de fofocas e disputas intestinas. O brilho de seus olhos era de desespero e solidão.

Revoltado com os ataques cruzados entre Henos Amorina, José Pedro da Silva, José Ibraim, Jorge Baptista, Benedito Moreira e a turma de João Paulo Cunha, Raimundo passou o tempo da manifestação martelando paradoxos no meu ouvido. Fazia perguntas que incomodavam a nova militância crepom, por sua lógica elementar. Por isso, poucos davam-lhe ouvidos. Indagava por que as pessoas preferiam brigar com seus irmãos ou vizinhos que com seus inimigos. Perguntava como a humanidade poderia preferir o menor ao maior, o egoísmo à generosidade, a exploração à igualdade, a perversidade à solidariedade. Se o socialismo pretende acabar com as discriminações e a miséria, por que seria tão difícil explicá-lo exatamente para os discriminados e miseráveis? Por que tanta resistência ao projeto social mais generoso já criado pela humanidade?

A partir daquela fase, o movimento popular, assaltado por ideologias antes represadas e por novas ambições, até de carreira política, começava a perder a unidade alcançada na última fase da resistência e nos movimentos pela anistia. Tantos anos depois, é difícil recordar as palavras de Raimundo com a exatidão necessária para colocá-las entre aspas. Entretanto ficou a sensação de um intenso sofrimento político. Em verdade, ainda não tenho soluções para aqueles questionamentos simples, mas hoje ousaria comentar que o povo é muito mais sensível do que parece e às vezes ouve o que não é dito e capta o que não é para ser visto nas suas lideranças. Talvez a teimosia popular a que se referia Raimundo não fosse uma resistência ao socialismo, mas uma defesa contra o "socialismo" dos socialistas, face ao social-corporativismo do Leste Europeu, que ruiria nove anos depois, e uma reação à falsidade do "desprendimento material" dos líderes então emergentes.

28/8/1999

Uma proposta de nova revolução na URSS

O divórcio a que aludi entre sentimento, pensamento, palavra e ação (*Abraços que sufocam — 19*) na ação política em geral corresponde à ruptura entre as noções de igualdade, liberdade, progresso e modernidade na prática das esquerdas marxistas a partir dos anos 20. Até os primeiros anos deste século, socialismo (oportunidades idênticas para todos) era praticamente sinônimo de liberdade (livre debate e prática de idéias, confiante nas virtudes do materialismo dialético), progressismo (liberação do desenvolvimento das forças produtivas) e modernidade (vanguarda na produção científica, na arte e na moda). Até aquela fase, os operários, artistas e intelectuais eram automaticamente socialistas e vice-versa. Após a Revolução de 1917, a coletivização forçada da agricultura e o advento do stalinismo, a utopia igualitária foi rebaixada a "socialismo real", autoritário, anti-progressista e neoconservador. Perdeu o encanto e a ingenuidade; o proletariado passou a desconfiar de suas lideranças e a intelectualidade passou a dar estatuto teórico e crítico às dúvidas. A resposta do regime social-corporativista: intolerância e repressão política. Dos partidos: intransigência e sectarismo.

Os paradoxos angustiados de Raimundo do Pombal em 1981 derivavam de que ele não conseguia entender a desconfiança popular decorrente da ruptura do pacto socialismo-liberdade-progresso-modernidade. Depois de cinqüenta anos de solidariedade e de vários livros em defesa da União Soviética, inconformado com a invasão imperialista do Exército Vermelho à Checoslováquia em 1968, Charles Bettelheim resolveu reler os textos de Lênin e reestudar a história da URSS, de Cuba e da China. Em 1974, 57 anos depois da "vitória" de 1917, publicou um livro portentoso, claro a partir de seu título, *A luta de classes na União Soviética*,* com o objetivo de "evitar que outras revoluções proletárias seguissem a mesma via e chegassem, não ao socialismo, mas a um tipo de capitalismo tão opressivo e agressivo quanto suas formas 'clássicas'. A rigor, já era um pouco tarde, porque as nações, em todos os cantos do planeta, já haviam se vacinado contra a nova forma dissimulada de exploração do homem pelo homem. Além de não terem ocorrido outras revoluções "proletárias", mais dezessete anos depois, em 1991, pelas mãos do próprio povo russo, a União Soviética seria esfacelada e o Partido Comunista apeado do poder, entregue a uma burguesia qualquer, aventureira, mafiosa, mas menos enrustida.

---

* Livro brilhantemente traduzido para o português por Bolívar Costa (autor de *O drama da classe média*).
4/9/1999

Casamento dos sectarismos religioso e stalinista

Freqüentemente ouço reclamações iradas por me referir a uma parte da oposição como neoesquerda. Acham que uso a expressão para ofender, não levando em conta que o prefixo "neo" quer dizer apenas novo, uma variante de algo mais antigo, as esquerdas tradicionais, hoje agrupadas nos PCs, B e do B, e em várias facções trotskistas. Sob a expressão neoesquerda junto as tendências surgidas ou reinventadas do começo dos anos 80 para cá, como o nacional-populismo brizolista, o participacionismo arraezista, o euro-comunismo atualizado do PPS e, principalmente, o misto de fé católica com marxismo desmaterializado do PT. Este sem dúvida é a força hegemônica das oposições e a principal causa da sua incapacidade para formular programas para o conjunto da sociedade. Além disso, em correia de transmissão, determina tanto a radicalização da CUT quanto o desgaste da sua bandeira de todas as horas nos últimos vinte anos, a greve geral.

A esterilidade programática e a crescente perda de credibilidade das lideranças da "neo" não advêm do fato de serem novas, mas de suas escandalosas omissões ideológicas. Embora me causem gasturas as explicações historicistas, acho que o petismo não consegue liberar-se de sua malformação de origem, a conversão da Teologia da Libertação ao Materialismo Histórico, operada por frades dominicanos, sobretudo Beto Libânio, condicionando, em troca, a orfandade do marxismo em relação ao Materialismo Dialético. Os berçários dessa postura foram as prisões da ditadura e as lutas pela anistia; a ama-de-leite, a solidariedade de parte do clero a presos políticos egressos da luta armada.

Não discuto os bons propósitos de ambos os lados, mas o pacto entre jovens padres, queiram ou não, herdeiros de Torquemada, e profissionais do social-corporativismo, gostem ou não, formados no culto ao "centralismo-democrático", gerou, sob a capa de um radicalismo imediatista, um deserto de projetos de longo alcance. É por esse motivo que a questão social permanece num beco sem saída, embora o Brasil atravesse uma das crises mais graves deste século. Sectarismo religioso e político casaram suas virtudes (fé e militância aguerrida) e também seus defeitos (dogmatismo e intolerância). Os combatentes que pegaram em armas contra a ditadura ganharam a sombra protetora da Inquisição, mas o conteúdo de sua luta anterior foi esvaziado e eles foram redimidos na condição de pobres vítimas kafkianas de um regime cruel.

11/9/1999

Jorge Amado e o sectarismo

Numa entrevista que me concedeu em 1981 às vésperas de completar 69 anos, para o livro dedicado a sua obra pela série *Literatura Comentada*, Jorge Amado deu uma lição única, refletindo sobre suas relações de materialista com os cultos afro-brasileiros, o passado de deputado comunista e de gente com gosto pela vida: "Ele (o padre Luiz Gonzaga Cabral, seu professor substituto no ginásio) era um homem de classe, no sentido de classe dominante, era conservador, mas não era sectário, porque a desgraça é o sectarismo. O sectarismo conduz sempre ao feio e ao mal, à maldade e à burrice. O sectário é sempre um homem limitado, terrível e perigoso."

Não é a primeira vez que cito essa frase num artigo, porque nem sempre é preciso ser original, principalmente quando o mais importante já foi dito e com suficiente clareza. O sectarismo produz o pior tipo possível de intolerância: aquela que ensurdece e cega para "o diferente" e torna o discípulo ou militante um assassino potencial. O estreitamento dos horizontes intelectuais, que Jorge Amado chama de burrice, é a principal característica do fundamentalismo político, que surge do compromisso entre temporal e atemporal, quando religião e partido político se fundem numa mesma coisa, como acontece hoje no Irã dos aiatolás e aconteceu com as alianças entre senhores feudais e clero. Quantos crimes já foram cometidos em nome de Deus ou de uma sociedade científica, contra seres humanos que só queriam pensar? Quantas mulheres queimadas vivas, como bruxas? Quantos homens levados à fogueira como feiticeiros? Ou perseguidos e torturados sob a suspeita de heresias? Giordano Bruno, Baruch Spinoza, Galileu Galilei...

A frase de Jorge Amado, bem anterior ao esboroamento do social-corporativismo, era endereçada a seus antigos camaradas que praticavam a "política científica" dos manuais marxista-leninistas. Em 1981, esse tipo de sectarismo, no Brasil, já estava se amalgamando com os "progressistas" da religião, desculpem a franqueza mais cruel dos últimos 3 mil anos. Um lado começava a tolerar a idéia de Deus, o outro, a intimidade com reivindicações prosaicas por mais salários ou direitos sociais. A militância surgida dessa acomodação sentiu-se iluminada pela ciência, com passaporte para a cidade prometida e, desde já, com o pé direito na vida eterna; daí seu ódio a quem abala sua segurança, porque representa uma ameaça tanto às suas verdades quanto à sua boa vida e à salvação da sua alma. Tanta certeza só pode gerar descrédito nos demais. Talvez possa ser diferente e, olhando-se para trás, quem sabe dê para vislumbrar alternativas...

18/9/1999

O "anarquismo" de Osasco em 1968

Os piores defeitos, com certeza, são também as maiores virtudes do movimento que se desenvolveu em Osasco entre 1965 e 1969, e eles talvez expliquem por que só houve greves de grandes dimensões aqui e em Contagem no longo do período entre 1965 e 1978. A compreensão do que efetivamente aconteceu naquele período talvez ajude a refletir sobre os impasses atuais dos movimentos populares.

Este texto poderia ter sido uma homenagem a José Campos Barreto.* Apontador de produção da forjaria, estudante de Ciências Sociais na USP, orador do 1º de maio de 1968, nas praças da Sé e da República, e líder da ocupação da Cobrasma em 16 de julho, Barretão era uma espécie de síntese do chamado "Grupo de Osasco", turma de rapazes e moças entre 15 e 20 anos que preencheu os vazios produzidos pela repressão pós-64 nos movimentos populares. Como o decreto-lei 477 fechou os grêmios e a UEO, eles criaram grêmios "livres" e o CEO (Círculo dos Estudantes de Osasco). Para contornar o controle dos sindicatos, entraram na Comissão da Cobrasma, criada pela empresa com o apoio da cristã Frente Nacional do Trabalho (FNT) e deram-lhe um outro conteúdo. Para completar, estabeleceram uma aliança com a FNT e encabeçaram a chapa verde e José Ibrahim, com 20 anos de idade, tornou-se presidente do Sindicato dos Metalúrgicos em 1967.

Há vinte anos, num ensaio a propósito dos dez anos dos movimentos de 1968, *Dois relâmpagos na noite do arrocho*,** descrevi a genealogia dos movimentos osasquenses. Osasco era diferente de outras cidades, sim, por uma ausência e uma presença. A ausência: ao contrário do ABC, aqui as organizações de esquerda (PCB, PC do B, AP, Polop, POC, Fração Bolchevique, Port) não tinham influência e eram vistas com desconfiança pelas lideranças "espontaneístas" ou "osasquistas". A presença: o pólo dinâmico do movimento social atuava de forma desorganizada e anárquica (do ponto de vista rígido do centralismo partidário) e, por isso, sintonizada com a vida concreta, e não com as palavras de ordem, com o que era esperado pelas bases, e não pelos comitês centrais ou executivas partidárias. Por não ter uma análise política complexa, o Grupo de Osasco não soube como continuar o movimento depois da derrota da greve. Os fatos demonstraram que o espontaneísmo tem limites. Mas ficou claro também que o dirigismo não consegue sequer errar, porque a artificialidade é impotente para gerar fatos.

---

* Pois em 17 de setembro completaram-se 28 anos de sua morte, assassinado em 1971, ao lado do capitão Carlos Lamarca, em Buriti Cristalino, no sertão da Bahia.
** Veja *Dois relâmpagos* no apêndice deste livro.
25/9/1999

Papel do indivíduo e um gesto de coragem

Há indivíduos que cunham marcas em sua época, cujas atitudes definem o estilo de um período. Os homens fazem a história, sim, mas como podem, e não como gostariam, pois seus gostos e sua personalidade também são produto da história e do movimento cultural. O "fazer" histórico é, antes de mais nada, um ato estético, cujo sucesso depende da harmonia com as aspirações coletivas, do equilíbrio entre o possível e o necessário, as tradições e os projetos de futuro. Os indivíduos não definem tudo, mas contam. Certas tendências ideológicas sacrificam a individualidade no altar da objetividade, como se a história fosse produto apenas das forças brutas da economia ou da ação anônima das "massas". A esse propósito, o jornal macrorregional do PT, em julho último, criticou o Ieac-21 por ter realizado a primeira série das Oficinas da História Oficial, censurando o esforço para obter e registrar os depoimentos de prefeitos e vereadores de Osasco; para os autores do veredicto, a única coisa existente e digna de fé é a sua bisonha visão de mundo.

Os adoradores do anonimato de resultados e da história sem autores são incapazes, por isso, de explicar por que os mesmos fenômenos sociais não se repetem em todos os lugares e o que faz com que, sob as mesmas condições objetivas, determinadas coisas aconteçam num lugar e não em outro. Em 1968, como mostramos, debaixo da mesma ditadura e sob o mesmo arrocho salarial, em Osasco aconteceu a greve porque havia uma liderança que resistia tanto ao regime quanto à hegemonia dos grupos que se intitulavam esquerda organizada. No artigo passado coloquei em relevância o Grupo de Osasco e José Campos Barreto no período posterior a 1965, mas cometeria injustiça se não realçasse também, no período entre 1963 e 1964, o papel reorganizador da Frente Nacional do Trabalho (FNT) e de seu maior inspirador em Osasco, Albertino Oliva.

Em setembro de 1962, Albertino renunciou a uma carreira construída arduamente e demitiu-se do cargo de diretor de relações humanas da Cobrasma, passando a advogar contra a empresa, em favor dos trabalhadores. Tinha família numerosa e filhos ainda pequenos. Seu gesto emprestou coerência e sentido de grandeza à FNT que, criada como uma alternativa à estrutura sindical, acabou convertida à formação da Comissão de Empresa e tornou-se um ativo centro de oposição à política econômica e à ditadura militar.

9/10/1999

Resistência e ousar lutar, ousar vencer

A imagem dos operários agachando-se para pegar apenas alguns dos folhetos lançados de madrugada na frente da Cobrasma talvez seja a que mais ajuda a compreender os movimentos de 1968. Para driblar a repressão da ditadura, a propaganda escrita era pendurada em ganchos nas cercas, as "teresas", ou jogada nas entradas das fábricas. Ao selecionar os papéis que levariam com as marmitas, para ler depois, eles condenavam os demais à apreciação devastadora das enxurradas e das bocas-de-lobo. Os autores das peças, a propósito, facilitavam a triagem dos trabalhadores: a "esquerda" escrevia seus panfletos sempre com os mesmos jargões, terminando-os com as mesmíssimas palavras de ordem: "o povo na luta derruba a ditadura" ou "o povo armado derruba a ditadura e expulsa o imperialismo".

O Grupo de Osasco também procurava facilitar a identificação, usando o logotipo do Sindicato dos Metalúrgicos, quando possível, e chamamentos originais e cativantes. Outro sinal distintivo era a não-padronização dos textos, que justificavam as reivindicações numa forma meio literária, dando aos escritos um tom épico.

As resistências contra a AP, o PC do B, a Polop, os trotskistas e outros partidos proletários sem operários ganharam corpo ao longo de 1967, quando os osasquenses se transformaram na principal referência das oposições sindicais dentro do MIA (Movimento Intersindical Anti-arrocho). A maioria das organizações mandaram militantes para cá, "para ajudar", e o Grupo de Osasco passou a confiar-lhes a impressão de panfletos e a formação de quadros, nos cursinhos rápidos de marxismo montados por mim e Barretão, o José Campos Barreto. Antes de imprimir os panfletos, porém, elas passaram a corrigi-los, terminando sempre com os desgastados jargões. Em vez de seguir o currículo dos cursos de formação, guiavam-se pela catilinária de seus partidos e priorizavam o recrutamento de novos quadros. Os grupos organizados que vieram para servir "as bases", começaram a tentar servir-se delas, dividindo-as, a prática corriqueira das posturas que se julgam superiores.

Para preservar a unidade do movimento, o Grupo de Osasco passou a resistir ao assédio das esquerdas com criatividade crescente, tanto nos folhetos, quanto nos discursos e nas formas de luta, como a ocupação das fábricas. A "originalidade" durou até o texto de balanço da greve derrotada e a proposta de "greves de grevilhas", mas deixou de dar a tônica quando as lideranças osasquenses, em bloco, aderiram à única organização que não procurou dividi-las, a VPR. Adotaram, então, um jargão, mais criativo mas também um jargão: "Ousar lutar, ousar vencer".

A construção de uma linguagem comum

Por que o relâmpago de 1968 foi o último e nunca mais iluminou o céu de Osasco?* De volta a Quitaúna havia pouco tempo, o capitão Carlos Lamarca ficou deslumbrado com a greve iniciada em 16 de julho. No começo da noite foi até a Cobrasma, onde operários com capacetes brancos e pedaços de pau controlavam a portaria e guarneciam as ruas vizinhas do alto dos muros. Queria ajudar, mas não tinha como; ficou torcendo. Rondou pelas imediações e descobriu que a Força Pública e a cavalaria entravam em forma num terreno próximo. "Rendam-se. Saiam em ordem", assistiu ao diálogo do comandante da tropa com José Campos Barreto, que ele ainda não conhecia; acabariam morrendo, juntos e solitários, assassinados no sertão da Bahia, três anos depois. "Soldados, aliem-se a nós. Aqui trabalham seus parentes, seus irmãos. Somos todos cabeças chatas. Vocês também vivem com dificuldade, são explorados." Viu as tropas vacilarem e, depois, ouviu o comando metálico da invasão. Horas mais tarde, já de madrugada, acompanhou as longas colunas de operários presos, com as mãos nas cabeças, mais de quatrocentos.

Ainda que tendo ficado isolada por quase catorze anos, entre 1965 e 1978, Osasco ousou desafiar o regime, mostrando que ele não era inenfrentável. Nos dias seguintes, apesar da ocupação policial do Sindicato, das fábricas e ruas centrais, o movimento grevista insistiu em continuar. Por que, depois disso, os trabalhadores da Região jamais sentiram confiança suficiente para maiores ousadias?

Essa pergunta é importante, pois a resposta pode ajudar a compreender as causas da apatia que persistiu apesar da redemocratização e ajudar a entender por que os maiores interessados permanecem inermes à maior crise de desemprego que já vivemos. Numa primeira abordagem, eu diria que aquele movimento aconteceu porque havia confiança recíproca, tinha-se construído uma linguagem comum. Bases e líderes, no fundo, sabiam que embarcavam num enfrentamento fadado à derrota, mas o que importava era dar um sinal de vida, de que a ditadura não havia extirpado a raiva e a capacidade de uma cusparada indignada. Nesse sentido, o movimento até foi vitorioso. A tarefa do regime, depois de sufocada a greve, foi transformar a linguagem comum em uma torre de babel, separando as bocas dos ouvidos: prendeu e fichou centenas de lideranças, nomeou interventores para o Sindicato, demitiu milhares de amigos e simples suspeitos e colocou todos nas "listas negras", forçando a mudança dos demitidos para outras cidades. Com isso surgiu um enorme vazio político, um espaço que, nos anos seguintes seria ocupado por outro tipo de liderança. Esta, mesmo tentando e querendo, jamais conseguiria repetir o clima e as utopias de 1968.

---

* Essa questão é tão importante que dedicarei integralmente a ela também os próximos três artigos.
23/10/1999

Movimento perdido e greve mitificada

Em geral, uma geração é formada pela anterior e aprende com ela, mesmo quando ambas brigam e rompem. Foi assim nos anos 60, em função da guerra de gerações, dos conflitos de filhos contra pais, de alunos contra professores, das bases contra as lideranças e dos famosos rachas contra as direções tradicionais do Partido Comunista, Polop, AP e os remanescentes do nacionalismo brizolista ainda agrupados no MNR e nos Grupos de Onze. Talvez em nenhuma outra cidade o espírito dos 60 tenha ido tão longe quanto em Osasco — exemplos: as passeatas de protesto contra a morte de Edson Luís, o 1º de Maio, as tomadas de fábricas e os contingentes de combatentes que integraram a luta armada contra o regime militar. Por causa disso e da intensidade da ação repressiva, a geração de 68, aqui, não teve tempo de formar sucessores ou herdeiros.

Sob o Ato Institucional número 5 e o controle da imprensa, em Osasco foi aplicada uma política de eliminação dos vestígios da resistência à ditadura. Além de prisões, exílios e demissões forçadas, que varreram praticamente todas as lideranças, a cidade passou a ser vítima de uma campanha sistemática de despersonalização, orquestrada pela repressão política, os esquadrões da morte e a chamada imprensa marrom, que passaram a pintá-la como reduto da violência, da barbárie e da criminalidade.

As lideranças trabalhistas surgidas em Osasco a partir da década de 70 não começaram a ser formadas nas campanhas da Chapa Verde, dos grêmios livres ou do CEO (Círculo dos Estudantes), mas foram geradas no mesmo caldão cultural pós-derrota da luta armada, no espaço aberto pela Igreja Católica e já sob a proteção do clero jovem. Como em outras cidades, em Osasco também o movimento popular passou a se organizar nas Ações Católicas e Comunidades Eclesiais de Base e nos comitês pró-direitos humanos e em favor da anistia. Com isso, o diferencial osasquense desapareceu, assim como o caráter anárquico e espontaneísta de suas mobilizações. Os novos movimentos populares trouxeram o traço ideológico do fundamentalismo, confundindo temporal e atemporal e unificando crime e pecado, oração e pregação política, algo muito diferente do desprendimento cristão da Frente Nacional do Trabalho e das posturas abertas a que já me referi de Albertino Oliva, João Cândido, José Groff, e Odim Giorjon no período posterior a 1963.

A ausência de informações e de vínculos com a fermentação de 1968 fez com que o relacionamento da nova geração com aquela mobilização passasse para o plano do imaginário e da glorificação do passado, ao qual é impossível retornar. Elevada a mito, a greve de Osasco passou a ser o ideal desconhecido a ser copiado e a principal fonte de frustrações para os replicantes.

Diversidade da vida e líderes padronizados

Fazem parte de mundos distintos, quase incomunicáveis, a política popular de 1968 em Osasco e a atual. Aquela se baseava em tal confiança nas lideranças que milhares de chefes de família deliberaram participar da aventura proposta por jovens ainda quase imberbes. A última emprega recursos da moderna propaganda e tenta "vender" suas propostas de mobilização com escasso sucesso; o chamamento reiterado à greve geral, por vinte anos, por exemplo, tornou-se piada.

As jovens lideranças daquela época sequer tiveram tempo para se servir do movimento e trair suas bases. É possível que sua credibilidade venha disso e da evidência que eram candidatas somente à prisão ou à morte e seria impossível a obtenção de vantagens pessoais a partir de propostas radicalizantes sob uma ditadura. Os dirigentes sindicais e da maioria dos movimentos populares de hoje, por seu lado, são vistos com reservas, como pessoas em virtual processo de mudança de princípios e de classe social. Daí a dificuldade de mobilização, independentemente da justiça de suas reivindicações.

Não vou me alongar, neste e no próximo artigo, historiando a origem dos dois tipos de lideranças, mas apenas descrever algumas das características que os distinguem. Em 1968 cada líder, maior ou menor, tinha voz própria, dando ao movimento uma personalidade múltipla, enquanto as atuais lideranças parecem todas sósias e seus movimentos são unívocos. Naquela época, menos do que as divergências, importavam as convergências e a Vanguarda de Fábrica e a Vanguarda Estudantil, estruturadas a partir do início de 1967, eram formadas por católicos, protestantes, espiritualistas e materialistas. As diferenças eram até estimuladas pelo debate franco de idéias, o que incorporava grande número de segmentos ao movimento e fazia com que os líderes fossem críticos e até certo ponto imprevisíveis. Ao contrário, as lideranças atuais são disciplinadas e previsíveis, como se programadas pelas teses e conveniências partidárias. As do passado respeitavam e articulavam suas diferenças, as contemporâneas procuram silenciá-las ou denegri-las, rendendo-se à padronização. Uma concepção libertária e civilista, ingenuamente anárquica, digamos, foi rendida por uma disciplina fundamentalista, que juntou fé, "verdade metafísica" ou conveniência religiosa, no mesmo saco das propostas políticas e dos interesses da militância e das lideranças, que se transformaram em facetas de um mesmo corpo. Como os movimentos deixaram de representar a diversidade da vida, esta também deixou de se reconhecer nas suas propostas para o futuro.

6/11/1999

Formação de gente livre e subordinada

Há trinta e tantas semanas venho debatendo uma única questão: por que a esperança de liberdade sempre engendra uma nova forma de tirania e, como, no atual momento histórico, o embrião do novo autoritarismo desarma os movimentos populares até para as lutas mais elementares de autodefesa? Claro que estou apenas usufruindo da liberdade de pensar, levantando pontos para a reflexão. Nesse esforço, tenho citado a mobilização de Osasco em 1968, por ter irrompido à revelia das formas clássicas de dirigismo de fora para dentro.

A Vanguarda de Fábrica e a Vanguarda Estudantil, organismos semiclandestinos que funcionavam como uma espécie de comitê dirigente de massas em Osasco, eram leigas, pluralistas e muito ciosas de sua autonomia. Estruturavam-se a partir do debate e da identificação de novas lideranças em fábricas, colégios, bairros, clubes e pontos de lazer. As intensas discussões afiavam as inteligências e geravam consensos para as questões de curto prazo. Assim, os novos líderes eram também identificados e convidados para os cursos de iniciação em economia marxista, como deve recordar-se Lacerda, o João Affonso de Oliveira, ainda na diretoria do Sindicato dos Metalúrgicos e hoje presidente do Conselho Afro-brasileiro.

Ao contrário da liberdade construída internamente pelo Grupo de Osasco, as militâncias populares formadas a partir da década de 70 tiveram como berçário a Igreja Católica, com seus dogmas eternos, e por mamadeira o catecismo de noções de marxismo desmaterializado e uma ética de redenção dos pecados pela participação social. No período final da luta contra a ditadura, a participação política passou a ser um ditame de fé, com a proteção da estrutura da Igreja e a facilidade de um público temente. Com a redemocratização, a estabilidade das entidades sindicais e a reforma partidária, a militância de neoesquerda passou a ser também um meio de vida e uma opção de carreira profissional, até com direito a cursos, bolsas, ajuda financeira do exterior e viagens, além de uma reserva de vaga na vida eterna. Por tudo isso, ao invés de formar quadros críticos e ativos, a militância, sobretudo a petista, é marcada pela hierarquia e pela conveniência e por muita gente disponível para as milícias inquisitoriais.

Essas características ideológicas foram acompanhadas de um conjunto de sinais externos (linguagem e gíria padronizadas, vestuário uniformizado, broches e agressividade em relação a quem não comunga da mesma fé) que tornaram a militância de neoesquerda um corpo crescentemente estranho dentro da sociedade, que procura vender com tanta insistência que desacredita suas propostas.

13/11/1999

Dá para reagir à lei de ferro?

Provavelmente exigi mais da sua paciência do que seria razoável, leitor, trazendo-o, um após outro, até este ponto, descrevendo os mecanismos que fazem com que, em todos os lugares e épocas, os projetos de igualdade tenham degenerado para outras formas de opressão. Para agravar, esta não foi a única oportunidade em que expus tais análises. A extensão dessa série decorre da intenção de deixar tão evidente o desespero provocado pela traição aos sonhos de liberdade que, do fundo do desalento, a esperança volte a ter lógica.

Robert Michels, antes de se decepcionar com as práticas igualitaristas, escreveu *Os partidos políticos*, em que expõe o destino inevitável das bases em colocar os líderes lá em cima e, depois, serem abandonadas à própria causa. Ele descreveu pormenorizadamente os mecanismos da lei de ferro da oligarquização das lideranças que, por força da especialização na atividade de representar, acabam controlando a máquina e a utilizando em proveito próprio, para se manter no poder, perpetuar ganhos e/ou ascender na carreira política, muitas vezes criando formas de controle do tipo mafioso. A tendência à criação de regimes dinásticos mesmo no interior dos sindicatos e movimentos de esquerda decorre da necessidade de a liderança ser individual e de o líder passar a confundir os interesses gerais com os particulares e passar a tratar os adversários internos como inimigos do grupo ou da humanidade; muitos suprimem a liberdade de discordar e apelam à destruição da imagem pública dos oponentes; aqui em Osasco mesmo, hoje, são numerosos os exemplos de ruptura com as regras internas e de recurso à força bruta.

Como se trata de uma lei de ferro, talvez seja impossível revogá-la, mas, depois de tantas decepções, talvez dê para aplicar-lhe um óleo oxidante, afrouxando o seu rigor. Com certeza, os grupos sociais precisam de lideranças individuais e elas serão mais eficazes conforme desfrutem de maior iniciativa e espaço para criar. Entretanto, como é exatamente por isso que os chefes acabam instaurando novas formas de tirania, os grupos precisam defender-se, fixando regras antitraição. Sobretudo graças às lições que podem ser extraídas da rápida corrupção do socialismo da Revolução Russa de 1917 em social-corporativismo, é possível adotar, desde o princípio, algumas medidas simples que, sem inibir os estilos individuais, possibilitem resguardar a soberania do grupo sobre seus agentes.

20/11/1999

Sete vacinas contra a traição

Para prevenir os excessos dos líderes, o populismo, a demagogia e as perversões decorrentes do culto à personalidade, recentemente inventaram-se dois novos erros: tentar viver sem líderes ou desprovê-los da sua individualidade. Os movimentos que caíram nessa tentação foram desarmados de identidade e reduzidos à passividade, como a categoria dos químicos, em Osasco. Os grupos, conforme sua complexidade, precisam de uma constelação de lideranças mas, para que elas cumpram seu papel com eficiência e sejam responsabilizadas, precisam ter cara e voz de gente, e não de simples aparelhos.

O que se pode fazer, contudo, para multiplicar lideranças e reduzir o espaço da traição? Como a resposta a isso vai exigir décadas, ouso apenas tentar enunciar, a título de exemplo, sete princípios elementares, para sua reflexão:

1) Com a globalização, tornou-se impossível qualquer avanço social sem a mobilização dos interessados diretos e sem o consórcio da sociedade civil.

2) Os partidos têm um papel na mobilização social, mas secundário; os que tentam direcionar sufocam os movimentos populares.

3) As entidades precisam reger-se por um sistema jurídico interno, que garanta sua autonomia e que assegure a soberania das bases em relação à entidade e sua direção.

4) A divulgação das atividades da entidade e dos pontos de vista de todos os seus membros, sobretudo os da oposição, é um direito das bases.

5) As comunidades devem incentivar a formação de novos quadros, criando canais para o debate e o florescimento de oposições internas.

6) As entidades só poderão profissionalizar lideranças que tenham uma outra atividade, obrigando-as a se manter profissionalmente atualizadas e garantindo-lhes somente remuneração até o limite de seus vencimentos anteriores.

7) Os balanços contábeis, a criação de novos cargos e a nomeação de assessores pelas entidades devem ser debatidos e decididos em assembléia, por quórum mínimo que impeça manipulações.

Não tenho dúvida de que, para implementar precauções mínimas como as descritas acima, será necessário revolucionar os partidos, sobretudo aqueles cujos militantes se julgam acima de quaisquer suspeitas, e estatuir e instituir padrões de comportamento absolutamente inovadores. A reação conservadora maior, provavelmente, virá dos partidos de neoesquerda, mas, neles, apesar de tudo, tenho certeza, ao lado da ingenuidade, ainda são majoritários os militantes de base bem-intencionados e motivados por propósitos honestos.

27/11/1999

Capítulo 3
Papo de preso no Carandiru

Este capítulo reúne catorze textos publicados entre 1986 e 1998, em geral de natureza autobiográfica, provocados por mortes, matérias publicadas em jornal, filmes ou a luta contra a tortura e por indenizações às famílias dos desaparecidos.

Tchau, Zé...*

Até a semana passada, eu não a relacionava a qualquer odor. Apenas a ouvia como um enorme silêncio. Agora, a morte passou a ter um desconcertante cheiro de merda, que se insinua no ar, sempre que penso em coisas definitivas e sem solução. Faz menos de 48 horas que você partiu. Tento recuperá-lo na memória, mas emergem apenas fragmentos...

Na banheira de casa, eu estava com 7 anos, o horário da escola atrasado e o chuveiro ligado... e você aparece com o fio de ferro dobrado. Você era assim, Zé: pontual e rigoroso com impontualidades (em qualquer coisa, no pagamento da conta de luz ou nos compromissos) e queria que nós tivéssemos o que você não havia tido, inclusive educação escolar. E nos incutiu isso, a cintadas, carícias e sorvetes... e o fez tão bem que, exatamente por isso, divergimos algumas vezes e o fizemos sofrer. E você sempre teve a virtude de sofrer calado.

Na Lapa, na construção daquele sobrado enorme, eu vou até o seu carro e pego a marmita, que você esquenta com uma espiriteira a álcool ("ai que gostoso com mamãe lá em casa, ai que delícia com papai no serviço"). Eu e meus irmãos quase só o víamos aos domingos, em passeios a Santos ou ao Zoológico, pois, durante a semana, você passava mais tempo trabalhando que nós acordados, levantando prédios, instalando encanamentos, dirigindo caminhões ou nos balcões de seus comércios. Você deu mais do que tinha e se enxugava no trabalho, envelhecendo mais cedo. Sacrificava os prazeres à realidade e antecipava seu encontro com a morte.

A franqueza que você nos legou me obriga a questioná-lo: valeu a pena? Agora você se vai, quase anônimo. Não ficou uma obra sua assinada e ninguém se recordará de seu nome no futuro. As muitas coisas que você fez, artesão hábil — as fachadas das fábricas Matarazzo, os respiradouros da Cobrasma ou a farmácia do Cláudio —, em São Paulo e em quase cinqüenta anos de Osasco, não são do tipo que singularizam um indivíduo. Nem mesmo seu último trabalho, o mais nobre de todos — ir à padaria comprar pão e leite para a mãe —, será lembrado.

Às vezes você ia ao bar do seu João e jogava dominó. Era sua única travessura, que você ocultava da mãe com a nossa cumplicidade, à custa de doces de abóbora. Fora isso, depois que a velhice precoce chegou, você só competia com ela, preparando antes nosso café da manhã, fazendo o suco de laranja e cozinhando o ovo... você deixava a fervura subir e contava lentamente até 25. O mais que posso fazer, com minha incredulidade, é uma simples crônica. Mas, à sua maneira, você acreditava em Deus e no céu. Tomara que, se existir, Ele também tenha acreditado em você.

---

* José Espinosa, pai do autor, aposentado, ex-pedreiro, ex-técnico hidráulico, ex-construtor e ex-comerciante, faleceu e foi sepultado no dia 6 de abril. Em fevereiro de 1969, embora sem ter qualquer relação política, ele fora preso e ficara uma semana como refém no QG do II Exército, para que o filho se rendesse.
8/4/1989

O velho do vinho

Os vivos ressuscitam os mortos, o presente faz o passado gritar ou chorar e uma fotografia leva um garoto de calças curtas a receber sementes de um idoso pelo resto dos seus dias. A edição de *Primeira Hora* da semana passada tirou da penumbra do meu inconsciente um velhinho de boné e a lembrança do primeiro livro. Veio numa caixa, como todas as surpresas... mas não era bem uma caixa e nem veio fechada... era um desses caixotes que se dizia ser de querosene. Dentro não havia só um livro, mas muitos, coleção de esperanças e fantasias de toda uma vida. E quem trouxe no ombro foi o velhinho de boné. Na hora eu bem que preferi que ele comprasse um doce da vitrina ou desse uma bola de futebol ou uma simples bexiga. De preferência bem grande e vermelha.

Só muito mais tarde descobri que os livros se lêem entre si, que folheiam suas páginas, falam e se rebelam com a gente, são capazes de mudar de lugar, dão saltos e até sofrem de soluços. Com o tempo também percebi que o Asilo Vicentina ficava longe do Armazém do Vinho Único e que o esforço do velhinho para transportar o caixote não deve ter sido pequeno. Sem contar que as milhares de personagens devem ter feito a viagem berrando e saltando dentro das páginas. Acredito que o velhinho caminhou chorando, despedindo-se de seus amigos, os verdadeiros, a quem ele já não podia ver, porque sua visão encurtara, mas que ele levaria dentro de si, promovidos a idéias, até a derradeira leitura da vida.

Talvez por pressentir o fim próximo, ele renunciou ao egoísmo de leitor, evitando levar seus amigos para o caixão. E os pôs num caixote, para plantá-los no mundo, incorrendo na subversão de tentar regar com a malícia de séculos a ingenuidade de um analfabeto de cinco anos.

Depois de dar os livros com palavras que já esqueci, ele sumiu. E ficou sem nome para sempre, asilado no purgatório da memória. A foto de um outro velhinho de boina, que vive no mesmo lugar e passou frio neste inverno por não ter meias, o trouxe de volta. O novo velhinho era jovem naquela época. O velho velhinho ressuscitou dessa forma, talvez até mais jovem que o novo, insurgindo-se contra o tempo e praticando sua subversão suprema, que lembra os tempos em que ele contrariava todas as normas do asilo, irritando às freiras. Ele saltava os muros, desafiando o confinamento a que estava condenado, e brincava com suas condições de saúde, tomando um vingativo copo de vinho no armazém, onde o menino de calças curtas brincava no chão e o olhava desconfiado.

27/9/1986

Um caso raro de coragem em 74

De fato, só podia ter acontecido numa sexta-feira. E pior: num dia de tantas lembranças fatídicas para o povo brasileiro como o 24 de agosto. Fui informado à noite, quanto fechávamos a edição da semana passada — e nada mais podia ser dito a respeito. As sextas-feiras são dias terríveis, principalmente no mês de agosto, e, sobretudo, quando caem no dia 24: as bruxas estabelecem seu reinado de terror, ao som dos uivos de lobisomens caçadores de donzelas. Na Abril, também desde o final dos anos 70, toda sexta-feira era dia de pânico. Talvez em função da cobertura oferecida pelo final de semana, lá alça vôo o "passaralho", uma espécie de pavão misterioso que decepa os operários da cultura. Os demais operários chamam o "passaralho" simplesmente de "facão" ou "corte de funcionários". De fato, Victor Civita só poderia ter sido atingido pelo mais voraz de todos os "passaralhos" numa sexta-feira, 24 de agosto.

Tido por muitos como italiano — e, em conseqüência, mafioso — ou judeu — como se isto fosse ofensivo —, na verdade era um norte-americano que chegou ao Brasil em 1950, já com quarenta anos de idade, e logo se naturalizou. Trazia alguns dólares no bolso, é verdade, mas logo plantou uma árvore que daria frutos fantásticos: faria com que quase um milhão de analfabetos abrissem estantes em suas casas e lá depositassem tratados dos filósofos mais abstratos e sofisticados, de Platão a Marx, de Plotino a Sartre, Nietzsche ou Schopenhauer. Com ele, milhões de brasileiros teriam acesso a textos imorredouros de teatro, à música erudita e até à ópera. Dentre os frutos de sua árvore, em poucos anos, o Brasil também colheu os mais inusitados títulos de revistas especializadas de informação. Sempre às milhares de centenas de exemplares. Nas suas asas, o pavão misterioso de agosto levou, sem dúvida, "a maior professora alfabetizadora" brasileira de todos os tempos.

Os dólares que aquele norte-americano, com o sotaque italiano herdado dos pais, trazia nos bolsos, são absolutamente insuficientes para comprar uma explicação para seu sucesso. O vertiginoso crescimento de suas empresas tem apenas duas explicações: seu talento como empresário e sua incrível sensibilidade — que ele preferiria chamar de *feeling* — para a alma do Brasil, um país que ainda luta para superar um atraso social e cultural de cinco séculos. No substrato dessas duas características de personalidade, acredito, residia uma outra coisa que pode ser resumida com uma só palavra: ousadia.

Como todo homem, certamente, Victor Civita tinha suas dores de cabeça, suas paixões e escovava os dentes após as refeições. E, sem dúvida, freqüentava o vaso sanitário, uma ou duas vezes ao dia. Mas ele tinha uma outra qualidade no Brasil de 1974, ainda sob a ditadura militar, que poucos brasileiros tinham e raríssimos empresários sequer ousariam pensar em ter. E é sobre essa virtude que quero fazer um depoimento pessoal.

Ao sair das masmorras da ditadura, após quatro anos de prisão sem julgamento, eu me vi condenado a uma outra pena sem direito de defesa: o desemprego. Misteriosamente, todas as portas se fechavam dias depois que eu preenchia as fichas cadastrais. Depois de quase um mês de trabalho e elogios com um dos mais respeitáveis nomes do jornalismo brasileiro, o saudoso Samuel Wainer, as portas da *Última Hora* me foram fechadas, com as explicações, do próprio Samuel, de que o jornal não era mais dele, mas do grupo Folhas, e que este não estava disposto a formalizar minha contratação. Essa frustração fez com que eu até desistisse da profissão que ensaiava antes de partir para a guerrilha, no final de 1968, e passasse a buscar qualquer tipo de emprego, em bancos, fábricas ou casas comerciais. Eu era fumante e precisava trabalhar em qualquer lugar, porque já não suportava o peso de ver meus pais, que não fumavam, todos os dias me pagando três maços de Hollywood. Entretanto, apesar dos testes, nenhuma empresa se dispunha a ter-me entre seus quadros.

Eu já estava quase desistindo de ser brasileiro e partindo para o exílio simplesmente para poder expelir uma fumaça comprada com o suor do próprio rosto, quando, por caminhos que não tenho espaço para explicar, fui parar na Abril Cultural, onde haveria alguns *free-lances*. De uma forma tão misteriosa como o desemprego sistemático anterior, em alguns meses, estava contratado e tive uma rápida carreira, vindo a ajudar por quase onze anos a regar a árvore do "seo" Victor e co-produzido alguns dos seus frutos.

Para dizer a verdade, nunca me questionei por que tinha sido impossível entrar em tantas empresas e foi tão fácil ser admitido e fazer carreira na Abril. Numa circunstância muito especial, em 1982, oito anos depois, meu então chefe (e ex-diretor-executivo da Fundação Victor Civita), José Alcione Pereira, dizendo que "se o 'seo' Victor souber disso me mata" mostrou-me cópias de duas cartas. Uma delas era dos "órgãos de segurança", destinada ao presidente da Abril, e dizia que o rapaz (eu) era um perigoso agente subversivo e não deveria ser contratado pela empresa. A resposta era de Victor Civita, que sequer me conhecia (em quase onze anos de Abril, estive com ele apenas sete ou oito vezes, mesmo assim depois de ocupar cargos hierárquicos superiores), e insinuava que quem mandava em seu pedaço era ele e que se o "rapaz" fosse útil a sua empresa, sem dúvida, trabalharia nela. Em 1974, embora a ditadura já desse sinais de corrosão ferruginosa, não era muito fácil desafiar de maneira tão corajosa e secreta (pois só soube disso tanto tempo depois) os todo-poderosos órgãos da segurança. E Victor Civita sequer era brasileiro: não passava de um italianinho mafioso, como diziam tantos, ou de um judeu, como se isso fosse ofensa, nas palavras dos encarregados da tortura e do terror no nosso país.

1º/9/1990

Amor em greve e coluna de luto

> "Me apraz seduzir as palavras, flexioná-las para que me desnudem. Mas hoje, por mais que me tentem, sequer as namoro. Só não as tanjo de volta ao dicionário porque o verbo não permite essa conjunção."
> Da crônica *Amor em greve*, referida ao Dia dos Namorados, em 8 de junho de 1985.

Qual o cimento que solda as amizades? É a assiduidade, a conservação dos mesmos interesses ou a fé? A amizade pode sobreviver às divergências, em que grau? Ou depende da crítica, até que ponto de sinceridade? É capaz de sobreviver às relações de mando ou é algo gratuito, solto no espaço? Sem responder a qualquer das centenas de questões possíveis, não há amizade que sobreviva à traição ou à inveja. Preciso dizer por quê? Como você está percebendo, leitor, tenho um motivo suficiente para mudar de assunto nesta semana, desculpe a inesperada unilateralidade e até o esforço talvez exagerado pela clareza que confunde, mesmo porque ando pensando que a semelhança e as causas em comum freqüentemente levam à eleição dos mesmos desejos e das mesmas mulheres e isto, mais cedo ou mais tarde, dá em dissenso e, às vezes, até em traição. Não será por isso que:

1) a amizade do tipo em que um até salta à frente do outro, para cortar com o corpo o endereço da bala, só seja possível entre pessoas do sexo masculino;

2) sejam tão raros os relacionamentos desinteressados entre mulheres? (Desculpem o machismo da pergunta mas é a nossa cultura.)

Num caso, dondocas ou desprendidas militantes, elas vêem todos os homens com os mesmos olhos desconfiados de vítimas seculares e se tornam idênticas. E até têm razão para isso. No outro, entretanto, eles se sentem mesquinhos e "machistas", cada um à sua maneira.

Para que a amizade se desdobre da diferença, alguma coisa em comum existe. Na década de 60 da Osasco das passeatas estudantis e das tomadas de fábrica pelos operários, por exemplo, prosadores da revolução social e poetas de um outro comportamento tinham mais em comum do que supunham:

1) Mesmo sem o perceber, os "reformadores sociais" copiavam como uniforme o desalinho e a deselegância *easy rider*, as barbas e algo mais que os olhares perdidos.

2) Os *on the road*, por seu lado, talvez vissem nos "combatentes" o sono dos seus sonhos e devolveram com a solidariedade de que só são capazes os alienados quando aqueles, derrotados, ficaram sós.

Com muitos desencontros, quando foi possível, também aderi à arma e ao ganha-pão da palavra e tivemos um caso de admiraçãoafastamento jamais abalado pela distância. Desde o domingo, 2 de junho, o mais frio do ano, Osasco anda meio gelada e o Jesse Navarro nunca mais flexionará as parábolas, para recusar-se a uma crônica do dia dos namorados (como a da epígrafe acima) em nome do próprio amor, embora meio despudorado, como é bom que seja. Sem choros, como ele detestaria, mas também incapaz do deboche que ele recomendaria, fico cismado se ainda será possível a parceria singela de uma crônica para dar vida a idéias massacradas pelo peso do inevitável.

8/6/1996

A missa e o fim de uma época

— Chama o cardeal.

Houve um momento na história do Brasil em que se apelava ao bispo, porque não havia mais a quem recorrer. A Justiça estava manietada sob o Ato Institucional número 5, suspensas as garantias individuais e o habeas-corpus, o Legislativo estava sob o controle do Executivo, leia-se do Alto Comando Militar, com senadores biônicos e sob a espada de Dâmocles da ameaça de cassação, e a imprensa, silenciada sob o tacão da censura prévia. A sensibilidade do regime era a força e, sua ferramenta de governo, a tortura covarde. Até Deus parecia inacessível aos clamores contra a brutalidade institucionalizada e não havia outra coisa a fazer senão pedir socorro ao padrezinho de grossos óculos de grau, fala mansa e coragem de teimoso. Mesmo os materialistas e ateus colocavam os preconceitos de lado e pediam a presença do Cardeal. E ele sempre vinha. Eu o conheci em 1971, recém-nomeado arcebispo de São Paulo, na Penitenciária do Estado, e, depois na Casa de Detenção do Carandiru. Presença constante nos corredores dos presos políticos, era uma espécie de mãe, por sua solidariedade incondicional, um solitário e garantido ponto de contato com o mundo civilizado.

— Chama o dom Paulo Evaristo Arns.

Um período da história do Brasil terminou no último domingo, 17 de maio de 1998, quando ele rezou sua última missa como arcebispo na catedral da Sé, aposentado pelo papa João Paulo II, por ter ultrapassado o limite de 75 anos. Nada contra dom Cláudio Hummes, que assume hoje, a quem desejo sucesso na nova missão, mas vai ser difícil esquecer o homenzinho que, em 27 anos e meio, conseguiu mudar para todo um povo a imagem de uma instituição marcada pela Inquisição e por séculos de intolerância. Em 1975, sob o clima pesado da "distensão lenta e gradual" de Geisel-Golbery, quando certos órgãos de imprensa publicavam os *press-releases* do Doi-Codi, difundindo as versões de suicídio na famigerada Operação Bandeirantes, em plena missa de sétimo dia, ele denunciou como provocada pelas torturas a morte do jornalista Wladimir Herzog. Sua condição de príncipe da Igreja freqüentemente era desconsiderada pelos esbirros da ditadura, porém ele não se importava. Inúmeras vezes foi humilhado; chegou a ser esbofeteado e deve ter-se limitado a sorrir para o agressor. Sua ingenuidade, depois, até pode ter sido aproveitada por um ou outro, mas isso não importa.

— É uma pena, dom Paulo, mas, segundo a doutrina, o Papa sabe o que faz. Tchau.

23/5/1998

Papo de preso no Carandiru

Durante os quatro anos que fui preso político, passei duas temporadas na superpopulosa Casa de Detenção do Carandiru, a primeira, de treze meses, de 1970 a 1971, no quinto andar do famigerado pavilhão 8, dos reincidentes; a segunda, de dezenove meses, entre 1972 e 1973, no primeiro andar do "tranqüilo" pavilhão 5, da laborterapia, a que os políticos não tinham acesso. Nas duas estadas, os presos de consciência eram flagrante minoria em meio a um mar de estelionatários, ladrões, assaltantes e homicidas, a maioria dos quais, evidentemente!, devidamente inocentes. Inúmeras vezes fui indagado sobre o que nós, da esquerda, faríamos com os presos comuns caso fôssemos vitoriosos. Invariavelmente minha resposta surpreendia os interlocutores, sobretudo um PM chamado Augusto, que era vizinho da cela em frente à minha, no quinto andar, o das celas individuais e solitárias. Ele era o único outro preso com quem eu conseguia conversar com a boca, sem as mãos, na linguagem dos surdos-mudos, e sem apelo a espelhos de cabelo, pois conseguia ver parte de seu rosto pela janelinha situada pouco abaixo da linha dos olhos na porta de ferro, que às vezes os "faxinas" esqueciam aberta. Revoltado com seu soldo, ele participara de um assalto a banco, "para fazer uma presença para a namorada" e acabara preso e condenado a 25 anos; se não foi assassinado na cadeia, quase um cinqüentão, já deve estar em liberdade. "Você é completamente louco", me dizia ele, duvidando da minha sinceridade e convencido que quem delinqüiu tem que pagar com a liberdade. "Como acabar com as cadeias?"

Por mais que eu insistisse que aquilo era uma coisa que degradava a condição humana e, em vez de reeducar os criminosos, estimulava a delinqüência, seguramente passava por um arrematado demagogo, que só dizia o que falava em função da audiência e das circunstâncias. Depois daqueles anos, como jornalista, jamais me entusiasmei pelas matérias sensacionalistas a respeito da superpopulação carcerária e nunca escrevi algo, porque me provocaria enjôos, em favor da construção de cadeias. A bem da verdade, até por falta de oportunidade, também ainda não escrevi, mas pretendo fazê-lo, a respeito da tese de que as prisões não são a solução, mas parte essencial da corrente da violência, e que o problema da superpopulação carcerária não se resolve com mais celas, mas pela mudança das leis e o fim das restrições à liberdade, trocadas por formas mais humanas de reparo dos crimes, o que pode ser também tremendamente mais eficaz e econômico.

19/7/1997

Luz Vermelha e a cara do arbítrio

Trinta anos de cadeia, um dia depois do outro, sem interrupção, desde 22 de agosto de 1967, em si, não significam nada de anormal ou fora dos cálculos, afinal porque o Bandido da Luz Vermelha, João Acácio Pereira da Costa, foi condenado a 351, por 88 crimes diferentes (roubos, assassínios e estupros). Em outro país, ele até poderia ter sido condenado a uma pena mais grave — a execução ou a prisão perpétua —, e isto também não representaria qualquer problema, seria normal e estaria dentro dos cálculos e dos riscos assumidos por ele. Como ele só atravessou o portão da Casa de Custódia de Taubaté às 18 horas da última terça, 26, ficou quatro dias além do que devia na prisão, pois nossas leis estabelecem o limite máximo de trinta anos. Esses quatro dias, ou meia lua, não têm preço. Ao contrário dos 10.980 anteriores, representam um problema imenso, um soco na própria noção de esperança, porque têm o gosto do irrecorrível, o sabor das injustiças da Justiça.

Estuprador, ou tarado, até os 25 anos de idade, João Acácio foi seviciado inúmeras vezes, anos a fio, por outros detentos e o Luz Vermelha foi transformado em prenda cobiçada na Penitenciária do Carandiru. O suplício decorrente da fama de delinqüente famoso, inclusive com filme e livros a respeito de suas façanhas, acabaria desembocando em punição muito mais grave que a condenação. Quando estive na penitenciária, como detento político, em 1972, em outro pavilhão, não o conheci, mas ele era o preso mais falado do lugar. Contaram-me que já estava sem vários dentes, dizendo coisas sem sentido e com dificuldade de separar o dia da noite — e que seus sofrimentos só teriam diminuído teria aceitado proteção, conformando-se com o papel de *boy* (parte passiva de casal *gay* nos presídios).

Sob o argumento fornecido por psiquiatras de que seria louco, representando um risco para a sociedade, e instigado pela promotoria pública, o Tribunal de Justiça, no dia 23 de agosto, frustrou sua soltura, como que se vingando contra a liberdade e a honra de um indivíduo que sentia ter cumprido sua dívida com a sociedade. Por que não o "curaram" nos trinta anos que o tiveram sob sua guarda, ao invés de deixá-lo à mercê da retaliação dos banhos de sol? Felizmente a pena extra só durou quatro dias, graças à pressão da mídia, mas em geral as injustiças da Justiça costumam durar mais, como as medidas de segurança, verdadeiras sentenças de morte ou prisão perpétua decretadas à margem das leis.

30/8/1997

Luz vermelha morto, luz verde posto

Como nos filmes de faroeste, a história concedeu bis e o desafio, no caso, o Bandido da Luz Vermelha, João Acácio Pereira da Costa, foi vencido por outro matador que, após uma discussão azeda e o tiro de espingarda na cabeça, o deixou no meio de uma poça de sangue num bar de Joinville, em Santa Catarina. Aconteceu na última segunda, 5 de janeiro, dia da semana antigamente conhecido como de branco, significando que deveria ser dedicado às obrigações e ao trabalho, não às orgias, boêmias da madrugada e *saloons*. Para fazer fama e ser reconhecido no mundo da morte antes da hora, o pistoleiro em ascensão precisou passar por cima do cadáver do decadente, exatamente como há 31 anos, em 3 de outubro de 1966, quando Acácio, que ainda não era o Luz Vermelha, também encerrou uma briga num bar do Cambuci, em São Paulo, matando a tiros o operário José Enéas da Costa. Aquele foi seu segundo homicídio. Dez dias antes assassinara o estudante Walter Baldran, que o surpreendera no quintal de casa. Menos de um ano depois, mataria mais duas pessoas, um industrial e um vigia, na carreira criminosa permeada por estupros e escaladas sensacionais a prédios, que chegariam a 88 crimes diferentes e lhe renderiam penas somadas de 351 anos de condenação. Preso aos 25 anos de idade, em 1967, permaneceria preso quatro dias além do máximo permitido pela legislação brasileira, trinta anos e 4 dias, sendo solto somente em 26 de agosto passado. Passou, portanto, apenas um Natal em liberdade e teve pouco mais de quatro meses para contar prosa e narrar suas "façanhas" aos jornais e aos mais jovens.

Nascido em 1942, João Acácio tinha 55 anos de idade, tendo passado a maior parte da vida atrás das grades e os últimos meses garimpando um fim trágico. Muita gente, com certeza, está festejando que ele pagou com a vida pelos seus crimes, não considerando que se tratariam de juros absolutos e sem refletir que, talvez, o assassino mais famoso deste fim de século, além de culpado, também seja vítima, como produto inevitável do sistema carcerário, da idéia de vingança, por meio da pena, e da própria sociedade.

8/1/1998

Combate nas trevas joga luz sobre os anos 60

Acabou-se o ciclo dos *recuerdos* e da memorialística em torno dos "anos gloriosos" da luta armada. Os livros de memórias de Fernando Gabeira e Alfredo Syrkis, por exemplo, já não vinham vendendo tanto quanto no começo da década de 80. Uma obra completamente diferente daquelas — e para cuja produção elas sem dúvida foram úteis — começa a revolucionar o mercado editorial: *Combate nas trevas — A esquerda brasileira: das ilusões perdidas à luta armada*, do historiador Jacob Gorender, que, em três semanas praticamente esgotou a primeira edição, de 10 mil exemplares. O imediato sucesso do livro pode ser explicado por diversas razões. A primeira é o fato de Gorender ser um dos mais respeitados historiadores do país, autor, entre outras, da obra mais categorizada sobre o Brasil Colônia, *O escravismo colonial*. A segunda decorre de ele ter sido testemunha viva e ativa dos acontecimentos sobre os quais escreveu, na condição de militante do PCB (Partido Comunista Brasileiro) desde a década de 40, de ex-membro do Comitê Central dessa organização, de ter sido um dos fundadores do PCBR (Partido Comunista Brasileiro Revolucionário) e de ter amargado dois anos de prisão em São Paulo, no Deops, no Doi-Codi e no Presídio Tiradentes, onde conviveu com centenas de prisioneiros políticos, oriundos de todas as organizações guerrilheiras. A terceira razão para o sucesso provém da seriedade dos estudos realizados pelo autor, que consumiram nada menos que oito anos, em consultas a todos os livros escritos a respeito, aos documentos das organizações, aos arquivos do projeto *Brasil: nunca mais* (que lhe foram franqueados pelo cardeal Paulo Evaristo Arns) e das Auditorias Militares e, principalmente, às centenas de entrevistas feitas com membros de partidos e entidades clandestinas à época dos fatos.

Com uma capacidade de análise surpreendente, Gorender conseguiu explicar (ainda que se possa discordar de uma ou outra de suas interpretações) as causas do mergulho geral da juventude combativa brasileira na luta armada após 1966 (conseqüência não apenas da brutalidade do regime implantado em 1964, mas também dos erros, descaminhos e humilhações do PCB), como pôs ordem no caos, aglutinando e especificando a miríade de movimentos surgidos depois de 1967, que rachavam e se aglutinavam com estonteante rapidez. Ele traça com precisão o perfil das organizações oriundas de cisões do

PCB, como a ALN — e de seu líder Carlos Marighela — e do PCBR — destacando o papel de figuras como Mário Alves, Apolônio de Carvalho e sua própria —, dos movimentos de origem cristã — como a AP (Ação Popular), PRT (Partido Revolucionário dos Trabalhadores) e, em parte, o PC do B —, dos movimentos de inspiração trotskista que se engajaram na luta armada — como o POC (Partido Operário Comunista) — e dos que não se engajaram — IV Internacional Posadista, Polop (Política Operária) — e dos de origem brizolista ou militar — como o MAR (Movimento de Ação Revolucionária), a VPR (Vanguarda Popular Revolucionária) e a VAR-Palmares.

A importância da greve de 68, em Osasco, não passa despercebida a Gorender, que também mostra as trajetórias de personalidades como o capitão Carlos Lamarca e o estudante-operário José Campos Barreto (o Zequinha, líder da ocupação da Cobrasma).

Rompendo com o dogma dos autores de esquerda, que evitam os assuntos-tabu e nunca lavam roupa suja fora de casa (em livro para o público), o autor fala das relações das agremiações de esquerda com os países ditos socialistas (como URSS, China, Albânia e Cuba). Não omite informações cuidadosamente escamoteadas, como as referentes à morte de Carlos Marighela ou à briga pela posse das armas subtraídas do IV RI (Regimento de Infantaria, de Quitaúna) entre a VPR/Var-Palmares e a ALN.

No que se refere às posições e às conseqüências da prática da esquerda sobre o final da década de 60 e início da de 70, Gorender é indulgente com os movimentos guerrilheiros, mas não poupa críticas aos PCs (B e do B). Figuras recentemente falecidas (como Diógenes de Arruda Câmara, do PC do B) ou ainda vivas e veneradas (como João Amazonas, do PC do B, e principalmente Luís Carlos Prestes, ex-PCB) são dura e implacavelmente criticadas.

A tentativa de usar métodos rigorosos de pesquisa sobre a história recente é, no mínimo, uma demonstração de coragem do historiador. E já teve respostas. Em entrevista ao *Diário Popular*, Luís Carlos Prestes chegou a chamá-lo de "covarde". E a circunspecta revista *Veja* surpreendeu, ao dedicar nada menos que seis páginas à crítica de seu livro, e por ter deixado seu tom normalmente pasteurizado para combater diretamente suas conclusões, acusando-o, nas entrelinhas, de contraditório, de injusto com Prestes, e por ter revelado as ligações internacionais da esquerda.

Um mérito, ao menos, ninguém poderá jamais tirar de *Combate nas trevas*: o de ter colocado os turbulentos e sombrios anos 60 na História — e já era tempo que isso acontecesse, vinte anos depois. Doravante, ainda que possam vir a surgir outras obras de memórias, aquele período exigirá rigor e cientificidade em seu tratamento, sepultando-se a festividade e a exploração politiqueira.

Frei Betto e Marighella

Numas das passagens de *Combate nas trevas*, Jacob Gorender dialoga diretamente com Frei Beto (o frade dominicano Carlos Alberto Libânio de Cristo), então militante da ALN e hoje do PT. Escritor de prestígio, Beto escreveu muito a respeito e fez um livro (*Batismo de sangue*) para explicar a morte de Carlos Marighela (comandante da ALN), surpreendido pelo delegado Sérgio Fleury e sua equipe na alameda Casa Branca, no dia 4 de novembro de 1969. Na época, a Igreja dava uma profunda guinada em direção à esquerda, aplicando a Teologia da Libertação e a opção preferencial pelos pobres.

Os *press-releases* (informes à imprensa, alguns publicados por muitos jornais) expedidos pelo Doi-Codi tentaram explorar o fato de o líder guerrilheiro ter sido indicado (Nota: na verdade, sob tortura cruel) por dois frades dominicanos (Yves Lesbaupin e Fernando Brito) para colocar uma cunha entre os católicos militantes e a esquerda machista. Beto, embora não envolvido pessoalmente nos fatos, nos últimos vinte anos vem tentando provar que o envolvimento dos dois religiosos não passou de uma malvada e muito bem-urdida manobra da CIA (Agência Central de Inteligência norte-americana). Gorender entrevistou todos os tipos possíveis de testemunha e, embora reconhecendo o clima de tortura em que os frades informaram sobre o paradeiro de Marighela, desmente a versão de envolvimento da CIA como falaciosa.

17/10/1987

Diretor de filme pesquisa fundo mas capitão Lamarca foge de novo

Embora localizado pela patrulha comandada pelo então major Nilton Cerqueira e morto enquanto dormia, há exatos 22 anos, 8 meses e 4 dias, o capitão Carlos Lamarca continua evadido, como diziam seus caçadores, em incansável guerra de movimento, e acaba de fugir do cineasta Sérgio Rezende, que há duas semanas lançou o filme *Lamarca*. Meu amigo João (ou César ou Cid ou Cirilo ou...) certamente ficaria comovido com a homenagem, mas acharia muita graça da caricatura que fizeram dele e daria uma tremenda risada logo no começo, do próprio logotipo cara-pintada do filme, o nome Lamarca escrito com retalhos da Bandeira Brasileira. "Eu sou internacionalista, pô", reclamaria ele com sua concepção democrática radical, que não admitia nem fronteiras geográficas à liberdade humana. José Campos Barreto, que os parentes lá de Brotas de Macaúba haviam apelidado Zequinha, mas que os operários da forjaria da Cobrasma e os estudantes do Ceneart chamavam de Barretão, certamente tiraria um sarro. "Te transformaram numa estrela, na sexta do Cruzeiro do Sul. Só que tu apontas pro socialismo de verdade, e não pra solidariedade de sacristia."

Antes de qualquer comentário sobre o filme de Rezende, contudo, é fundamental registrar que ele é extremamente corajoso — quase tanto quanto o próprio capitão, que trocou os confortos de uma carreira promissora pelos rigores da clandestinidade e os riscos da guerrilha — não apenas por tratar de um assunto tabu para o Exército e glorificar um oficial ainda odiado pelos colegas de farda ou enfrentar a ira de seu executor, o hoje general Cerqueira, presidente do Clube Militar do Rio e candidato a deputado estadual pelo PP. O filme é corajoso principalmente porque poderá ser visto e criticado tanto pelos militares que traíram ou traem Lamarca, como pela esquerdinha baba-ovo de hoje ou por seus amigos, que participaram da mesma luta e até privaram da sua intimidade, às vezes até em discordância franca com ele (como este articulista).

O tempo era contado em moeda forte

Entrando na terceira semana em exibição, o filme *Lamarca* continua em cartaz apenas no cine Olido, da avenida São João, e no Espaço Banco Nacional de Cinema, da rua Augusta. Ao contrário do enorme sucesso que se esperava, com filas intermináveis e cotoveladas nas bilheterias, a obra até agora foi vista por apenas 10 mil pessoas, um público ridiculamente pequeno, principalmente se considerarmos que coloca em discussão nossa história recente, numa fita otimamente bem acabada. Ao contrário da maioria da produção nacional, Lamarca é bem sonorizado, a montagem proporciona uma continuidade visual e percebe-se que as cenas foram refeitas até a aprovação final de um diretor exigente. Já famoso pela produção de obras históricas como *O sonho não acabou* (1982) e *O homem da capa preta* (1986), Rezende conseguiu realizar seu melhor trabalho do ponto de vista técnico, tão verossímil quanto um filme hollywoodiano, sem os erros de interpretação, som e montagem que tanto irritam na cinematografia brasileira. Apesar disso, o grande público não está comparecendo às salas de espetáculo. Uma das causas talvez seja a estrutura narrativa adotada pelo diretor, que começa a contar a vida do ex-capitão do Exército a partir do seqüestro do embaixador suíço Giovanni Enrico Bucher, já em 1970. Seu passado é contado em mais de uma dezena de *flash-backs*, o que até pode proporcionar um certo distanciamento ao espectador, mas torna a obra um pouco pesada. Além disso, como os *flashs* não seguem uma ordem cronológica, a reconstituição da vida de Lamarca exige que o filme seja visto mais de uma vez ou que o espectador já conheça os fatos ou tenha lido o livro *Lamarca, o capitão da guerrilha*, de Emiliano José e Oldack Miranda, em que o cineasta se baseou.

A dificuldade de Rezende para definir a estrutura narrativa, entretanto, não deve ter sido pequena porque os apenas 2 anos e 9 meses que se passaram entre 25 de janeiro de 1969 — quando Lamarca saiu sozinho do 4º RI (Regimento de Infantaria), em Quitaúna, carregando em sua Kombi 63 fuzis automáticos leves (FAL) e outros armamentos para a VPR (Vanguarda Popular Revolucionária) — e 17 de setembro de 1971 — quando, com Barreto, e já militante do MR-8, foi alcançado pelas tropas do major Cerqueira — representaram um tempo fantástico, repleto de acontecimentos significativos e contraditórios. O final da década de 60 foi um período em que o tempo era contado em moeda forte. O risco da prisão ou a morte iminente faziam com que se vivesse tão intensamente que uma semana, por exemplo, parecia uma eternidade. Nesse curto período, Lamarca passou de uma posição democrático-burguesa nacionalista a socialista, leu e discutiu como nunca, obrigado a passar na clandestinidade da condição de militar a intelectual; sofreu as dores morais da ruptura com um casamento tradicional, e viveu uma relação passional avassaladora com uma amante de costumes bastante avançados; desertou como militante de base, discutiu em inúmeros congressos e plenos e chegou à cúpula da VPR, com este articulista; juntos, fundamos e integramos o comando nacional da Var-Palmares; depois, ele rompeu com esta organização (inclusive comigo) e fundou a nova VPR, pela qual dirigiu outros seqüestros e da qual se afastou, optando por ser um simples militante de base do MR-8; dirigiu duas lutas guerrilheiras no campo, no Vale do Ribeira e no sertão baiano; perdeu amigos em combate e em função das cisões políticas; foi obrigado a atirar (era campeão de tiro do II Exército) e até matou homens, mas gerou uma criança que não chegou a nascer, morta ainda no ventre de Yara.

Osasco não é citada. E política evapora

Ao começar o filme pelo seqüestro do embaixador suíço, que Lamarca se recusou a "justiçar", desmoralizando os seqüestros de diplomatas, para não chocar a opinião pública, o cineasta optou por contar a vida de Lamarca num território limite entre a moral e a epopéia de um indivíduo, e não de um povo, e se obrigou a um enredo fora da geografia, sacrificando a história e despolitizando uma personagem essencialmente política. Nos dois momentos em que Osasco poderia ter sido citada, a obra fala de fatos que aconteceram em lugar nenhum. O primeiro é quando Barreto, no portão dos fundos da Cobrasma ocupada pelos operários, em 16 de julho de 1968, discute com cavalarianos da Força Pública, que estavam prestes a retomar a fábrica. O segundo é quando Lamarca atravessa os portões do 4º RI, também em Osasco, desertando do exército com o carregamento de armas. Da mesma forma, o filme não mostra as organizações em que Lamarca militou e seus posicionamentos políticos.

Ao despolitizar o filme, o diretor não caracterizou adequadamente o regime de terror da ditadura militar, que engendrou a enorme burocracia corrupta existente até hoje, nem o "milagre econômico" (permitido pelo endividamento externo), que cooptaria a classe média e isolaria todos os movimentos guerrilheiros. Por tudo isso, Rezende deixou de perceber que tanto na VPR quanto na Var-Palmares Lamarca nutria grave ojeriza à ingerência católica-inquisitorial na política, ao peleguismo sindical, ao finado partido comunista e ao chamado socialismo real, embora buscasse um projeto igualitário para o Brasil, mais contemporâneo do final do século e distinto das soluções, que já considerava fracassadas, tentadas na União Soviética e na China.

Guerrilheirinho de chumbo

Apesar de todas as suas virtudes, por se pretender a-histórico, o filme *Lamarca* perde de vista tanto o homem Lamarca quanto o Lamarca guerrilheiro. Ao procurar enxergá-lo com um olhar atual, pós-advento da democracia, de disputas eleitorais e até de ingerência religiosa nos partidos populares, acaba petizando não só a guerrilha, quanto a década que não acabou e até a própria vida. Como ser humano, o ex-capitão era uma pessoa extremamente simples (orgulhava-se da profissão do pai, sapateiro) e divertida. Gostava, por exemplo, de contar piadas de gaúchos e papagaios. No filme, entretanto, é redesenhado como um militante sisudo, eternamente preocupado com a revolução, como se fosse um guerrilheirinho de chumbo.

No trabalho de desumanização de Lamarca e seus companheiros, o filme chega a cometer grosserias históricas imperdoáveis. Num determinado momento, um guerrilheiro, ao se despedir, lança contra ele um "a luta continua", dístico de hoje e não daquela época. O tempo todo, no filme, os militantes tratam-se por "companheiro", forma de tratamento que substituía o formal "camarada" dos partidos comunistas, mas era usado com muito comedimento, por dois sérios motivos. Primeiro, porque simplesmente tínhamos vergonha de usar essa forma de tratamento impessoal (afinal todos tínhamos nome, de guerra, mas nomes), e segundo porque, sob a ditadura e uma implacável caça dos agentes policiais, seria extremamente temerário sair por aí chamando os outros de "companheiro"; isto poderia representar a prisão. Hoje, nos partidos populares consentidos e na TV é que se usa tanto companheiro.

Da mesma forma, nem Barreto, um militante altivo, além de ex-camponês e ex-operário, ex-estudante de Ciências Sociais da USP, passaria o tempo todo chamando Lamarca de "capitão" ou "meu capitão", nem Lamarca aceitaria ser tratado como um *mi capitán* de filme mexicano sobre o começo do século.

Outro erro factual é a única piada que o diretor deixa Lamarca contar em mais de 2 horas de filme. Ainda no Exército, ao ensinar um grupo de bancárias a atirar, ele comenta em *off* que uma das moças não sabia que a primeira agência que ele assaltaria seria a dela, duas semanas depois. Isto é simplesmente mentira, porque a jovem não trabalhava na agência da rua Piratininga, no Brás, que só seria assaltada seis meses depois de sua deserção. Sem contar isso, Lamarca era bem-humorado, mas não era dado a bazófias, principalmente em relação a sua pontaria.

Inúmeros fatos da vida do ex-capitão, há um ano reformado como general de brigada, foram ignorados pelo filme, como o de que ele se apresentava como voluntário para, nos treinamentos oficiais do Exército, fazer o papel de guerrilheiro e, pior: em matinhos ridículos, de Pirapora do Bom Jesus, ganhava. Outros foram distorcidos pelo filme, talvez pelo fato de que Lamarca tinha posições diferentes das correntes nos meios tidos como de esquerda hoje. Um desses fatos é a morte do tenente da PM Alberto Mendes Júnior, no Vale do Ribeira. Ele foi aprisionado pelos guerrilheiros e executado não apenas porque poderia delatar a posição em que se encontravam, mas após um "julgamento" formal de combatentes que aceitavam e praticaram a pena de morte.

Lamarca e Barreto foram mortos um ano e pouco após a conquista do tricampeonato mundial de futebol, num período em que a guerrilha já estava politicamente liqüidada e estava sendo militarmente dizimada. Os movimentos armados, entretanto, haviam provado que o brasileiro não é um povo pacífico e desmascararam o caráter real da ditadura, iniciando sua derrocada do ponto de vista moral. O filme de Sérgio Rezende não percebeu esse movimento dialético da história, não decifrou a década de 60 e Lamarca continua a merecer outro filme, mas este passa a constituir referência obrigatória da cinematografia política brasileira.

Tarcísio Meira dos pobres

Além de Eliezer de Almeida (Barreto) e Carla Camuratti (Yara), o ator José de Abreu teve um desempenho primoroso no papel do major Cerqueira. Outros atores, como os que fazem as personagens Professor e Flores (o delegado Sérgio Paranhos Fleury, do Esquadrão da Morte e principal torturador do regime), porém, deixaram muito a desejar. O desempenho que mais comprometeu o filme, entretanto, foi o do ator que não poderia falhar, Paulo Betti, que fez o papel-título. Ele pisou na bola não apenas porque não conseguiu desvencilhar-se da imagem de garoto-propaganda dos programas políticos do PT, mas principalmente porque levou Lamarca mais a sério do que o próprio se levaria, atribuindo-lhe uma seriedade pretensiosa e arrogante. Com isso, ele agravou os erros de direção, que desumanizaram a figura extremamente humana, até romântica, de Lamarca. A personagem reconstituída por Betti lembra o risível D. Pedro I de Tarcísio Meira, com o olhar sempre procurando o horizonte e o tom grave, disfarçando a intenção de passar para a história, como o sacristão finge que não está nem aí, olhando para a porta da igreja na hora da coleta. Ele tem um desempenho tão formal e rígido que Lamarca jamais se reconheceria nele e certamente o denunciaria, do seu jeitão, como "farisaico".

21/5/1994

25 anos depois: Lamarca de novo

Em ampla matéria de quatro páginas, o jornal *O Globo*, em 7 de julho, escancarou aquilo que se sabe desde 17 de setembro de 1971: Carlos Lamarca, o capitão que desertou do Exército para combater os golpistas de 64, não teve a chance de um combate justo com seus captores, porque foi assassinado friamente. O operário-estudante osasquense José Campos Barreto, que dormia ao lado dele sob uma baraúna, descansando de marcha forçada, pelo menos na versão narrada por Emiliano José no livro *O capitão da guerrilha*, que serviu de base para o filme com Paulo Betti no papel-título, ainda levantou-se e gritou "abaixo a ditadura, viva a revolução". Em Brotas de Macaúba, sertão da Bahia, Lamarca teria passado do sono da doença, pois estava subnutrido e com malária, diretamente para a glória da eternidade, com o revólver Smith & Wesson, que eu conheci bem, na cinta, todas as balas intactas. Tendo conseguido o laudo cadavérico e a perícia realizada na época, pelos próprios organismos de segurança, *O Globo* divulgou uma versão ainda mais grave: Lamarca foi alvejado por sete balas depois de imobilizado e torturado pela tropa comandada pelo então major e hoje general Nilton Cerqueira, atual secretário da Segurança do Rio de Janeiro.

Quem estava preso ou era refém da ditadura, como eu — na época já há dois anos —, foi obrigado a assistir a comemoração dos esbirros pelo sucesso do assassinato oficial. Como os filhos, no mínimo, têm o direito de saber como morreu o pai, os familiares estão pleiteando clareza. Numa reação surpreendente em uma instituição com seu tamanho e responsabilidade, na terça, 10, o Ministério do Exército lançou uma nota oficial chamando o ex-capitão de "terrorista" e "traidor". Como amigo e irmão de armas de Lamarca na guerrilha, tenho a obrigação de defender sua memória. Mas acho que não são necessários argumentos, porque a verdade fala por si.

Dependendo do alvo da traição, ela não denigre mas enobrece e tem outro nome: desprendimento. Joaquim José da Silva Xavier, o alferes Tiradentes do exército colonial, por exemplo, foi enforcado e esquartejado por traição. Trata-se de uma bela companhia. Outra é a de Jesus Cristo, que traiu os sacerdotes e chicoteou os vendilhões do templo. A História, aliás, só terá curso enquanto sobreviver a capacidade de indignação e traição à tirania. Triste na semana foi constatar que, indiferente ao retorno da democracia, o Exército continua a pautar-se pelos mesmos velhos ódios e a caçar os mesmos adversários, mesmo que abatidos pelas costas há 25 anos.

13/7/1996

Perdão, anistia e esquecimento

Uma pequena nota da edição de 31 de março do jornal *Primeira Hora* dava conta de que na véspera o *Diário Oficial* da União publicara a exoneração do general Ricardo Agnese Fayad da subdiretoria de Saúde do Exército. Quando tenente, médico recém-formado, em 1969 e nos primeiros anos da década de 70, Fayad serviu no famigerado Doi-Codi da rua Barão de Mesquita, no Rio de Janeiro, onde teria prestado um serviço de consultoria aos torturadores. É acusado de diagnosticar as condições de saúde dos presos e prescrever e orientar o prosseguimento das sessões de espancamento. Em vez de se dedicar à vida e a minorar a dor, ele usou seus conhecimentos para provocar a dor e humilhar seres humanos, ferindo a ética médica e, por esse motivo, anos depois, seu registro no Conselho Regional de Medicina (CRM) foi cassado, sendo impedido de exercer a profissão na vida civil; apesar disso, Fayad seguiu a carreira militar e, por ato do então presidente Itamar Franco, foi promovido a general. Sob o presidente Fernando Henrique, foi nomeado chefe da subdiretoria de Saúde e, após um rumoroso escândalo de quase dois meses, acabou exonerado.

A campanha movida pelo CRM do Rio de Janeiro e o grupo *Tortura nunca mais*, que acabou provocando a remoção do general, está sendo tachada de revanchista e de ferir a reciprocidade da anistia. Antes de mais nada, é importante deixar claro que o cargo que ele ocupava é de confiança do Presidente da República, que não costuma premiar ou homenagear ex-torturadores; Fernando Henrique deixou claro que só nomeou Fayad porque desconhecia seu passado e, corajosa e independentemente, corrigiu o próprio equívoco. É evidente, contudo, que o chefe de Estado só ficou sabendo do que aconteceu há 29 anos porque foi informado pelo protesto, que também não constitui revanchismo, mas apenas uma manifestação legítima das vítimas e da entidade profissional dos médicos. Retaliação seria condenar o general-médico à tortura ou à morte ou que fosse agora punido pelos crimes de que foi anistiado sem ter sido julgado. Ao revolver o passado e buscar clareza e transparência não se procura a vingança, mas apenas o resgate da história porque anistia significa apenas perdão e conveniência momentânea, não o esquecimento ou a burrice eternos.

7/4/1998

Que se quer com as indenizações?

O almirante Mauro César Pereira, ministro da Marinha, embora sem envolvimento direto com a ditadura militar, está irritado com a proposta de indenização aos familiares dos "desaparecidos". "Quem entrou na luta sabia que podia se machucar. O benefício deve ser apenas o atestado de óbito." Apesar da crueza da sua argumentação, sou forçado a concordar com parte dela: João Domingues da Silva e Dorival Ferreira, dois dos osasquenses mortos em combate, sabiam perfeitamente da possibilidade. José Campos Barreto e o capitão Carlos Lamarca também estavam conscientes dos riscos, assim como todos os combatentes, tanto os que passaram anos na cadeia quanto os que preferiram o exílio. Todos sabíamos que a guerra não deixa outra possibilidade que a vitória ou a derrota e seus desdobramentos. As oposições, aliás, não eram formadas por anjinhos de confessionário, como muitos hoje querem fazer crer, mas por militantes que, em sua maioria, defendiam a pena de morte para os "inimigos" do povo.

Embora os movimentos armados fossem partidários da pena de morte, acompanhavam os direitos da pessoa humana, consagrados pela ONU, defendiam a lisura do Estado e combatiam os crimes de lesa-humanidade, como a tortura. Ao contrário, embora signatário dos tratados internacionais, o governo brasileiro adotava as práticas criminosas como instrumentos de exercício do poder. As prisões ilegais, as torturas, execuções sumárias e "desaparecimentos de opositores" eram ferramentas frias dos generais-presidentes. É verdade que os adeptos da luta armada sabiam que poderiam "se machucar", mas é igualmente verdadeiro que os usufrutuários da ditadura acreditavam ser donos da vida alheia e usavam o Estado para arrebentar, assassinar e humilhar covarde e impunemente.

Ao propor a indenização, o Ministério da Justiça tenta comprar o silêncio dos familiares e sua cumplicidade com crimes hediondos. Acredito que eles, como os parentes de qualquer pessoa morta em idade útil para o trabalho, devem ser abrigados pelas leis da aposentadoria. Mas sou contra a indenização porque, tendo participado de um dos movimentos guerrilheiros, acho a indenização um desrespeito principalmente aos que morreram na tortura, como Chael Charles Schreier. Não existe dinheiro, principalmente se oriundo dos cofres de um regime democrático, que pague os crimes praticados pelos sicários da ditadura. Não se trata de ser revanchista e exigir a punição de torturadores e seus mandantes, inclusive ministros militares, da Justiça e presidentes da República, mas de impedir a compra da memória coletiva, porque a nação precisa saber que crimes foram cometidos e quem os cometeu, para nunca mais ser governada pelo terror.

19/8/1995

Indenização aos mortos políticos

A vitória das famílias do capitão Carlos Lamarca, do operário-estudante osasquense José Campos Barreto, de Carlos Marighela e de meu também amigo Chael Schreier, que deverão ser indenizadas pelo governo, não vão fazer cicatrizar feridas que sangram há 25 anos. Ao obter os prêmios, os familiares receberão uma espécie de certificado relativo ao caráter de seus mortos e o Estado estará reconhecendo que errou, admitindo que Lamarca não foi um mero desertor, mas honrou o juramento de defender o povo. Na outra extremidade, alguns oficiais generais estão estrilando contra a decisão e voltando a ameaçar, sob o argumento de que a imagem do Exército saiu arranhada. Alguns chegam a argumentar com as acusações que pesavam contra Lamarca e Marighela, como se fossem seus juízes *post-mortem* e como se elas justificassem qualquer ato por parte das Forças Armadas. Outros argumentam que os dois guerrilheiros tombaram em combate e que não se justifica indenizar inimigos.

Em artigos escritos neste mesmo espaço, já deixei claro que repudio a idéia da indenização, porque ela se sustenta na tese de que é possível e mais cômodo esquecer e se fundamenta na prática religiosa de que, perante certos deuses, tudo tem um preço. Como participante daqueles episódios e amigo pessoal de Lamarca e Barreto, concordo com os oficiais que nos caracterizam como combatentes e repudio o tratamento de coitadinhos e vítimas. Havia uma guerra em curso, mas isso não justifica assassinatos e sumiço de prisioneiros. O que a "bondade" da comissão tenta comprar é o silêncio a respeito da natureza moral profunda da tortura e dos assassinatos covardes de opositores, ainda que combatentes. Como classificar a prática sistemática da tortura, senão como terrorismo de Estado? Como definir o "desaparecimento" de prisioneiros, ainda que de guerra? Que nome dar ao assassinato de opositores pelas costas, enquanto dormiam ou exangues, ainda que com uma pistola no coldre?

No final dos anos 60 e ao longo dos 70, a tortura, o uso de alcagüetes e o extermínio de adversários foram alçados a forma de governo no Brasil. Os mesmos setores que interromperam o processo democrático com o golpe de Estado e instituíram os atos institucionais e a censura à imprensa, só conseguiram ficar 21 anos no poder graças à prática sistemática de crimes hediondos. A ditadura instituiu, portanto, o Estado terrorista e arbitrário. Ao tentar comprar o silêncio das vítimas, a comissão dos presos e desaparecidos está tentando apagar a mancha desse momento vergonhoso de nossa história. Mas será que a nação consegue esquecer?

14/9/1996

Capítulo 4
O dia em que Pinochet chorou

Entre outros escritos sobre a América Latina, este capítulo contém dez textos colocando em destaque dois países que viveram situações diametralmente opostas na segunda metade do século XX: Chile e Cuba. Na escolha foram privilegiadas duas figuras sintetizadoras do que o continente tem de mais retrógado e mais municiador da esperança: Augusto Pinochet Ugarte e Ernesto Guevara Linch.

O dia em que Pinochet chorou

Confesso que procurei, mas não vi manifestações de maior indignação na imprensa mundial contra o estupro de que estão sendo vítimas o Senado e a Democracia no Chile, com a posse em 15 de março de 1998 do "senador vitalício" Augusto Pinochet. Com certeza o drama do Chile será ironizado hoje pelos jornais. Apesar da volta do Estado de Direito há seis anos, o senado chileno permitiu a posse de um "biônico eterno", na pessoa do antípoda-mor das liberdades, autor e beneficiário do golpe de Estado de 1973, que governou aquele país por dezesseis anos e, ao deixar a presidência, reservou para si próprio o cargo de comandante-em-chefe do Exército, de cuja posição vigiava e intimidava as instituições.

A nação latino-americana com mais longa história democrática até o golpe e o assassínio de Salvador Allende, em 11 de setembro de 1973, sob as botas de Pinochet, o Chile transformou-se no caso mais acabado de violência oficial e acumulou um currículo de dezenas de milhares de mortes entre os opositores, aí incluídos o cantor popular Victor Jarra e dezenas de brasileiros, alguns dos quais conheci. Embora imaculadamente branco sob as medalhas, o terno civil com que Pinochet entraria no Senado ontem não disfarçava o sangue do ex-chanceler Orlando Letelier, que ele mandou assassinar nos Estados Unidos, segundo o general Manoel Contreras, então chefe da terrível Dina, a polícia secreta. Ao curvar-se a mais esse capricho do ex-ditador, o Chile escancara perante o mundo como ainda é pífia a sua democracia e como é insignificante para a vida o seu desenvolvimento econômico.

A única compensação é que *el general* chorou anteontem, ao deixar o comando supremo do Exército, finalmente demonstrando que, ainda que bem no fundo e aos 82 anos de idade, faz parte da espécie, como o czar sanguinário, creio que de Carlos Drummnond de Andrade, que nos intervalos entre os assassinatos em massa, emocionava-se com as borboletas. As lágrimas tardias, entretanto, não foram de arrependimento pelos crimes cometidos em nome das razões de Estado, mas ao citar os sacrifícios de sua família, antes de gritar para a tropa formada: "Missão cumprida!". Se 11 de março vai ficar como o dia em que Pinochet virou senador do Chile sem votos e sem eleições, a véspera vai ser lembrada como o dia em que ele deixou rolar uma lágrima.

12/3/1998

Lesa-humanidade 25 anos depois

O mais feroz de todos os ditadores que oprimiram a América Latina na segunda metade do século XX, cujo nome foi sinônimo de terror nas décadas de 70 e 80, o general Augusto Pinochet Ugarte está finalmente preso. Embora inimputável em seu país, o Chile, por uma anistia autoconcedida, ele foi surpreendido em Londres no dia 17 de outubro de 1998, durante um tratamento de saúde numa clínica médica. Após o longo período de seu governo, ele foi agraciado com os títulos de comandante-supremo do Exército e, depois, de senador vitalício, arrancados para ele pelas Forças Armadas, para garantir a impunidade a todos os beneficiários do terrorismo de Estado. Pinochet foi detido pela polícia inglesa a pedido da Interpol, cumprindo ordem de captura da Justiça espanhola, baseada na Convenção da ONU (Organização das Nações Unidas) sobre a Tortura, de 1984.

A razão alegada pela corte espanhola foi o assassinato de cidadãos espanhóis, entre as mais de 3 mil vítimas fatais do regime. Algumas dezenas de brasileiros também estiveram entre os quase 100 mil torturados dos estádios e porões chilenos, sobretudo logo após o dia 11 de setembro de 1973, quando a ordem constitucional foi rompida e o presidente socialista Salvador Allende morto no Palácio de La Moneda. Agora, com 82 anos de idade e doente, o ex-ditador sequer tem tempo de vida suficiente para responder por seus delitos, mas sua prisão significa uma merecida humilhação pessoal e ilustra os limites da democracia e da ordem legal no Chile, país ainda sujeito às coações da sua casta de funcionários armados.

Provavelmente em função da tentativa de serenar os ânimos nos quartéis, o presidente Eduardo Frei está exigindo a libertação do general, sob o argumento de que os crimes teriam sido praticados em seu país e que Pinochet viajava com passaporte diplomático. O Chile, contudo, assim como também o Brasil, a Inglaterra e a Espanha, é signatário da Convenção da ONU que define a tortura como um crime de lesa-humanidade, imprescritível e sujeito à ação policial em todo o mundo. A condição humana é maior que qualquer país e que os interesses conjunturais locais de qualquer governo e deve, portanto, prevalecer. Por maior que seja sua truculência, as ditaduras sempre passam e a humilhação ao velho general doente, 25 anos depois, serve também como um alerta aos candidatos a ditador ainda jovens e saudáveis.

22/10/1998

O carrasco chileno e a liberdade

Retorno ao tema do artigo da quinta, a prisão há oito dias em Londres do ex-ditador chileno Augusto Pinochet, para uma reflexão sobre a prudência na erradicação dos cancros autoritários da vida civilizada. A detenção do general no exterior, 25 anos após o início de seu crime continuado de tortura e terrorismo de Estado, em 11 de setembro de 1973, foi condenada por certos setores latino-americanos, até do campo democrático, como uma medida temerária, que pode colocar em risco a estabilidade do Chile e incitar os militares a uma nova aventura política. Outros setores, contudo, defendem a prisão, os interrogatórios, o julgamento e a punição sem contemplações, sob o argumento de que a Justiça deve ser implacável contra os crimes de lesa-humanidade, levando os acusados ao banco dos réus na primeira oportunidade possível e em qualquer ponto do mundo. A polêmica está aberta e colocado um debate, que transcende a conjuntura interna do Chile, a respeito do esquecimento ou não dos grandes crimes contra a humanidade em nome da pacificação e do restabelecimento da ordem legal. A questão vale também para outros países, como a Argentina, o Uruguai, o Paraguai e o Brasil, que tiveram regimes baseados na tortura covarde contra cidadãos indefesos e imobilizados, onde os transgressores da ordem e dos direitos humanos se autoconcederam anistias preventivas e tentam exercer uma tutela permanente sobre as instituições. As nações e as vítimas devem esquecer os crimes em nome da estabilidade política ou devem lutar para apurá-los, mesmo tantos anos depois, para vacinar a civilização contra a *barbárie*?

Quase 54 anos após o fim da Segunda Guerra Mundial, os últimos beneficiários do inferno nazista condenados à prisão perpétua continuam presos. Mais de meio século depois, as entidades representativas dos povos vítimas do holocausto ainda procuram os torturadores e assassinos nazistas e insistem em que eles sejam levados a julgamento, mesmo depois de mortos. Por que perdoar então nossos generalóides subversivos?

A prisão de Pinochet, e seu virtual julgamento na Espanha, é humilhante, sim, mas para ele, não para o Chile. Se há algo de vergonhoso para o país-irmão da América Latina é sua inapetência para punir seus grandes criminosos e a subserviência aos trogloditas, dando-lhes até o título de senadores vitalícios e pretendendo garantir-lhes a impunidade eterna.

24/10/1998

Covarde de Santiago já foi punido

Seja como for, não há mais tempo mesmo para que o general Augusto Pinochet Ugarte cumpra as centenas de anos de prisão a que seria condenado. Ele está com quase 83 anos de idade, doente e, provavelmente, senil para entender um processo que começa 25 anos depois, e oceanos distante do Chile, seu país, onde foi o protagonista dos dezessete anos de terrorismo de Estado (entre 1973 e 1990) e dos mais nefandos crimes contra a humanidade, como seqüestro, tortura e extermínio cruel de pessoas indefesas; responde pelo "desaparecimento" de 3 mil seres humanos e por sevícias contra milhares de outros, mas certamente preferiria que esses "pequenos deslizes" permanecessem ocultos e impunes.

Quis o destino que o Covarde de Santiago, antes de morrer, ficasse tão doente que os médicos de seu Exército tivessem que se declarar incompetentes para tratá-lo, despachando-o para o exterior exatamente num momento em que a humanidade volta a se respeitar, a dar importância às responsabilidades públicas e começa a recuperar a capacidade de se indignar contra o abuso da força e os genocidas. Preso desde 17 de outubro, a pedido da Interpol, por mandado da justiça espanhola, a extradição de Pinochet está sendo pedida também por Itália, Alemanha, Suíça e Suécia. Dificilmente será extraditado e julgado, contudo. Já foi transferido para um hospital mais distante e a corte britânica provavelmente o mandará de volta ao Chile, onde é auto-anistiado. É uma pena, mas, para mim, já está de muitíssimo bom tamanho. Acho que também os brasileiros que foram torturados e perderam a vida naquele país, como o mineiro Angelo Pezzutti, que militou comigo e estava na PE da Vila Militar do Rio, quando fui preso, devem achar que Pinochet já foi punido. Tenho a certeza de que eles não fazem questão de vingança, pois esse jamais foi o motivo de suas vidas, e que lhes basta somente que as coisas sejam colocadas em pratos limpos e fiquem registradas para sempre as circunstâncias de suas mortes e os nomes de seus algozes.

31/10/1998

Ou o país avança ou rende-se aos torturadores

A vetusta Câmara dos Lordes britânica surpreendeu e, no dia do octagésimo-terceiro aniversário do Covarde de Santiago, na quarta, 25 de novembro, decidiu presentear o restante da humanidade sentenciando que o general Augusto Pinochet, detido em Londres desde 17 de outubro, é "extraditável" e pode, portanto, a critério do governo inglês, ser deportado para a Espanha, a Itália, a Suíça, a Bélgica, a França ou o Canadá. Segundo a sentença, que é irrecorrível, "os atos de tortura e de tomada de reféns são ofensivos à lei do Reino Unido" e, portanto, ele pode ser submetido também à justiça local. A ex-primeira-ministra Margareth Tatcher, a da Guerra das Malvinas, intercedeu em favor do ex-comandante-em-chefe do Chile, argumentando que sua não-libertação poderia gerar um incidente diplomático. Um dos ministros, o lorde Nichols, declarou que "argumentos sobre os efeitos nas relações diplomáticas deste país com o Chile, caso se permita que o processo de extradição prossiga, ou se negue o pedido da Espanha, não são assuntos desta Corte".

Pinochet não deve, contudo, ser transformado em bode expiatório, pois foi apenas um dos generais que infelicitaram a América Latina nas décadas de 60, 70 e 80. Como os demais, no ocaso de seu regime, ele também outorgou-se uma anistia. Exagerando, ainda impôs-se como comandante supremo e senador vitalício. Um pouco mais escrachado que seus vizinhos, ele não limitou suas atividades criminosas ao território chileno, internacionalizando a ação da Dina, que cometeu assassinatos políticos também na Argentina (o general Carlos Prats) e nos Estados Unidos (o chanceler socialista Orlando Letelier). Embora com um atraso de 25 anos, a impunidade interna está sendo suplantada pela globalização dos direitos humanos e da Justiça. Outros países — e o Brasil está entre eles — que, felinos, tentaram cobrir com a areia da anistia seu passado sujo, também estão sujeitos ao desmascaramento em escala planetária.

Trata-se de uma situação constrangedora para o governo e humilhante para o exército chileno. Bem mais vergonhoso, entretanto, foi o "perdão" forçado aos criminosos, que impede a diferenciação entre os ex-militares íntegros e os torturadores. Obrigada pela conservadora Câmara dos Lordes, a democracia chilena agora está submetida a sua mais dura prova: ou aperfeiçoa-se, iluminando o que acontecia nos porões escuros, ou rende-se às conveniências dos covardes enrustidos sob fardas.

28/11/1998

O general e seu medo do passado

Em praticamente todos os jornais do mundo saíram nesta semana as declarações da mulher do general e senador vitalício Augusto Pinochet, segundo quem o marido preferiria morrer — e, portanto, poderia suicidar-se — a depor perante o juiz espanhol Baltasar Garzón.

Depois de quatro artigos, apesar da variedade de ângulos que o assunto propicia, eu havia decidido não voltar ao tema, até para não cansar os leitores. Entretanto, os desdobramentos da detenção de Pinochet, que chega a cinqüenta dias hoje, têm sido tão surpreendentes que já não prometo sequer a mim mesmo não voltar a falar a respeito. Nos últimos dias, após a decisão da Câmara dos Lordes de que o ex-presidente é extraditável, ressurgiu no Chile o grupo neo-nazista Pátria e Liberdade, que ameaçou repatriá-lo à força (mediante um seqüestro ou a invasão da Inglaterra?) antes do Natal; os argumentos do chanceler chileno José Miguel Insunza e dos advogados do general, que tentaram comover as autoridades inglesas, dizendo que Pinochet estaria doente e velho demais, e seria inimputável, por se achar mentalmente desequilibrado, foram desmoralizados pelo hospital psiquiátrico Grovelands Priory, que lhe deu alta; transferido para um dos bairros mais elegantes de Londres, seus vizinhos estão pressionando para que seja removido para outro lugar. Restou a ameaça pouco nobre de suicidar-se, feita por sua mulher.

Apesar do poder de vida e morte durante dezessete anos (de 1973 a 1990) — que exerceu efetivamente sobre o Chile, mediante o assassinato de 3 mil e torturas em mais de 100 mil pessoas —, que justifica o apelido de "O covarde de Santiago", Pinochet, que jamais respeitou o ser humano, está sendo desmascarado e perdendo o respeito até por si próprio. A Justiça espanhola certamente não irá encarcerá-lo, pois rege-se por leis que proíbem a prisão de pessoas com mais de 80 anos de idade; pretende apenas julgá-lo antes de perdoá-lo. Embora ache que a prisão — e mesmo a brutalidade das ditaduras — seja uma realidade que pode perfeitamente ser enfrentada com dignidade, em 31 de outubro passado escrevi que nem as vítimas do ex-ditador querem vingança, apenas o esclarecimento do passado. O velho general sabe que não será encarcerado, mas aterroriza-se e sente vergonha de viver seus últimos dias desmascarado como somente mais uma pessoa ambiciosa e covarde, um mau exemplo para os jovens e um motivo de vergonha para a humanidade.

5/12/1998

Uma reação às invasões aéreas

A condenação infligida a Cuba na semana passada pela Organização das Nações Unidas ignora que a pequena ilha é um país em continente ocupado há 36 anos. Faz praticamente quatro décadas que Cuba é alvo do maior e mais intenso bloqueio econômico da história e, com o desmonte da União Soviética, está isolada contra a formidável força e a intransigência dos Estados Unidos, a maior potência de todos os tempos. Assim como uma pessoa inapelavelmente ameaçada de massacre, não se pode esperar que um país sob agressão desigual reaja em subordinação às regras formais. Evidentemente não se justifica a derrubada de um avião civil. Entretanto, os dois Cessna atingidos fazem parte da frota de provocação das Forças Armadas dos Estados Unidos e tinham apoio de Guantanamo, a base norte-americana em território cubano, além de ser pilotados por mercenários anti-castristas.

Dominadas pelas agências norte-americanas, as notícias a respeito do incidente estão sendo transmitidas também segundo a lógica do bloqueio e isolando esse fato de 35 anos de agressões diretas, desde 1961 e à invasão da Baía dos Porcos. Não se está informando também que o governo cubano vinha notificando as incursões aéreas ao Departamento de Estado e alertando que se defenderia. Cuba reagiu em legítima defesa de sua soberania. Um país maior, a China ou a Rússia, por exemplo, jamais sofreriam uma condenação semelhante da ONU. Como já está cambaleante, a condenação será usada para isolar Cuba ainda mais, levando-a ao estrangulamento econômico. Ela até poderá ser sufocada, mas a América Latina jamais se esquecerá do sonho mais generoso e justo que já sonhou.

2/3/1996

Ideologia e sangue à cubana

Preocupado com a continuidade do regime ("Temos que garantir a revolução"), discursando no encerramento do 5º Congresso do Partido Comunista, em Havana, na última quinta, 9 de outubro, o presidente Fidel Castro surpreendeu ao nomear seu irmão, Raúl Castro, que já ocupava o cargo de ministro do Exército, para sucedê-lo. Apesar de seu enorme carisma, o presidente não conseguirá passar credibilidade a Raúl, que é odiado pelo povo e responsabilizado por todos as mazelas internas. Certamente Ernesto Che Guevara, morto na Bolívia há exatamente trinta anos, deve ter tido calafrios, principalmente porque seu corpo está sendo usado para legitimar a transição do poder a seu principal adversário e para consagrar vícios contra os quais sacrificou a própria vida. De volta à ilha caribenha, os restos do Che estão submetidos à visitação pública no Memorial a José Marti, aguardando para serem levados, em retumbante cortejo de trezentos quilômetros, até Santa Clara. Todas as cerimônias estão sendo cuidadosamente programadas pelo governo cubano, que faz um esforço inédito de legitimação interna, desgastado pelos problemas decorrentes do bloqueio econômico imposto pelos Estados Unidos, que se traduzem em queda da qualidade de vida e o cansaço do povo com um regime que chega aos 38 anos de existência acuado, intolerante quanto às críticas e com escassas brechas para a participação popular.

As primeiras informações a respeito do discurso de Fidel só vazaram no último dia 12 de outubro, e estão sendo recebidas com reserva pelos especialistas. A nomeação de um sucessor é uma prática pré-democrática, quase dinástica, que, no Brasil, seria chamada de nepotismo, sobretudo por se tratar de legar o poder a um irmão de sangue. Quando a ideologia não mais cimenta as relações entre governantes e governados e uma revolução, para continuar, substitui a legitimidade pelas nomeações, um chefe militar é chamado como futuro estadista e um irmão é convocado para exercer o poder como único ser humano digno de confiança, ela não é mais a revolução de um povo, mas o golpe de Estado de uma família ou de um único dirigente. Che Guevara abandonou os confortos do cargo de ministro, dentre outros motivos, por não concordar com a ascensão de Raúl. Em Cuba sempre se comentou que o outro componente da trinca de líderes revolucionários, Camilo Cienfuegos, quando morreu, num mal-explicado acidente de aviação, estaria travando ferrenha luta interna contra a ambição de *lo manito*. Marx dizia para deixar que os mortos enterrem seus mortos... A revolução cubana parece que está destruindo a si própria pela fobia de continuar em casa.

15/10/1997

As razões da Cúria e do PC

O papa João Paulo II está em Havana, chegou ontem, 21 de janeiro, e foi recebido por uma manifestação popular emocionante, e ele e Fidel Castro estão em todos os jornais do mundo. Dois *mega-stars* das páginas de Internacional, eles são personalidades sempre em destaque na mídia, mas jamais foram tão citados num espaço de tempo tão curto, como se isto significasse a paz desde que Karl Marx decretou a guerra total escrevendo que "a religião é o ópio do povo". Embora todas as viagens papais sejam cobertas por exércitos de repórteres e fotógrafos e se transformem no principal fato da semana da mídia mundial, nenhuma até hoje repercutiu tanto, exceto, talvez, a que realizou a sua terra natal, a Polônia, quando fez questão de falar no estaleiro de Gdansk, o túmulo do regime burocrático. Fidel, por seu lado, nunca fez tanto "sucesso", nem mesmo durante a crise dos foguetes, quando representou a ameaça de bombardeio atômico mais próxima dos Estados Unidos, nem durante a invasão americana da baía dos Porcos, em 1961. Trata-se da maior jogada de *marketing* do Vaticano e do Comitê Central do Partido Comunista Cubano.

A visita está sendo festejada como o fim da oposição mais radical do século XX e a confluência entre o cristianismo conservador e o último governante do comunismo ateu, como se um tivesse se rendido às convicções do outro. Em verdade, nem Fidel Castro vai passar a freqüentar a missa das 7 e comungar todos os domingos, nem João Paulo vai tornar-se um agitador anti-imperialista e o que menos importa, no caso, é a figura dos dois atores, mas a estratégia de seus estados-maiores, que têm em comum a necessidade de aplicar um sonoro golpe publicitário nos Estados Unidos. Cuba tenta a derradeira cartada contra o bloqueio econômico e pela sobrevivência de seu regime. Se até o Papa aceita a convivência pacífica com o modelo cubano, que legitimidade tem os EUA para sufocar o direito de autodeterminação de um povo? Os cardeais de Roma, repetindo a tática do soviético Nikita Kruschev em 1961, pretendem, a partir da pequena ilha do Caribe, bombardear a costa americana e propagar a palavra católica na maior nação protestante do mundo, alcançando, com os foguetes da visita a Cuba, uma repercussão muito mais contundente e maciça que as diversas visitas do sumo pontífice aos Estados Unidos. É um aperto de mãos e de interesses e, se cada parte alcançar o próprio intento, estará de bom tamanho.

22/1/1998

Che e a dignidade da juventude

Muitas pessoas mais atentas certamente vão estranhar a data de 9 de outubro para a morte de Che Guevara no povoado de La Higuera, no sertão da Bolívia, logo na primeira linha da matéria da edição de *Primeira Hora* de 4 de outubro sobre o maior mito da América Latina no século XX. Como, vão indagar, tal erro, se existe até um partido, o MR-8, que transformou a véspera em seu próprio nome? A data de 8 de outubro foi divulgada pela CIA, a agência central de informações dos Estados Unidos, e o Exército Boliviano, em 1967, alegando que o médico argentino e ex-ministro da Economia de Cuba reagira à prisão. Poucas semanas depois, o equívoco acabou fortalecido pela publicação do diário da marcha do guerrilheiro na Bolívia (em São Paulo, apesar do endurecimento da ditadura) pelo *Diário da Noite*. O último trecho, datado de 7 de outubro, pára bruscamente, sem ponto final:

Saímos às 17 horas com uma lua bem pequena e a marcha foi muito fatigante, deixando rastros pelo *canyon* onde estávamos, com poucas casas por perto mas com plantações de batata regadas por pequenos canais vindos de um riacho. Às 2 horas, paramos para descansar, pois era inútil seguir avançando. El Chino torna-se um verdadeiro peso quando é necessário caminhar à noite. O Exército deu uma curiosa informação sobre a presença de 25 homens em Serrano, para impedir o avanço dos cercados, em número de 37, dando nosso refúgio como sendo a área entre os rios Ocero e Oro. A notícia parece divisionista. h=2.000m

Em verdade, ele foi preso vivo, segundo o opúsculo intitulado *Idéias de um soldado da América para o mundo hoje*, publicada pela Oficina de Assuntos Históricos, do Conselho de Estado de Cuba. O cano de seu fuzil M2 estava inutilizado, tendo explodido com um disparo. Sua pistola estava sem munição. Capturado ferido, foi torturado por 24 horas, não respondendo às perguntas dos seus interrogadores. Foi executado friamente, com as mãos algemadas atrás do corpo, no dia seguinte, 9 de outubro. Infelizmente, não foi tão original nisso, porque muitos outros jovens latino-americanos seriam exterminados da mesma forma.

Na época, eu fazia o primeiro ano de Filosofia na USP e, residindo em Osasco, participava da organização da greve que pararia a cidade em 16 de julho do ano seguinte. Jovem enlutado com as diferenças sociais seculares do País, estava enjoado com a herança que recebia, uma ditadura truculenta, e iniciava os contatos com os grupos clandestinos da resistência armada; troquei na parede do quarto o crucifixo pela foto do guerrilheiro com o olhar confiante no horizonte. Ou seria no futuro? Acabei preso, nosso movimento derrotado, mas a ditadura também terminou, e não deixou saudades. Trinta anos depois, e novamente sob uma democracia, vejo a mesma figura do Che nas camisetas dos jovens. Que há de comum entre a minha turma e esta? Acho que é a esperança, que nunca morre na juventude, e a certeza de que é preferível perder a vida ou a liberdade com dignidade do que continuar existindo sem ela.

4/10/1997

Capítulo 5
Dragões, praças e a Besta

O século XX resolveu todos os problemas que criou para o capitalismo e até para a democracia. Faltando dez anos para terminar o milênio, o império social-corporativista da União Soviética estava desfeito. Também ruíram as ditaduras latino-americanas e os Estados Unidos consolidaram o papel de potência hegemônica. Dentre os artigos escritos sobre isto nos últimos quinze anos, selecionamos alguns.

O pequeno dragão e os avestruzes

"Como um materialista convicto, o camarada Xiao-ping sempre teve uma visão filosófica da vida e da morte." (Trecho da carta assinada por Shuo Lin, viúva do ex-presidente da República Popular da China Teng Xiao-ping, doando suas córneas, para transplante, e várias partes de seu corpo, para estudos científicos.)

Quando a Revolução Cultural "pegou" o vice-primeiro-ministro Teng Xiao-ping (para os íntimos hoje simplesmente Deng) e raspou a trave, deixando livre o mandarim e primeiro-ministro Chu En-lai, em 1967, confesso que me surpreendi. Então estudante de Filosofia da USP, julguei ter "entendido" o significado da nova luta de classes do general Lin Piao e da senhora Jian Qin quando Teng foi enviado a uma fazenda correcional e posto a limpar estábulos e pocilgas. Desde Marco Polo e o século XV, a China se oculta, surpreende e fascina. Nela vivem um entre cada quatro seres humanos e, ora esconde seu rosto, voltando-se completamente para dentro, ora o resto da humanidade se recusa a ver a face que ela escancara num sorriso amarelo. Nos últimos dez anos de arrancada econômica da China, com crescimento anual de 10% do PIB, e do novo caminho para a propriedade privada, já sob a orientação do reabilitado Teng, no Brasil fazemos questão de enfiar a cabeça no buraco, como avestruzes, para não ver o recado que vem da maior nação do planeta e não ter que pensar sobre suas aparentes contradições. Lá, apesar do propalado fim do comunismo, o partido leninista-maoísta resiste e recicla a sociedade.

Mesmo nossas viúvas caseiras do maoísmo e deserdadas da Albânia de Henver Hoxxa fingem que o mistério do dragão vermelho é elucidado com a lenda da marcha para trás. Embora críticas da transição pacífica para o socialismo, elas admitem a possibilidade do retorno indolor ao regime de exploração do homem pelo homem — e sob a liderança do Partido Comunista, de acordo com as regras leninistas do centralismo-democrático. Napoleão Bonaparte, no começo do século XIX, dizia que quando a China acordasse o mundo tremeria. Será que o despertar, para ela, significa a combinação de comunismo com bolsa de valores?

A morte de Teng — aos 92 anos e depois de participar como autor e vítima dos últimos oitenta anos da História, sem dúvida decisivos para o futuro da humanidade — voltou a chamar a atenção para a China. Para mim, sobretudo pela doação de seus órgãos e pela carta de sua viúva, Shuo Lin, que fez questão de mostrar a coerência do companheiro com os princípios do materialismo.

22/2/1997

A China, 1968 e o assunto que conta

Não é só porque um entre quatro seres humanos vivem na China, ou seja, 1,2 bilhão de pessoas, e 1/4 dos nossos semelhantes insistam em permanecer vermelhos, embora nasçam com a cor amarela, que volto a falar da China. Nem se trata de contar vantagem, como alguns já insinuaram, mesmo porque quilometragem vital significa confissão de desgaste e menores distâncias a ainda percorrer. A morte de Teng Xiao-ping, na outra semana, provoca-me a um segundo artigo não porque ele me seja tão caro assim, mas porque, na verdade, jamais falamos do passado ou de outros pontos do mapa, mas sempre de nossas esperanças e, no fundo, de nós mesmos. Por mais que disfarcemos, a realidade externa sempre vira nossa fantasia e a usamos para as trocas de alfinetadas do presente, aqui e agora, como um velho amigo adorava dizer. No que se refere à China, aliás, em 1968 e nos anos seguintes, eu até apreciava sua disputa com a União Soviética, mas jamais fui maoísta ou adepto da Revolução Cultural; achava que ela, mesmo que de lado e derrapando em cima da sandália, ia para o mesmo caminho.

Como sempre falamos de nós mesmos e muita gente faz de conta que não entende — alguns até modestamente alegando ignorância — e algumas vezes já tentei sem sucesso um debate inteligente com a neo-esquerda da província, sou obrigado a baixar o nível e informá-la que os próprios chineses, e Teng foi o pioneiro nessa linha, estão tentando compatibilizar aspectos centrais da economia capitalista (traduzindo para sua linguagem: neoliberalismo, privatização, globalização) com princípios fundamentais da sua noção de construção de uma sociedade igualitária (ou seja, pequena variação de salários, comunismo, idéia de partido forte regido pelo centralismo-democrático etc). Como jamais tive a pretensão de querer mostrar o caminho chinês aos chineses, mesmo porque não me acerto sobre sandálias, minha intenção ao escrever era voltar a bater naquilo que chamo suas bazófias teóricas e seus preconceitos e desafiar a nossa neoesquerda e falar de si própria, ainda que usando a China e um quarto da população mundial como pretexto. No fundo queria que ela escapasse do refúgio celestial em que pretende depositar a própria alma, usando como escada a solidariedade aos excluídos, para dizer afinal o que pretende além das louvações à própria santidade: O que acha, mesmo, do comunismo, do socialismo? Que tipo de sociedade ele projeta para nós? Quando as pessoas, grupos ou partidos silenciam, ainda que provocados, a gente desconfia, principalmente se se conviveu com alguns de seus atuais próceres, até na prisão, e viu que parte deles viviam mais a China que o Brasil e, na época, rezavam por outro catecismo, o do livro vermelho do presidente Mao.

1º/3/1997

A arte dos dois passos para trás

Uma marcha de sucesso não se faz apenas com os pés, mas sobretudo com a cabeça, porque uma campanha implica movimentos, avanços e recuos. Embora estejamos às vésperas de uma guerra eleitoral e pululem candidatos e pretensões de todos os galhos partidários, a maioria colocando as próprias vaidades acima do senso de realidade, não é por isso que resolvi falar sobre as contramarchas; em verdade já estava com vontade de escrever sobre isso, mesmo porque campanhas não são apenas as políticas, mas também as militares, as que se empreendem em todos os jogos, inclusive os amorosos, da sedução ou para a reconquista da própria individualidade.

Apesar de estigmatizado e de seu corpo embalsamado ter virado objeto de gozações na nova Rússia, transformado até em bolo, representando o canibalismo entre os regimes políticos que se sucedem, Vladimir Ilitch Ulianóv era um ser político dotado da mais extraordinária sabedoria na arte de tomar o poder. Ele até pode não ter conseguido implantar o programa de supressão das desigualdades humanas e seu sonho de liberdade acabou engendrando uma tirania, mas liderou a maior revolução da História, não apenas por sua extensão geográfica e pelo volume de pessoas envolvidas, mas por ter tentado a mudança mais profunda da história na estrutura de poder; além disso alavancou e organizou, como jamais foi visto, os despossuídos de toda espécie contra a aristocracia mais voraz e sangüinária da Europa do começo do século, a czarista. Na luta ideológica visceral contra seus radicais, para impedir que a ansiedade queimasse a boca dos esfomeados, ele escreveu um longo artigo que é uma lição da arte da luta desde o título: "Um passo à frente, dois passos atrás".

Avançar ou achar que está avançando é uma coisa de que qualquer esfomeado, inepto, oportunista ou apressado é capaz. A sabedoria passa pela capacidade de controlar as próprias emoções, recuar e até renunciar para ganhar qualidade e consistência. Klausewitz, o gênio da guerra, no início da ascensão da Prússia, ensinava que a ciência da estratégia passa menos pela tática do avanço e da conquista frontal e mais pelos planos de fuga, para as próprias tropas e as inimigas. O que eu estou repetindo, e vale para tudo na vida, é bem mais antigo do que parece; Platão, na Atenas de 2.300 anos atrás, escreveu que a coragem não está apenas nas decisões de avançar e matar ou morrer, mas principalmente nas de abandonar o campo de batalha e recuar ordenadamente, reconhecendo o quadro desfavorável.

16/4/1998

A saúde da multiplicidade

Felizmente para a humanidade, um dos mais hediondos monstros produzidos pela história moderna agoniza no Leste Europeu. Em nome de valores sublimes como os da igualdade e da abolição progressiva do Estado e das várias formas de autoridade, os leno-stalinistas amesquinharam a liberdade e instauraram a desigualdade burocrática, tão voraz quanto a apropriação medieval e a mais-valia burguesa. Embora os canhões e o sangue russos tenham sido decisivos para a derrota da aberração hitlerista na Europa, eles também serviram para a implantação do Leviatã burocrático em diversos países. Na URSS e nesses países, é verdade, o analfabetismo foi extirpado, mas sob a pena de se aprender e se ler sempre apenas a cartilha vulgarizada e deformada de uma concepção tão ampla e profunda como o marxismo. Também é verdadeiro que naqueles países foram equacionados os problemas da saúde e da habitação, porém mediante o estrangulamento da criatividade, como se os fariseus ditos marxistas desconhecessem um dos mais antigos ensinamentos da civilização, o de que nem só de pão vive o homem. A própria idéia do socialismo está hoje comprometida em virtude de tantos anos de autoritarismo e incompetência.

Liberdade e igualdade, contudo, continuam formando o único binômio capaz de fazer a humanidade sonhar mais alto. Mas, certamente, a inteligência social recusará, doravante, quaisquer mandantes ou vanguardas que tentem lhe impor a voz única, seja de um salvador, seja a de um partido acima de quaisquer suspeitas, pretendente a uma comunhão com Deus ou o futuro, que seria inacessível à maioria dos aspirantes ao paraíso.

O segundo turno das últimas eleições estaduais, contudo, mostraram que, enquanto nosso povo, ainda que de forma desajeitada, continua a sonhar com a igualdade e a liberdade, nossas lideranças poíticas estão longe de compreender que já estamos no final do século XX e, portanto, temos proximidade bastante para inventar o XXI e distanciamento suficiente para apreendermos com lucidez a fantástica profundidade da filosofia do século XIX. Muitos, pelo simples fato de não poderem projetar sua "luz" sobre as massas "ignorantes", recusam-se a participar do jogo democrático. Outros continuam lamentando a ascensão da diversidade quercista, como se preferissem a hegemonia colorida sem contestações. Na sua estreiteza, esquecem-se de duas coisas muito importantes: primeira, a multiplicidade é sempre saudável à democracia e superior às dominações absolutas; segunda, o povo é inteligente o suficiente e tão capaz de desenvolver uma consciência em conformidade com seus interesses que tanto derrubou o Leviatã no Leste Europeu quanto tem se recusado a promover seus representantes no Brasil. Além disso, depois de um dia, sempre vem o outro. E é preciso ser cego de todos os sentidos para não perceber que os brasileiros sonham acordados com o novo e que, neste início da década de 90, começam a destruir concepções e lideranças ultrapassadas, para abrir avenidas por onde passarão suas utopias renovadas.

1º/12/1990

Pão e liberdade na mesma praça

Depois de três anos açoitado por uma guerra tão sangrenta quanto sem sentido, e séculos de atraso e absolutismo, um povo imenso acordou da realidade do alcoolismo para a utopia, instigado por três palavrinhas: pão, paz e liberdade. E protagonizou a mais profunda insurreição já vivida por um povo, convidando os demais ao realismo de ousar pensar o "impensável" e exigir o "irrealizável", o binômio harmônico da igualdade-fraternidade. Nas décadas seguintes, o sonho radical da combinação entre liberdade, igualdade e modernidade campearia o mundo, mobilizando a parte mais generosa das inteligências e a melhor parte da juventude de todos os países.

Enquanto o sonho da liberdade perfeita provocava as vibrações que governariam as esperanças e desesperanças do século XX, na solidão o povo soviético se entregaria à mais espinhosa de todas as fases da sua revolução, a da superação de séculos de atraso, e deixaria de exercitar sua liberdade no dia-a-dia, sendo afastado do caminho da igualdade. Na rota da desigualdade social, organizou-se uma casta dominante, a burocracia estatal-partidária-militar, mais mesquinha até que a ocidental, que reforçaria os mecanismos policiais de dominação, reinstalando a fome no meio de satélites e foguetes, e governando por sua mais sutil invenção: a fila. O sonho virou pesadelo e seria esmagado pelos escombros do muro de Berlim, a mesma cidade que viu o sepultamento dos restos do regime genocida nazista.

Os pesadelos, no entanto, parecem durar um pouco mais que os sonhos, mesmo depois que se acorda. O pesadelo do burocratismo travestido de socialismo ainda vaga, por exemplo, pelo Terceiro Mundo, alimentado pelos mais lamentáveis estados da alma humana: o sentimento de inveja e a estreiteza mental do sectarismo. E também vaga pela União Soviética na forma de pessoas não-amadas mas muito armadas de burocratas partidários, e militares apeados de suas mordomias e mandonismos pela *perestroika* e pela *glasnost*. Na última semana, o antigo sonho provocou sonambulismo e o pesadelo pôs assombrações em tanques de guerra, ameaçando não só a liberdade dos soviéticos, mas a paz mundial.

Entretanto, na mesma praça onde se derrubou o czarismo, os mesmos soviéticos esconjuraram seus fantasmas em apenas sessenta horas, novamente com a mesma fome de pão, a mesma sede de liberdade e a mesma determinação pela paz e pelo progresso. Pode parecer insuficiente e até um retorno ao passado, mas os mortos precisam enterrar seus mortos para que a humanidade retorne sua marcha em direção à fraternidade universal.

24/8/1991

As eleições e a nova terceira via

O mais sólido bastião do neoliberalismo, a Alemanha, ruiu na eleição do dia 27 de setembro e, após dezesseis anos de poder inconteste, o primeiro-ministro Helmutt Kohl tornou-se carta fora do baralho. Depois de um ostracismo tão longo que parecia interminável, o Partido Social-Democrata está de novo no centro das decisões.

O começo da recessão e a crise de desemprego sinalizam para o esgotamento da maré conservadora. O vagalhão entrou em recesso e os ventos históricos finalmente sopram nas velas da questão social. Em menos de dois anos, o trabalhismo inglês e o socialismo francês, com Tony Blair e Lionel Jospin, retornaram ao poder, indicando uma nova tendência, que agora parece tornar-se irreversível com a vitória de Gerhard Schroeder, que assume em aliança com o Partido Verde. A três dias de nossas eleições gerais, entretanto, a acreditar nos desabafos petê-pedetistas, estamos na contramão do planeta, pois Fernando Henrique deve vencer Luiz Lula da Silva no primeiro turno. Será que é o Brasil que está no avesso da história ou é a nossa neoesquerda que está fora do ritmo do planeta?

Em algum momento vamos colocar a cabeça acima do imediatismo eleitoral e fazer uma reflexão um pouco mais profunda, pois são as grandes divisas históricas que, em última análise, balizam as políticas de alianças, as doutrinas e, por mais que resistam, o sucesso e insucesso eleitoral. Tanto o PSDB quanto o PT e o PDT, embora em briga de morte entre si, se proclamam primos da social-democracia. Apesar das diferenças — lá Schroeder chega ao poder aliado com os verdes, aqui Fernando Henrique governa com o neoliberalismo com gosto de vatapá — quem representa de fato a social-democracia no Brasil? Os europeus e até o sul-africano Nélson Mandela parecem preferir decididamente FHC a Lula. Talvez sejam todos social-democratas, mas cada um de um momento diferente da história da Segunda Internacional — alguns anteriores ao socialismo pré-Segunda Guerra, outros posteriores ao reformismo pós-guerra e outros, ainda, às tendências solidárias pós-revolução tecnológica. Ao contrário da neo-esquerda tupiniquim, Blair e Schroeder parecem ter urticárias quando classificados como políticos de esquerda. Intitulam-se até de "centro radical" e dizem defender uma "terceira via", querendo estabelecer com isso uma diferenciação tanto em relação ao finado tipo de socialismo soviético quanto em referência aos estados do bem-estar social, que faliram no começo dos anos 80.

1º/10/1998

Consenso só no Kuwait

Um estranho consenso vem baixando sobre o mundo desde a semana passada, colocando no mesmo lado desde a União Soviética gorbachevista até os Estados Unidos pós-Reagan, da França socialista de Mitterrand até a Inglaterra conservadora de Miss Tatcher. O consenso mundial ocorre em favor de um minúsculo, mas rico em petróleo país do Oriente Médio, o Kuwait, e sobretudo contra seu invasor, a potência militar média do Iraque. A invasão de um país árabe por outro não é propriamente o que se poderia chamar de um fato inaudito. Espoliado pelo colonialismo durante séculos, o Oriente Médio foi dividido, após a saída dos europeus, principalmente os ingleses, em países artificiais do ponto de vista cultural, étnico, econômico, religioso e até geográfico. As conseqüências diretas disso têm sido as freqüentes guerras fratricidas, agravadas após a ocupação da Palestina pelos israelenses, no fim da Segunda Guerra Mundial.

A ocupação de um país mais fraco por outro mais forte também não é uma coisa inédita na história da humanidade. Surpreendente seria o contrário. A União Soviética, por exemplo, considerou normal sua intervenção recente no Afeganistão, assim como os Estados Unidos julgaram que só cumpriam o seu dever na aventura vietnamita e na brancaleônica invasão ao Irã de Khomeini.

De repente, quase todas as grandes nações da Terra vestem saias e reclamam, pudicas, de mais uma guerra no Oriente Médio ou da invasão de um país por outro. O Conselho de Segurança da ONU até condena o Iraque e as grandes potências deslocam tropas para a área. Como não poderia deixar de ser, a grande imprensa mundial também entrou na onda do consenso e encontrou um vilão para a trama, o presidente Saddan Hussein, que seria um "louco". E com a "loucura" de um homem tudo vale, como bem o sabe a imprensa ocidental e a oriental. O clima está preparado para uma guerra muito maior.

Da mesma forma que os grandes silêncios encobrem urdições terríveis, o amplo consenso mundial anti-Iraque pode ocultar os poderosos interesses no petróleo da região ou uma tentativa bem articulada para impedir uma aproximação entre os árabes, que ameaçaria o Estado de Israel. Se a invasão do Kuwait pelo Iraque é um fato condenável, também o seria um grande conflito patrocinado ou protagonizado pelas grandes potências contra as nações árabes. Felizmente o consenso mundial talvez não chegue até esse ponto.

11/8/1990

Saddam não era a Besta ou o Anticristo perdeu

Certamente o articulista amero-brasileiro Paulo Francis (correspondente do *Estado de S.Paulo*), depois de 43 dias de sôfrego combate interior, conheceu uma madrugada tranqüila em Nova York, depois da meia-noite do dia 27: Nostradamus errara em suas *Profecias* e o Anticristo (ou a Besta, como gostava de chamar Saddam Hussein) perdeu a guerra. Logo, para o lógico Francis, também está afastado o risco nostradâmico de que "dos 2000 (a humanidade) não passará" e ele poderá continuar desfrutando das "delícias da civilização" por bem mais que os temidos apenas nove anos. A menos, é claro, que o erro não seja de Nostradamus, mas do próprio Francis, e que a besta das *Profecias* não seja o iraquiano Saddam Hussein, mas outro insigne líder mundial que o articulista não conseguiu perceber do alto da moderna "capital do mundo".

E não demorou muito tempo para que a tranqüilidade do maior salário da imprensa brasileira (US$ 15.000 só de *O Estado*, sem contar os *free-*

135

lances) fosse restabelecida. Depois que o presidente dos Estados Unidos, George Bush, ordenou a invasão por terra, não foram necessárias mais que 72 horas para que Saddam Hussein se pusesse de joelhos e pedisse incessantemente um cessar-fogo. Quando os primeiros soldados norte-americanos cruzaram a fronteira do Kuwait e, depois, do Iraque, devem ter tido a mesma sensação que Neil Armstrong em 1969, ao pisar a Lua. Descobriram que o Kuwait, na verdade, não passava de poços de fogo, cercados de crateras por todos os lados. Nada menos que quarenta segundas guerras mundiais despejaram-se em bombas sobre o Kuwait e o Iraque, criando um cenário de destruição total. Ao contrário dos pioneiros do espaço e das desérticas crateras lunares, os soldados dos Estados Unidos viram que, das crateras do Oriente Médio, brotavam soldados com as mãos para cima, pedindo clemência e bocas abertas, ávidas por um pedaço de pão. Os que ainda tinham forças para tanto agitavam nas mãos uma bandeira branca. Até a última quinta-feira, 28, a contabilidade da guerra já anunciava a rendição de 90 mil soldados iraquianos.

Ao invés da Besta nostradâmica temida por Francis, o presidente iraquiano revelou ao mundo mais a imagem de um comerciante de tapetes persas, falou muito, rosnou demais, mas sua máquina de guerra não passava de um papagaio treinado em marchas militares. Depois de destroçar, junto com os dois países árabes, todos os meios de comunicação e rotas de infra-estrutura do Exército iraquiano, o general Norman Schwarzkopf não teve qualquer dificuldade em participar de uma corrida de F-1 de tanques pelo Kuwait, cercando a Guarda Republicana de Saddam no sul do Iraque, sitiando Basra e chegando a 250 quilômetros de Bagdá. Depois de concordar com todas as resoluções da ONU, Saddam foi finalmente atendido no pedido de cessar-fogo por George Bush. Uma das questões ainda pendentes é a permanência de Hussein no poder, hipótese que é liminarmente descartada por Paulo Francis e Israel. Ao contrário do que prevíamos em artigos anteriores, George Bush ganhou duas guerras: a do Iraque e a do tempo na areia do deserto. O 1,5 bilhão gasto por dia pela máquina de guerra norte-americana vai apenas reativar a economia dos Estados Unidos, e não desgastá-la se o conflito chegasse até 1º de abril. Os EUA emergem como a maior potência do planeta em todos os tempos, embora as questões árabe e palestina não tenham sido resolvidas. E George Bush conquistou um terceiro troféu: tornou-se o presidente mais popular da história de seu país e tem a reeleição garantida em 1992.* Entretanto, também não é ele o Anticristo tão temido por Paulo Francis. Só poderá ficar até 1996 na Casa Branca. A menos, é claro, que as regras democráticas sejam alteradas nos EUA, mas lá tais coisas não costumam acontecer.

---

* O que acabou não acontecendo.
2/3/1991

Dia da Paz ou da hipocrisia?

O homem é o único animal que se espanta com o que faz. Mas só reconhece o absurdo de seus atos tarde demais e, depois, acaba transferindo as culpas para suas vítimas. Foi assim em 6 de agosto, há cinqüenta anos. Afastando-se de Hiroxima, em rota de escape, o piloto do B-29 Enola Gay não viu o cogumelo que se formou após a explosão da bomba. Do alto, sem ver os rostos de suas vítimas, ele foi a ponta-de-lança do mais cruel genocídio da história, matando no atacado mulheres, crianças, doentes, cegos e paralíticos. Dos 350 mil desavisados habitantes da cidade, cerca de 250 mil morreram em conseqüência da bomba no período de três meses, a maioria na hora. O desastre foi de tal amplitude que milhares de cadáveres ficaram insepultos, porque não havia quem os enterrasse; de alguns mortos não restaram sequer os corpos para enterrar, apenas manchas brancas no chão, porque evaporaram sob o calor de 5 mil graus. Apenas três dias depois, outro B-29 sobrevoou Nagasáki e lançou outra bomba; mais 80 mil seres humanos morreriam. O Japão assinaria sua rendição incondicional alguns dias depois, mas, mesmo depois da paz, inocentes continuariam a morrer. A rigor, uma parte importante do sentimento de humanidade foi assassinado naquela manhã e continua morrendo até hoje, certamente porque o desrespeito à vida está na base da proliferação da intolerância, da criminalidade, da droga e da exploração desenfreada entre os homens.

O 6 de agosto foi transformado no Dia Mundial da Paz e, com isso, esconde uma hipocrisia quase tão grande quanto o crime praticado. A humanidade tenta se lembrar do acontecido supostamente para não repeti-lo, mas cada vez que o cogumelo de Hiroxima é recordado são cuidadosamente escamoteadas as responsabilidades individuais dos militares e cientistas participantes e coletivas da nação responsável pelo único estalido atômico contra populações civis desavisadas até hoje. Não se trata de anti-norte-americanismo mas, se os crimes dos nazistas durante a guerra foram objeto de tribunais como o de Nuremberg, por que os responsáveis pelo assassinato de crianças e doentes em Hiroxima e Nagasáki, cinqüenta anos depois, continuam sendo festejados como heróis?

Na Primeira Guerra, com o avião, foi descoberta a importância do ataque traiçoeiro, a eficácia sobre os combatentes do *front* da mortandade infligida a seus filhos, mulheres e pais. A ética e o cavalheirismo militares foram enterrados com os bombardeios covardes. Com a bomba atômica, o homem sentiu-se como um Deus às avessas, capaz de destruir sem limites. O Dia da Paz e as lições dadas às criancinhas de nada valerão porque a nódoa da monstruosidade passou a fazer parte da própria essência humana, assim como a história continuará sendo a versão dos vencedores, não os uivos lancinantes de dor de suas vítimas.

5/8/1995

Capítulo 6
Ameaça de pijamas

Os doze artigos a seguir debatem aspectos da conjuntura nacional, colocando em palco os principais interlocutores da cena política: militares ressentidos, imprensa, massacres, julgamentos e denúncias contra a honra das lideranças.

Ameaça de pijamas

O ingrediente que faltava para complicar ainda mais a conjuntura nacional acabou ocorrendo: ostentando suas patentes, que vão de tenente a coronel, um grupo de 33 oficiais publicou um manifesto em Curitiba, com graves ofensas e ameaças à ordem democrática. Felizmente, nenhum dos integrantes do grupo ainda usa farda. Todos envergam preferencialmente pijamas, ou seja, estão na reserva, sem armas pagas pelo contribuinte e também sem tropas sustentadas pelo esforço da parte produtiva da nação. Os signatários do manifesto nefasto não têm, portanto, poder de perpetrar um golpe de Estado. Mesmo na reserva, eles continuam sujeitos à disciplina e aos regulamentos das Forças Armadas, sendo passíveis, portanto, de sanções regimentais, inclusive a prisão. Mas até ontem, 4 de junho, não havia qualquer notícia de punição aos agressores da Constituição e da Democracia.

A insubordinação de pijamas, entretanto, não pode ser encarada como uma inconseqüente traquinagem senil. Sabe-se que, como são ameaçados pela perda de comando, os militares da ativa raramente manifestam suas intenções em público e, em momentos de fomentação de golpes de Estado, utilizam quadros da reserva para veicular suas idéias. Em outras ocasiões, e os exemplos são numerosos, as pregações dos ex-militares têm grande repercussão na caserna. Por isso, o Governo Federal não deveria ficar calado ou inerte face a agressão dos oficiais de média e baixa patente do Paraná.

O manifesto, em tom patético, indaga "a quem servirá essa democracia?" e diz a respeito dos políticos que "nada farão espontaneamente para corrigir este estado de coisas". Os signatários do documento ocupavam postos de comando durante os governos militares, justamente o período em que o Brasil acumulou a dívida externa que nos inferniza, e certamente sabem a quem serve a ditadura. E, com certeza, sabem a quem servia a tortura, o espancamento covarde e o desrespeito aos direitos civis. É verdade que a atual estrutura partidária, em convulsão aguda, não tem sido capaz de responder às candentes questões da conjuntura. Mas o remédio para isso não está no passado, nem na ditadura, mas na própria democracia, que pode não só provocar a reformulação partidária, mas também ensejar a participação de todos os brasileiros na correção dos graves erros da arrogância e do autoritarismo da minoria que oprimiu e corroeu o país nas décadas de 60 e 70.

5/6/1993

Rio Pardo e a Lei de Imprensa

Uma historiazinha inicial é necessária para entender as discussões que se travam em Brasília em torno da Lei de Imprensa no final de outubro. Como você sabe, embora os crimes de injúria, calúnia e difamação estejam perfeitamente tipificados no Código Penal, os jornalistas respondem também por uma legislação específica. São a única categoria com tal distinção e, em pleno 1997, ainda podem ser condenados à prisão por reportagens ou opiniões. E, como ofensa é ofensa, sequer têm o direito de provar a verdade de suas matérias. Existem vários projetos em debate no Congresso, o principal deles do deputado Vilmar Rocha, que substitui as penas de prisão por multas em dinheiro, sob o argumento de que isso induziria as empresas de comunicação a controlar seus erros e excessos contra a honra alheia. Trata-se de um avanço indiscutível mas insuficiente, porque não permite o argumento da exceção da verdade.

Dito isto, vamos à historinha prometida: Embora territorialmente extensa, com 1.173 quilômetros quadrados (dá umas vinte Osasco, por exemplo), Santa Cruz do Rio Pardo é uma típica cidade do interior, com uma área urbana tranqüila e imensas fazendas. No município vivem em torno de 48 mil pessoas (quase treze vezes menos que Osasco), segundo o IBGE, número do qual, evidentemente, os políticos locais discordam. Nela circula há vinte anos um pequeno jornal, *O Debate*, cujo proprietário, Sérgio Fleury Moraes, deve lutar com dificuldades muito maiores que os da Região Oeste da Grande São Paulo. Embora tenha um faturamento mensal de R$ 8 mil, o jornal tem seis funcionários e seus empregos estão ameaçados porque a empresa foi condenada em agosto último, por um dos juízes da comarca, Osny Bueno de Camargo, a pagar uma multa de R$ 345 mil, 1.800 salários mínimos ao outro juiz, da 2ª Vara, Antônio José Magdalena, e 700 ao promotor Carlos Henrique Aparecido Rinardi, além de R$ 45 mil de custas processuais. Ou seja, a empresa terá que continuar faturando e não ter qualquer custo por 43 meses.

Depois dessa decisão judicial, eu não seria louco de comentar qualquer sentença, opinião ou parecer nem de juiz de futebol. Por isso, nem quis ou quero saber mais sobre as matérias ou as ofensas aos membros do digníssimo fórum de Rio Pardo que o jornal *O Debate* publicou. Se um engenheiro candidato a alguma coisa disser uma bobagem, digamos, contra o juiz eleitoral, ele responde pelo Código Penal e, como cidadão, tem o direito de se defender na Justiça. Entretanto, o jornalista que publicar suas palavras poderá levar uma multa que o obrigará a calar-se para o resto da vida, sem sequer ter o direito de se defender. Agora você conclui...

30/10/1997

Cinismo no Acre envergonha o país

Quando um pai induz o filho a mentir isto parece natural à maioria dos brasileiros, algo até menos grave que as pequenas negociatas políticas por um cargo público ou por aumentos de tarifas sem obedecer aos preceitos legais. Entretanto, quando o próprio pai se beneficia com a mentira e ela pode fazer com que o filho seja condenado a muitos anos de cadeia, mesmo os brasileiros mais condescendentes com as pequenas mentiras e tramóias do dia-a-dia começam a ficar preocupados. E principalmente quando se tenta transformar um crime torpe num ato de heroísmo e o autor deixa que a responsabilidade por sua atitude caia totalmente sobre os ombros do próprio filho atingimos os limites intoleráveis do cinismo e do mau-caratismo. Só que mentiras desse tamanho não podem ser arquitetadas apenas por um pai, por mais ardiloso que seja na arte do crime. Para tentar ludibriar com tanto cinismo é necessário o concurso de um advogado e, se possível, um palco como o tribunal do júri.

Centenas de jornalistas estrangeiros ainda estão na pequena Xapuri, encravada na floresta amazônica, em pleno Acre. E devem estar até conformados com a chuva, o intenso calor e os insetos. Mas, certamente, estão desesperados com as picadas da mentira deslavada e com a transformação de certas profissões, nobres em seus países, em ofícios do cinismo, como o fazem certos advogados no Brasil. Desde 12 de dezembro, quando finalmente se iniciou o julgamento de Darly e de seu filho Darci Alves Pereira, dois dos responsáveis pelo assassinato a sangue frio do ecologista Chico Mendes, um ano antes (em 22 de dezembro de 1988), os jornalistas têm presenciado a um show típico dos trópicos: um pai atirando o filho às feras e advogados tentando transformar criminosos em heróis da honra.

É evidente que não se pode cercear a liberdade de advogados, mesmo para não passarmos tanta vergonha quando os olhos do mundo estão postos sobre nós. Se os advogados estão acostumados a tanto cinismo, como os políticos a tantos desrespeitos à lei e aos bons costumes, contudo, seria lícito esperar que não julgassem em nível tão baixo a inteligência alheia. Isto porque nem mesmo os brasileiros mais descamisados, os mais ingênuos de todos, vão crer na balela de que é heroísmo matar camponeses no Paraná, em Minas e no Acre ou que exista alguma grandiosidade épica em grilar terras, fomentar latifúndios ou destruir a Floresta Amazônica, a última esperança de oxigênio para nossos filhos e netos.

15/12/1990

Vomitando e ingerindo mortos

Como numa simples brincadeira aritmética, ainda são contadas as vítimas da Casa de Detenção, o velho presídio que funciona também como casa de custódia, penitenciária e agora é também usado como açougue para acerto de contas de marginais investidos de autoridade com marginais que já estavam ajustando suas contas com a sociedade. O anacrônico depósito de presos, que já enjaulou os sonhos nacionalistas de Monteiro Lobato e até poucos anos atrás encarcerava também as utopias da juventude dos anos 60, tem hoje uma população de 7 mil pessoas, bem maior que a de muitas cidades brasileiras, e é símbolo vivo da contradição viva de uma sociedade que provoca a marginalização em massa de seus filhos e, cínica, assume os ares revoltados de moralista e justiceira.

Alguns admitem que foram mortos 111 homens, outros insistem em que duzentos e tantos perderam a vida no Pavilhão 9 da Detenção. Sejam 111 sejam mais de duzentos, o fato é que uma quantidade enorme de pessoas enjauladas, sem qualquer chance de reação ou defesa, foram mortas de uma única vez, com requintes de selvageria, no atacado, numa chacina que não consegue ocultar o ódio que funcionários do Estado têm à sociedade como um todo. O mesmo cinismo aritmético que trata a chacina como fato isolado procura desvinculá-la, por exemplo, das sucessivas rebeliões que têm acontecido nas cadeias do Estado, também elas superlotadas, infectas e mais humilhantes que os depósitos de gado para abate. De costas viradas para si própria, nossa sociedade se recusa a perceber que são seus próprios valores, e sua lógica da acumulação inescrupulosa de riquezas, que fabricam marginais em escala crescentemente maior que sua capacidade de julgá-los e sua disposição para reeducá-los.

O afastamento do Secretário da Segurança, ainda que necessário e realizado tardiamente, faz parte do cinismo de mudar as pessoas mas manter a prática do desrespeito. Da mesma forma, a exigência de mais cabeças de autoridades e oficiais da PM, feitas sob uma ética supostamente cristã, obedece ao mesmo cinismo que impede uma ação efetiva de reforma dos valores e comportamentos sociais que decorrem do próprio desenvolvimento, fazendo com que as mazelas da civilização prosperem mais que os benefícios que ela engendra. Palco de disputas sinistras e encenações da mesma peça dos bons propósitos, as elites cinicamente grosseiras e as sutilmente cínicas continuarão se enfrentando a propósito do campo de extermínio e tirarão proveitos e lucros dos 111 ou mais de duzentos mortos, e nossa sociedade continuará fabricando marginais em série, agravando os problemas da Casa de Detenção e criando outras, por todo o Brasil. Continuaremos a ser uma sociedade que vomita e ingere o próprio vômito.

10/10/1992

A rotina dos massacres

O mundo está enojado com o cotidiano brasileiro. Praticamente não conseguimos passar uma semana inteira sem a notícia de uma nova, brutal e covarde chacina. Depois do massacre da Candelária, fomos obrigados a acompanhar a ação animalesca de gangues de academias de artes marciais de Brasília e, agora, a cada dia, somos informados do aumento das proporções da chacina perpetrada por garimpeiros contra índios ianomâmis. Com as últimas revelações, ficamos sabendo que a brutalidade indiscriminada aos índios dizimou quarenta seres humanos, principalmente mulheres e crianças indefesas.

O Brasil, com os sucessivos casos de violência em massa, ganha páginas e manchetes na imprensa internacional e nos tornamos conhecidos como o país da brutalidade sem limites ou fronteiras. É natural que nos sintamos envergonhados perante o mundo.

Mais que nunca, somos obrigados a repensar nosso país e o próprio caráter brasileiro. O fato de os europeus, que hoje se mostram tão indignados com essas chacinas, terem iniciado o extermínio dos nativos em toda a América e na África, não nos exime de nossas responsabilidades. Precisamos mudar — e logo — para que o cinismo não se incorpore de vez também à alma nacional. E devemos começar a mudar reformulando inclusive o significado de certas palavras. A expressão "selvagem", por exemplo, não pode ser utilizada para qualificar atos de violência, sob pena de grave ofensa à memória dos pequenos ianomâmis trucidados. Matar mulheres e crianças jamais foi um costume dos selvagens. Pelo contrário, mesmo as tribos antropófagas sempre as preservaram. As chacinas indiscriminadas são um hábito cristão e civilizado, introduzido na América nos tempos de Cortez, Pizarro e dos nossos bandeirantes, que jamais hesitaram em seviciar, estuprar e escravizar. Os garimpeiros assassinos de Roraima, sem dúvida, são homens que carregam bíblias evangélicas sob o braço ou ostentam crucifixos no peito, assim como os PMs que mataram os menores da Candelária devem freqüentar as missas da cadeia.

Mais do que envergonhados perante o mundo, devemos nos sentir humilhados perante nós mesmos e assumir que somos cúmplices das chacinas, por termos aplaudido antes os esquadrões da morte, o uso da tortura, as agressões ao meio ambiente e por praticarmos o individualismo grosseiro, incapaz de perceber a diferença e tratar o outro sempre como algo a ser transposto ou eliminado.

21/8/1993

Gosto de medo e sangue na boca

Mesmo no Tribunal do Júri e nos casos de legítima defesa, um dos quesitos votados é se o acusado usou os meios adequados e se não extrapolou como, por exemplo, continuando a atirar depois da evidente imobilização ou morte do agressor. A legítima defesa, afinal, não absolve os excessos. Ainda que admitindo que a PM do Pará tivesse uma ordem — desobstruir a estrada PA-150, em Eldorado de Carajás — e que houve resistência dos 1.500 sem-terra — a tiros e foiçadas —, não se justifica a morte de dezenove pessoas de uma vez e todas do outro lado.

A angústia deixada pelo massacre, entretanto, está sendo adocicada pela pieguice e entorpecendo a reflexão sobre a guerra civil que se alastra pelo campo, indiferente tanto à realidade urbana do Brasil (hoje mais de 70% da população moram nas cidades) quanto à conjuntura democrática. Taticamente, trava-se uma clássica guerra de posições e não de movimentos, como nas guerrilhas do bate-foge-e-volta. A batalha da PA-150 teve um desfecho possível num combate por trincheiras com as armas disponíveis: pedras, foices ou ronqueiras e revólveres ou metralhadoras. Ainda com o gosto do medo e o sabor de sangue na boca, como sempre, a sensação de impunidade dos ganhadores assumiu o comando da tropa e ditou a vingança.

Homens assemelhados uns aos outros pelo mesmo destino de miséria e ignorância, uns em virtude da disciplina militar, outros por confiança na "confiança militante" de seus líderes, foram alçados a personagens do conflito cruento do presente com pelo menos dois momentos do passado que também guerreiam entre si: o auge do império, que momentaneamente saiu vitorioso, e o dos programas reformistas da então ascendente burguesia nacional, que peliteava e viu frustrada a aliança com o campesinato em favor da reforma agrária na Coluna Prestes (1926-1929) e na Revolução de 30 (quando o País ainda era 70% rural). Do império restou aí o maior enclave de concentração fundiária do mundo (44% das terras cultiváveis nas mãos de 1% dos fazendeiros e os 53% de proprietários mais produtivos com apenas 2,6% da terra). Os bisnetos dos colonos que preferiram a subordinação aos "coronéis", hoje marginalizados até da condição de bóias-frias pela mecanização da agricultura, finalmente ouviram o chamado da reforma agrária, mas na versão oriental dos anos 30 e 40, maoísta, da revolução operária com o ferramental camponês e mediante o cerco das cidades pelo campo, outras "antigüidades" que ainda colorem esperanças, mas delimitam as possibilidades do futuro e gessam o presente.

27/4/1996

309 anos de pena para inglês ver?

Quase três anos depois da chacina da Candelária, em que oito meninos de rua que dormiam foram liquidados e seis feridos, a opinião pública começa a receber um princípio de satisfação. Um dos acusados, o soldado da PM Marcos Vinícius Borges Emmanuel, foi finalmente julgado e condenado. Os processos contra os outros oito suspeitos continuarão a correr e o próximo deve ser julgado daqui a três ou quatro meses. Em suaves prestações, os julgamentos individuais, na melhor das hipóteses, ocorrerão à razão de um por mês.

Embora seja réu confesso e testemunha da acusação contra os demais participantes da chacina, o PM recebeu uma pena aparentemente exemplar, de 309 anos de prisão, ou seja, cinco vidas médias de um ser humano. Os três séculos de pena, embora pelas leis brasileiras ninguém possa permanecer mais de 30 anos na cadeia, resultam da soma das penas aplicadas: 180, por seis de 30 anos, pelos seis homicídios duplamente qualificados; 100 anos por cinco penas de 20 anos por tentativa de homicídio; 24 anos por duas penas de 12, por lesões corporais seguidas de morte; 35 anos por uma lesão corporal grave. Sem dúvida, o primeiro condenado pela chacina da Candelária teve o azar de ser julgado somente uma semana após outra chacina, a dos dezenove sem-terra de Eldorado de Carajás. É claro que o julgamento não foi antecipado ou encomendado, pois a Justiça, sobretudo o Tribunal do Júri, segue um ritual rígido e prazos altamente controláveis. Entretanto, a data veio a calhar e a Justiça, desmoralizada pelas centenas de situações de impunidade, sentia-se constrangida a mostrar que existe, e tinha uma ocasião extraordinária de fazê-lo, pois a mídia internacional estava presente e disposta a abrir largas manchetes.

O banco dos réus de 30 de abril, portanto, foi suficientemente largo para receber não apenas o PM Emmanuel, mas também a memória das crianças trucidadas e a credibilidade do judiciário. Poucos acreditam que a pena é para valer, pois foi mal-fundamentada, ele vai recorrer e acabará ficando no máximo uns quinze anos na penitenciária, dela saindo com 41 anos de idade, logo, em condições de matar muitos menores de rua mais. Momentaneamente, outras "autoridades" — e não são poucas as interessadas — seduzidas pela idéia do massacre devem sentir-se ligeiramente intimidadas. A justiça, contudo, livrou a sua cara na mídia internacional, embora tenha demorado três anos — desde 23 de julho de 1993 — para mostrar o peso da sua mão e somente contra um dos nove acusados.

4/5/1996

E que tudo vá para o inferno...

Num tempo em que não valia muito a pena viver por outra coisa que não o amor, num país massacrado por uma ditadura, o cantor popular reconhecia sua impotência política e social e mandava "tudo mais" ao inferno. Mas não enviava exatamente tudo para o palácio fervente das boas intenções: mandava "tudo mais", ou seja, menos seu amor. Passados os anos de censura e da coação e restabelecido o direito de expressão, parece que os poetas, principalmente os populares, andam sem inspiração. Aparentemente, estão sem paixão ou desinteressados, como se os objetos de seus amores, como a Xuxa Meneguel, houvessem se recolhido para outro planeta e nem mesmo isso tivesse mais qualquer importância.

Nada mais está interessando o brasileiro, como se o presente tivesse se divorciado do futuro e a palavra mergulhada em processo de separação litigiosa dos fatos. "Palavras, palavras, tudo não passa de palavras", parece que a consciência nacional, enfastiada, parodia o poeta inglês. A capacidade de indignação cedeu lugar para o conformismo resignado e as denúncias gravíssimas de irregularidades e corrupção são reduzidas a "exageros da imprensa". Vivemos sob o reino da banalidade, em que as pessoas não levam mais nada a sério e estão deixando até de se levar a sério. Os salários e o trabalho foram banalizados pela sucessão de crises, as reivindicações, mesmo as legítimas, foram tornadas banalidades pelos discursos tresloucados de lideranças sem base, a educação transformou-se em coisa degradante, a saúde em doença irrecuperável, os serviços essenciais viraram supérfluos, as greves são o novo nome dos intervalos entre momentos de ociosidade e a intransigência é hoje uma gague desgastada de cinema mudo, que não provoca mais medo, raiva ou riso.

Osasco está assistindo e vivendo esse país com a mesma sensação de inutilidade. Nesta semana, um empresário dos transportes amigo deste jornal contou que chamou um dos meninos da Juco para adquirir um talão de estacionamento na Zona Azul. O garoto lhe respondeu que não precisava comprar, podendo economizar, dando-lhe, ao voltar, a famigerada "caixinha". Até as crianças transformam a corrupção, a lei de gerson, numa banalidade do dia-a-dia.

A impressão que se tem é que a banalização de tudo é tão grave que nosso povo até está perdendo a vontade de "mandar tudo pro inferno", como se nem isso tivesse mais graça. Que esperar de um momento que usufrui da liberdade, mas acha que as palavras não passam de meras palavras? Como resgatar um vínculo com o futuro sem a chama da esperança? A própria crítica da banalização pode estar sendo banalizada neste exato instante, até por você, amigo leitor. E um momento não vivido é a morte em vida, sem chance de redenção.

5/10/1991

Cadeia e democratização

A cadeia não é mais um privilégio apenas dos pobres, analfabetos e usuários de sandálias havaianas. A instituição da reclusão pode agora ser finalmente democratizada e estender sua prestação de serviços a todos os necessitados, sem preconceitos de classe ou berço. Ainda que sejam forçados a chegar aos tribunais em automóveis importados e usando apertados colarinhos brancos, as grades possivelmente já podem também servir para acolher cleptomaníacos de todos os tipos, mesmo aqueles que padecem do mal de se apropriar do dinheiro da coletividade ou simplesmente recolher comissões sobre obras públicas. Evidentemente, a terapia moral ensaiada pela Justiça brasileira na última semana ainda está longe de algo parecido com a "operação mãos limpas" italiana. Afinal, a Itália já é um país desenvolvido e eliminou os preconceitos sociais, enquanto nós ainda engatinhamos no subdesenvolvimento. Mas o Brasil ainda chega lá.

PC Farias e seus três colegas da quadrilha de Alagoas que tiveram as prisões preventivas decretadas na última semana foram apenas os primeiros de uma longa lista de merecedores da atenção especial da Justiça, com transporte gratuito pela Polícia Federal. Sem dúvida, a democratização da cadeia deve beneficiar também aos outros membros da quadrilha, inclusive seu inspirador, e torcemos para que todos, sem exceção, sejam liberados do terrível fardo de carregar nos bolsos e nos costumes o que não é seu, podendo finalmente devolver o dinheiro da coletividade aos cofres públicos.

Assim com os países devem trocar experiências, a exemplo de Itália e Brasil, também os diversos ramos da Ciência lucram quando intercambiam conhecimentos, como a Medicina e o Direito. Para conter epidemias e endemias, a Medicina, além das terapias individuais, privilegia as técnicas e procedimentos em escala, do saneamento básico à vacinação em massa, não excluindo sequer o isolamento das pessoas já infectadas. No caso da política brasileira, sabe-se que os infelizes rapazes das Alagoas não são os únicos contaminados pela síndrome da corrupção, do mandonismo e do favorecimento; na verdade, a endemia já se alastrou por quase todos os escalões, na maioria dos estados e municípios, e seu vírus tornou-se tão pernicioso e resistente que é imperioso isolar os milhares de doentes, das centenas de quadrilhas. Será que temos cadeias suficientes para garantir o atendimento adequado a tantos necessitados?

3/7/1993

Denúncia maldosa e pau da barraca

O candidato do PT à presidência da República, Luís Inácio Lula da Silva, é a bola da vez da Mania de Santa Inquisição que vira-e-mexe acomete a imprensa desde o delírio que contagiou alguns jornais a partir das matérias que, em 1992, detonaram as investigações e o *impeachment* de Fernando Collor de Mello pelo Congresso. Os jornais, contudo, não são tribunas morais e os jornalistas não são juízes. Ecoando um ano e meio depois as denúncias do economista Paulo de Tarso Venceslau, que foi secretário da Fazenda de São José dos Campos na administração do PT, Lula está sofrendo um linchamento moral por terem localizado um cheque de seu compadre Roberto Teixeira em sua conta, envolvendo a venda de um automóvel Ômega e a compra de um apartamento de cobertura em São Bernardo do Campo.

Tendo convivido com ambos, em momentos diferentes mas nas mesmas circuntâncias, a prisão, se tivesse que ficar com a palavra de um deles não vacilaria um segundo para dar mais crédito à versão de Lula, porque Paulo de Tarso padece de língua descontrolada. Certamente já tentaram seduzir Lula com muito mais e ele não se sujaria por R$ 10 mil. Além disso, os repórteres que estão fazendo a denúncia, primeiro, não fizeram os esforços que a boa técnica exigiria para ouvir os envolvidos, segundo, inexplicavelmente, não admitiram a possibilidade de Roberto Teixeira ter praticado a mais comum das omissões entre as pessoas que compram automóveis, não passando os documentos para seu nome, o que explicaria tudo.

Se a TV Bandeirantes e a *Folha de S.Paulo* estão carregando nas tintas, sobretudo porque seu trabalho de reportagem parece apressado, os dirigentes do PT também estão pisando na bola. O presidente nacional do partido, José Dirceu de Oliveira, atravessou o samba. "Se a campanha eleitoral continuar assim, a eleição perde a legitimidade e não vamos responder pelo que acontecer no país", cantarolou ele. Os articulistas da grande imprensa entenderam que Lula estaria prestes a renunciar a sua candidatura, jogando a toalha. Erraram de novo, porque a ameaça de José Dirceu, tem um conteúdo muito mais grave e menos responsável. Em verdade, ele insinuou que o partido pode passar a agir à margem da lei, na linha João Pedro Stédile (MST), puxando uma insurreição ou sublevação armada.

20/8/1998

Preguiça e denuncismo fácil

A chamada grande imprensa e uma parte importante do Congresso estão tendo um papel lastimável nos dois últimos escândalos envolvendo o governo federal — o caso de uma empresa num paraíso fiscal do Caribe e os grampos dos telefones do BNDES — revelando pouco trabalho e reduzida seriedade. Se não colocasse em segundo plano o fato de que a espionagem e a escuta telefônica são crimes, o caso dos grampos até poderia render investigações mais consistentes sobre o processo de privatização da Telebrás. A pressa de "noticiar" um escândalo e de montar uma CPI, contudo, esvaziaram a denúncia. A outra denúncia, a da empresa aberta, supostamente para a lavagem de dinheiro da corrupção, entretanto, revela os piores vícios da imprensa sensacionalista e da oposição espetaculosa.

A "empresa" caribenha envolvia o próprio presidente da República, o governador de São Paulo, o ministro da Saúde e até um morto, o ex-ministro das Comunicações, Sérgio Motta. Embora baseado em "documentos" toscos, com erros crassos de datas e cargos — que se revelariam uma grosseira fraude —, o caso rendeu sucessivas manchetes durante duas semanas e foi dado como fato pelo jornal *Folha de S.Paulo*. O próprio autor do "furo", o repórter Fernando Rodrigues, depois de dois ou três dias, começou a publicar, nas mesmas edições das acusações, artigos em que colocava em dúvida a autenticidade dos documentos em que se baseava. Se ele e a Folha não confiavam em suas fontes, e admitiam não ter feito um estudo conclusivo sobre o assunto, por que reiteraram na publicação? Por que não adotaram o cuidado mínimo de investigar melhor antes de expor a honra das principais autoridades do País, recém-legitimadas por eleições inquestionáveis? Um tipo de jornalismo talvez mais condenável do que o covarde e o subserviente aos poderosos é o sensacionalista irresponsável, que acusa independentemente de quaisquer evidências ou provas, criando fatos em causa própria.

Da mesma forma que a imprensa superficial, os deputados que misturaram os dois casos no mesmo saco e, ao invés de usar suas assessorias para investigar mais profundamente, apressaram-se em pedir CPIs, não prestaram um desserviço à verdade e à decência? Involuntária e lamentavelmente, tornaram-se instrumentos dos chantagistas que, durante a campanha, tentaram vender as fitas e os "documentos" e extorquir candidatos.

21/11/1998

A piada contra o piadista:
e se FHC ouve e renuncia?

O Real parecia numa espiral de desvalorização sem fundo e os dólares não paravam de fugir, sugerindo a bancarrota total na semana passada, enquanto o Cassino Brasil recebia os show não-ensaiados do ex-presidente Itamar Franco, do ex-prefeito de Porto Alegre Tarso Genro, até dez dias atrás o único presidenciável do PT com "cara de", e do próprio candidato bissexto a presidente Luís Inácio Lula da Silva. Enquanto o resto do País se aterrorizava com a crise, e muitos corriam aos bancos para tirar o que pudessem, as principais lideranças oposicionistas divertiam-se e procuravam a mídia para contar piadas. Genro sugeriu a renúncia pura e simples do presidente da República, interrompendo antes do primeiro mês o seu segundo mandato no governo. Com as bochechas do rosto vermelhas e a testa suada e enrugada, na sua linguagem arrevezada de fundo de fábrica, Lula apareceu na TV desafiando Fernando Henrique a "pedir as contas".

Só por hipótese, vamos admitir que Genro e Lula não estavam brincando com as desgraças do povo brasileiro. Além disso, como Lula não consegue trair as crenças de sua infância em Garanhuns, admitamos que falava tão sério que chegou a pedir a renúncia a Deus, por intermédio de são Cosme e são Damião. Para radicalizar e chegar ao cúmulo das hipóteses, vamos admitir também que os dois santos milagrosos compadeceram-se dele e intercederam junto ao Todo-poderoso e que este resolveu ceder, "fazendo" a cabeça de FHC, mas, para evitar injustiças, dando-lhe o direito de disputar, pelo voto direto, o mandato-tampão, ou seja, para governar os 3 anos e 11 meses que ainda lhe faltam. Que conjuntura se desenharia com um novo confronto eleitoral, somente quatro meses depois, novamente entre Lula e FHC?

No ringue montado no meio do Cassino Brasil, num dos cantos, Fernando Henrique, pesando o Plano Real, o Código Nacional de Trânsito e a condição de sociólogo. Até hoje, duas candidaturas e duas vitórias no primeiro turno. No outro, o desafiante, o ex-sindicalista Lula, pesando três nocautes sucessivos, os dois últimos no primeiro turno, e seu partido, o PT. Com certeza Lula tentaria socar contra a cara do presidente o desemprego, a crise, a desvalorização do Real, "a entrega do País ao FMI"; provavelmente cansado, FHC preferiria deixar Lula bater à vontade, confiando no lema do "gosto do próprio veneno" e que faturaria de novo com a falta de credibilidade das idéias e da pessoa do oponente. Quem levaria?

6/2/1998

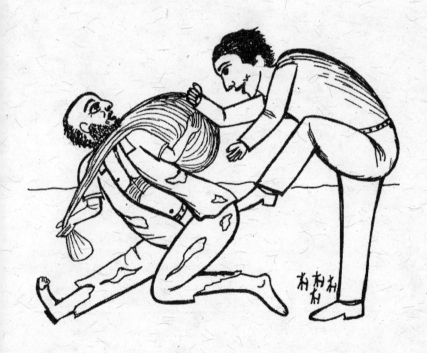

Capítulo 7
Liberdade de banho
e fim do gênero homem

Temas como o aborto, a eutanásia, a ingerência de grupos religiosos nos assuntos civis, as táticas eleitorais, o voto distrital e a revogabilidade dos mandatos são a pauta deste capítulo, constituído por parte dos textos produzidos ao longo dos últimos quinze anos.

Traições, rachas e outros lucros

" Levantai-vos, vamos! Eis que o traidor se aproxima."
Matheus, 26-46

O destino de um fabrica o do outro, o traidor e sua vítima. Sem Joaquim José da Silva Xavier, o Tiradentes, o homem que o entregou aos inimigos comuns, o famigerado Joaquim Silvério dos Reis, não passaria de um dos milhares de bate-paus anônimos que há quinhentos anos por aqui se curvam à tirania e expõem seus traseiros à repressão. Sem sua informação, Tiradentes teria sucumbido a uma doença prosaica e certamente acabaria vítima de gonorréia, enterrado como mais um arrancador de dentes em Vila Rica ou São João Del Rei. A execução na forca e o esquartejamento deram mais que um sentido trágico a sua vida e um mártir à causa da Inconfidência, bafejaram-no com a vida eterna. O maior herói da história do Brasil deve a seu traidor não apenas a sua morte e a derrota imediata, mas também a redenção de seus sonhos, seu heroísmo e a imortalidade. Com o mesmo ato com que colocou nas mãos dos torturadores e carrascos o homem que invejava, Silvério dos Reis também conquistou a própria eternidade. Enquanto houver alguém que se lembre do dentista improvisado, Silvério também será resgatado das cinzas. O prêmio pela sua delação, contudo, é também sua pena, porque ele está infinitamente condenado ao desprezo reservado aos infiéis e algozes dos seus amigos.

Embora correndo o risco de ser entregue aos inquisidores, ousaria dizer que uma relação semelhante existe entre Jesus Cristo e Judas Iscariotes, aquele que, em vez de lhe apontar o indicador, aplicou-lhe um beijo no rosto. Ao ressuscitar, três dias depois da Paixão, Cristo também o tirou do limbo e a memória de ambos caminharão unidas para sempre. Judas, por isso, está condenado a não morrer jamais e já faz 2 mil anos que anda errante por aí, materializando-se em todos os dedos-duros e meias-pessoas incapazes de levar uma amizade até o ápice do sacrifício, fadados à ruptura e à contemplação da própria incapacidade de viver com os sonhos que um dia deram sentido à sua existência. Evidentemente, ao contrário de Tiradentes, Cristo era onisciente e sabia de tudo que estava por acontecer e até poderia, mas não quis, impedir o destino abjeto que esperava por todos os traidores. Não pelo medo da morte, porque sabia que retornaria, ou da dor na cruz, mas por pura piedade aos vermes-pensantes, ele sofreu a maior de todas as angústias e quase se rebelou. " Meu pai: Se possível, afaste de mim este cálice! Todavia, não seja como eu quero, mas como Tu queres."

6/4/1996

Amizade e traição sob Capricórnio

"O objetivo do povo é mais honesto do que o dos poderosos; estes querem oprimir e aquele não ser oprimido."

"As amizades conquistadas por interesse, e não por grandeza e nobreza de caráter, são comprimidas, mas não se pode contar com elas no momento necessário." Nicolau Maquiavel, em *O príncipe*, de 1513.

Não se trata absolutamente de se divertir com o espetáculo de repentinas paixões e ódios que se desenrolam debaixo das sombras projetadas pelo sol alto e claro de outono sobre a linha imaginária de Capricórnio. Mas é preciso ser absolutamente míope para não perceber que os grandes sentimentos humanos, que formam o esqueleto do poder pelo menos desde o século XVI e Maquiavel, estão em evidente ebulição sob nossos olhos. Mal-interpretado pela carolice cínica, o sábio florentino na verdade desenhava a partir do povo e do seu permanente desejo de liberdade a origem das nações, a evolução do Estado e o sentido maior da marcha humana história afora.

De acordo com ele, "os homens esquecem mais depressa a morte do pai do que a perda do seu patrimônio". A respeito do questionamento sobre o que é mais útil ao estadista, ser temido ou amado, ele escreveu que "um príncipe sábio, amando os homens como eles querem e sendo por eles temido como ele quer, deve basear-se sobre o que é seu e não dos outros", evitando, portando, apropriar-se tanto das mulheres quantos dos bens dos outros (particulares ou públicos). Indagando-se sobre a importância maior da amizade, se dos poderosos ou do povo, Maquiavel disse que "os Estados bem organizados e os príncipes prudentes preocupam-se sempre em não reduzir os grandes ao desespero e satisfazer e contentar o povo".

Seria leviandade buscar em Maquiavel conclusões sobre quem está lucrando ou perdendo nesta estação, sob o trópico das alucinações. Entretanto, é indisfarçável a cruenta guerra de imagens entre ex-amigos e também entre ex-inimigos. Todos procuram fazer-se passar por bem-intencionados e vítimas da traição do outro e tentam simultaneamente difundir a idéia de maior coerência e respeito aos bens e ao interesse públicos. Como não existem brigas mais intermináveis que as de vizinhos, adversários mais rancorosos que os ex-aliados ou desconfianças mais sólidas que as existentes entre novos amantes, estamos diante de um processo de violenta transferência de credibilidade e de prestígio popular. Talvez só o tempo diga quem está vencendo.

30/3/1996

A liberdade de não tomar banho

Por enquanto meio fora de moda, assim como o comunismo e o socialismo, Antônio Gramsci, um dos maiores pensadores deste chacoalhado século XX, dizia que todos são filósofos e a única diferença é que os intelectuais apenas sistematizam (hierarquizam e disciplinam) as idéias correntes, acessíveis e, de alguma forma, sempre partilhadas por todos, ainda que em oposição entre si. Marcondes da Silva, menos conhecido por suas idéias no Calçadão da Antonio Agu e mais por dormir envolvido em trapos, foi mundos mais fundo do que você pode imaginar ao dizer que "não tenho nada, também não quero hora pra nada".

Nos onze anos que passou nas masmorras fascistas até morrer tossindo, Gramsci pensava que o preconceito dominante analisa a espiritualidade da pobreza a partir de sua aparência física, como se ausência de bens materiais significasse indigência mental ou não-humanidade. Ante a insistência da repórter Fernanda Primolan, para a matéria "Medo do banho faz com que alguns desabrigados prefiram o frio da rua", que não se conformava com sua teimosia, Marcondes acabou fazendo pura filosofia. Explicitou uma relação de exclusão recíproca com a sociedade: não é apenas ela que o exclui da propriedade; ele também a exclui de seus valores, de seu íntimo e do universo das suas vontades. Ela o olha com desprezo, mesmo quando estende uma mão caridosa, e ele rejeita tanto o banho como a comida quente e o cobertor numa noite de frio.

Curto e grosso, Marcondes defendeu sua opção de vida como a melhor para si próprio, rejeitando antes de os receber, reprimendas ou conselhos: "Na rua ninguém tem dono, você faz o que quiser". Mesmo sem a preocupação de etiquetar as idéias, ele revelou-se o bom marginal no sentido que Rousseau, o do Contrato Social, procurava para a origem humana e a perdida felicidade sem cercas. Talvez sentindo algum frio, mas abrigado pela coerência de quem não precisa provar nada, ele posicionou-se como um anarquista existencial certamente mais completo que os *office-boys* que aos sábados viram *punks*.

Gastar um artigo inteiro buscando o sentido de um indigente que se recusa a tomar banho talvez seja entendido por alguns como esquisitice. Pode ser e cada um tem seus motivos. Bem faz a Defesa Civil que não o esguicha. Sem querer complicar, o "outro" não é somente diferente de mim, aquilo que não sou. O "outro", para si mesmo, é um "eu", sente-se sujeito, sofre e obedece também a uma lógica. Espaço no fim, para a gente pensar junto: a exclusão da sociedade não é simultaneamente uma condenação e uma escolha?

20/7/1996

A outra face da moeda da verdade

Que seria da verdade sem a imprescindível confirmação da mentira? Ou da virtude divorciada do pecado? O jornal publicou uma matéria aparentemente brincalhona sobre uma coisa séria, o 1º de abril e as tradições que o cercam. Utilizando o humor, fomos todos convidados a uma reflexão sobre a veracidade da verdade.

Sempre que posso e algum fato não se impõe, adoro fazer especulações abstratas a partir de coisa nenhuma ou de fatos pouco significativos, como você, que às vezes dedica algum tempo a esta coluna, já deve ter percebido. Uma das razões disso é que às vezes a gente fala bem mais não se referindo especificamente a algo. No cotidiano da redação, somos constantemente cobrados e vivemos em permanente litígio com certas questões filosóficas. Não foi preciso muito tempo de profissão nem tantos anos pela curta estrada da existência para descobrir a profundidade dos axiomas segundo os quais a mentira é uma grande verdade, e a verdade, uma grande mentira. O ponto de partida de qualquer reportagem é sempre uma inverdade ou, no mínimo, uma versão, pessoal ou de grupo. A ferramenta para desbastar as versões é a busca do contraste de umas com as outras, como se nossa função fosse arrancar a casca enganosa e atingir a verdade íntima dos fatos. Entretanto, como a verdade é sempre a de cada um, ao final do garimpo de interpretações a respeito dos acontecimentos, o repórter não chega à essência dos fatos, mas somente a sua versão a respeito deles. Ou seja, a uma outra mentira, embora sejamos profissionais da verdade e vistamos nossas conclusões com as fantasias da verossimilhança. O mundo não passa, portanto, de uma magnífica arquitetura de versões, interpretações e mentiras combinadas com interesses. Os fatos são apenas pretextos, abstrações inatingíveis.

Pode parecer que estou blefando ou mangando, mas é basicamente isto que penso e venho desbastando um esforço de sinceridade depois de também ter feito meus cultos a algo acima de qualquer dúvida e de intermináveis, desgastantes e até dolorosos contatos com o indiscutível dos outros, que também existem e é igualmente "verdadeiro". Aliás tenho muito medo de quem acredita na verdade e mais ainda de quem acha que tem uma. Quem não usufrui da dúvida não reflete e a certeza justifica tudo, sobretudo a intolerância e a tortura da inquisição, do fascismo, do stalinismo e de outros ismos. Voltando à questão do fazer jornalístico, para encerrar este texto, e mais tarde voltar disfarçadamente ao tema: vivemos espremidos entre a recusa à mentira inaceitável e a busca da verdade inalcançável.

5/4/1997

Imprensa doente e notícias de aluguel

O Brasil atravessa uma crise muito maior que a econômica, que transcende em muito o governo Sarney e os governos militares que lhe antecederam. Atravessa uma crise de credibilidade, em que ninguém mais acredita em ninguém. Transformamo-nos no país dos desiludidos e dos desconfiados. Nosso povo foi por demais enganado. Ao longo dos anos, tantos se enriqueceram — e continuam enriquecendo — à custa da sua miséria, que ele tem mais que o direito — tem o dever — de ser desconfiado. Infelizmente, por esse lados do planeta Terra, corrupção e ações oficiais são sinônimos. Em grande parte, a imprensa teve um papel nas denúncias que abriram os olhos dos brasileiros para essa realidade odiosa.

Nos últimos tempos, contudo, uma coisa tem ficado a cada dia mais evidente: a própria imprensa está sucumbindo à endemia nacional e está tentando manipular a opinião pública, jogando com a boa-fé de seus leitores. Também a imprensa está moralmente enferma. O espaço dado aos candidatos a presidente da República na maior parte da chamada grande imprensa e na TV, menos que informar os leitores ou espectadores revela a clara intenção de formar sua opinião, com as mesmas técnicas com as quais se trabalha a imagem de qualquer mercadoria, como uma marca de sabão ou cigarro. Não discutimos o direito de qualquer meio de comunicação ter suas opiniões e defendê-las. Mas consideramos imoral confundir as informações (notícias objetivas) com os próprios desejos ou opiniões (que deveriam ser defendidos em editoriais ou artigos). E consideramos abominável subordinar as opiniões de um órgão de imprensa aos interesses de seu departamento comercial, escravizando a lógica da seriedade à volúpia do lucro. E isto, infelizmente, é o que vem acontecendo. Boa parte das informações hoje transmitidas podem ser definidas, sem medo, como notícias de aluguel. Alguns espaços são simplesmente comprados. Outros são negociados no jogo de favores oficiais, presentes ou futuros.

Lamentavelmente, as negociatas com a boa-fé do público não ocorrem apenas em nível nacional, mas baixam ao nível do varejo provinciano, onde um ou outro órgão de imprensa subordina todo seu "noticiário" aos interesses de meros postulantes a candidatos a simples deputados estaduais em 1990, ou simples vereadores em 1992.

Exatamente por termo-nos comprometido sempre com a liberdade de imprensa (para nós conta mais a liberdade de informação do público que a de trabalho dos jornalistas e empresas de comunicação), somos obrigados a denunciar que o vírus de endemia nacional da falta de escrúpulos está presente também na imprensa. E gritamos a nossos leitores: Desconfiem! Desconfiem de tudo o que lerem! Questionem, indaguem, reflitam. Não deixem em nossas mãos uma coisa tão importante quanto a sua própria opinião.

8/7/1989

Fim de séculos de vergonha

Com as eleições que se encerrariam ontem, 29 de abril, na África do Sul, terminaria efetivamente a mais odiosa e elaborada forma de racismo que a humanidade já conheceu, o *apartheid*, razão de vergonha para as pessoas de bem em todo o planeta. Concebido sob o pretexto do desenvolvimento em separado das raças, ele na verdade confinava as maiorias negras em guetos dentro de seu próprio território histórico, para excluí-las do progresso, da cidadania e até da sua condição humana.

O *apartheid* levou às últimas conseqüências o colonialismo europeu dos séculos passados e aprofundou as diferenças tribais entre xhosas e zulus, para promover o bem-estar em separado de uma minoria branca mesquinha, representando um crime contra a humanidade da mesma magnitude que a inquisição católica e o nazi-fascismo da primeira metade deste século. O regime segregacionista durou tanto e provocou tantos conflitos tribais entre as maiorias negras que só pode ser superado por uma democracia radical, agora imediatamente com eleições tão limpas que não deixem quaisquer dúvidas em qualquer setor da população. A ignorância totalitária do regime segregacionista, contudo, deixa suas últimas pegadas até na própria eleição final, provocando sua prorrogação por mais 24 horas. Por incrível que pareça, embora a África do Sul seja o país economicamente mais evoluído do continente africano, a conclusão da eleição teve que ser prorrogada porque não foram fabricadas cédulas suficientes, ou seja, a população adulta de raça negra, na hora H, revelou-se muito maior que as estatísticas oficiais.

A prática odiosa da segregação, entretanto, não vitimou apenas os oprimidos. Certamente deixa marcas até mais profundas na consciência culpada dos beneficiários da exploração, os africâner, que emergem de trezentos anos de colonialismo com a imagem de uma minoria racial monstruosa, que tem uma imensa dívida a saldar. O demorado sofrimento histórico de zulus, xhosas e outros grupos tribais só não se prolongou por mais tempo ainda em função do vigoroso boicote internacional ao *apartheid*, coordenado pela Organização das Nações Unidas.

Com isso, as vítimas da África do Sul legam duas grandes lições ao futuro: 1ª) apesar de precária, a democracia ainda é a melhor forma de convivência; 2ª) a comunidade internacional tem uma obrigação com a humanidade contra qualquer forma de ditadura, porque a agressão a um povo deve ser considerada imediatamente uma ofensa a todos.

30/4/1994

Pena de morte para quem?

O limite da tolerância do povo brasileiro — sociométrica e historiograficamente tido como "manso" — está prestes a se romper. Episódios como o tumulto do Largo 13, em Santo Amaro, São Paulo, e os linchamentos, infelizmente, tendem a se multiplicar. Lamentavelmente, os brasileiros estão deixando de aspirar apenas por justiça e já começam a delirar sob o sentimento da vingança, embora sem saber ainda com nitidez contra quem se vingar.

A ideologia do "somos o país do futuro", cimento que juntava a miséria e o atraso com o sonho de prosperidade coletiva e individual, desmancha-se nas filas do Inamps e com as denúncias de fraudes biliardárias do INSS; esfarinha-se nos bancos escolares, que já não mais prometem ascensão social e segurança, mas confirmam os mais pobres na ignorância e no papel de massa de manobra das elites; e pulveriza-se pela consciência de que a assistência pública à saúde está falida e que o Estado já não garante sequer o mais elementar dos direitos, o direito à vida, ainda que em estado animal. O povo brasileiro já não se conforma com a condenação perpétua à pobreza, sente-se impotente com os preços abusivos dos transportes públicos e a não-devolução do troco nos ônibus, sente-se humilhado pela prepotência de funcionários "públicos" e desespera-se com a possibilidade de encontrar um assaltante na rua ou dentro de sua residência.

Tal crise de valores constitui campo propício às manobras de demagogos e aproveitadores das angústias coletivas, que se valem de soluções tão mágicas quanto falsas, como a pena de morte para estupradores e autores de latrocínio. Fundados na crescente fobia de vingança popular, deputados até estão propondo um plebiscito para a pena de morte, na certeza de uma vitória fácil.

A pena capital, contudo, não resolverá a angústia brasileira, nem reduzirá os latrocínios e estupros, que são crimes derivados da crise institucional, moral e ideológica por que passa o Brasil, e se calcam no desemprego, nos baixos salários e na precariedade da educação e da saúde pública. Tais crimes derivam de outros, os crimes-matrizes, cometidos em larga escala e em geral impunes. São crimes-matrizes: a corrupção (exemplo: as fraudes do INSS), a utilização do Estado e dos bens públicos em proveito próprio, a utilização de uma função pública para atentar contra as instituições (exemplo: golpes de Estado), a mentira e a manipulação da opinião pública. Seria muito oportuno, portanto, que os parlamentares que propõem o plebiscito sobre a pena de morte sugerissem também que o povo decidisse para que tipos de crime ela deveria ser aplicada: se só aos estupradores e ladrões, ou para os corruptos e prevaricadores de funções públicas?

27/4/1991

Holocausto e perdão católico

54 anos depois de 6 milhões de seres humanos perderem a vida nos fornos crematórios, campos de concentração, ou fugindo da perseguição racial na Europa, a Igreja Católica finalmente veio a público e divulgou, por meio da Comissão para as Relações Religiosas com o Judaísmo, o texto intitulado *Nós nos recordamos: Reflexões sobre o Shoah* (Holocausto), reconhecendo que foi omissa e, alguns de seus setores, coniventes com o nazismo. "A Igreja Católica deseja exprimir seu pesar pelas faltas, em todas as épocas, de seus filhos e filhas. Trata-se de um ato de arrependimento." Buscando as raízes do maniqueísmo católico, o documento faz também um *mea culpa* pelo anti-semitismo de significativa parte de seus seguidores.

A hierarquia judaica, que esperava um pedido de perdão mais categórico e completo, está considerando o texto tardio, insuficiente e ainda complacente com o nazismo. Entretanto, seria pedir demais que o catolicismo fizesse uma ampla confissão enquanto muitos dos envolvidos continuam vivos e as feridas ainda estão expostas e sangrando. Meio século pode parecer muito para quem perdeu parentes, amigos ou compatriotas e torcia por uma retratação completa. Entretanto, para uma instituição grande e complexa como a maior Igreja com estrutura mundial, meio século não é nada e o papa João Paulo II novamente surpreendeu com uma atitude corajosa.

A convivência com o nazismo, contudo, não foi o primeiro desvio anti-humano e autoritário da Igreja Católica, que quase sempre se opõe ao progresso e à liberdade de outras formas de pensamento. No Brasil mesmo, embora religiosos individualmente tenham se levantado contra a ditaduta de 21 anos (1964-1985) e o próprio cardeal Paulo Evaristo Arns tenha corajosamente se solidarizado com os prisioneiros políticos, a maioria do clero preferia abençoar o "milagre" dos generais. A imagem da Igreja Católica, mais remotamente, da época da Contra-Reforma, está definitivamente comprometida pela "Santa Inquisição", a caça às "bruxas", a perseguição aos hereges e milhares de processos, como os contra Galileu Galilei, Giordano Bruno e Baruch Spinoza. A autocrítica da Igreja, sem dúvida, é importante, mas além de não ressuscitar os mortos ou mitigar a dor de quem foi torturado, ela não basta para acabar com o preconceito e a intolerância.

18/3/1998

Promiscuidade entre razão e fé

A filosofia desarmada da alma da dúvida é uma faca sem gume, assim como a fé que depende de provas racionais e, portanto, não corre riscos, é desprovida do encanto da aposta. Regida tão somente pelo rigor e pelas fronteiras da razão, a filosofia dispensa quaisquer apoios não produzidos pela dedução lógica. A teologia, ao contrário, é um esforço inteligente a partir de algumas certezas e pressupostos; sua força, por isso, vem da fé em Deus, não da prova. Isto não torna uma superior à outra, mas evidencia apenas que são independentes e que a tentativa de juntá-las é uma atitude de força. A intenção de anular a autonomia entre fé e razão, ou de subordinar a ciência à religião, inspirou a encíclica *Fides et Ratio*, lançada em outubro pelo papa João Paulo II, em comemoração ao vigésimo aniversário de seu pontificado.

Como tudo que o sumo-sacerdote faz, sua aventura intelectual ganhou destaque na imprensa mundial, como uma nova viagem heróica a terras hostis. Nas últimas semanas, por diversas vezes, pensei em escrever a respeito, mas, forçado por outros temas, só o faço agora, depois que o texto papal caiu no esquecimento da mídia. A vantagem de ter demorado alguns dias é que a espera tornou possível discordar sem o risco de ser acusado de pecado ou de crime de lesa-santidade.

Ao contrário de outras encíclicas, que representam marcos importantes na história da Igreja e do Ocidente, como a *Rerum Novarum* (de Leão XIII) e a *Pacem in Terris* (de João XXIII), a *Fides et Ratio* é um texto menor, uma incursão quase amadorística pelos 2.500 anos de história da filosofia, culminando com a proposição grosseira e promíscua de unificação de campos tão dispares, a mistura da água ao óleo. Sempre que se tenta colocar qualquer tipo de fé como o bem supremo, como no Irã dos aiatolás, rolamos para o autoritarismo e a violência. A própria história do catolicismo está repleta de exemplos de fundamentalismo, como a Santa Inquisição e as punições a Galileu Galilei e Giordano Bruno. O atual papa teve um papel importante no final da Guerra Fria e na desarrumação dos regimes corporativistas baseados na ideologia do ateísmo, a fé dos sem-deus. Entretanto, ao tratar o pensamento racional como inimigo, ele caiu na tentação de negar o livre-arbítrio, talvez o pai de todas as seduções, mas, por isso mesmo, a mais humana de todas as qualidades.

7/11/1998

Apetites e troca de ideologias

A campanha eleitoral encerrada em 3 de outubro de 1996, para quem esteve atento aos significados profundos das palavras e atitudes, recolocou em debate pelo menos duas questões essenciais: uma, a da individualidade, levantada pelos pensadores seiscentistas, outra, a da boa mentira em política, sucessivamente repensada desde a antiguidade. Embora esta série esteja provocando iras furiosas, vou prosseguir, por ter conquistado o direito de realizá-la mediante disciplinada abstenção durante a campanha. Falo hoje da boa mentira e deixo a individualidade moderna para a semana que vem.

Há situações nos embates políticos que tornam a mentira necessária ou no mínimo justificável? Para alguns, politicar sempre significou mentir e exercer o poder representa a plenitude da arte de enganar. Em situação oposta, outros consideram a mentira sempre pecaminosa e condenável, principalmente quando utilizada pelos adversários. A praticidade insular estabeleceu, em princípio, ser impossível enganar a todos o tempo todo. Entre a pequena mentira constante e o grande engodo eventual, há quem justifique as boas mentiras, sejam lendas, para induzir o povo a livrar-se de vícios ou doenças, sejam mitos ou crenças, para estimulá-lo a combater o inimigo ou manter-se livre e coeso.

Desse ponto de vista, por exemplo, como a ditadura representava a usurpação e praticava a grande mentira, contra ela se justificariam as pequenas mentiras. Quem decidiria, entretanto, a justiça do uso da mentira e forneceria a régua para separar as grandes das pequenas? Para alguns, esse poder emana sem intermediários de Deus; para outros, decorre das razões de Estado; e para outros ainda, do partido ou da sensação de que representam, ou deveriam representar, a maioria. Será que a intenção dos bons mentirosos é tão generosa que supera seus interesses?

Parece que estou pairando alto demais sobre questiúnculas municipais. Entretanto, como é a partir das pegadas que se chega ao pé e à bota, será que a mentira federal ou universal engana e agride mais que a local, ou a diferença é só de tamanho? E quem autoriza o seu uso? Se, sob a ditadura, o uso de lendas para obter uma pronta reação popular até tinha justificativas, em liberdade, numa eleiçãozinha qualquer, o que pode justificar as mentiras e as tentativas de enganar? Menos do que condenável do ponto de vista moral, a mentira revela-se uma arma incompetente e é destroçada pela resposta. A boa mentira, portanto, perde a bondade e, sob regime democrático, torna-se sobretudo desrespeitosa, grosseira e burra.

19/10/1996

O denuncismo utilitário

O eixo de algumas campanhas para prefeito não ultrapassou a pobreza temática do denuncismo, a propaganda baseada em acusações, a maioria sem provas e até sem fundamentos. As próprias plataformas de governo foram secundarizadas por alguns dos candidatos, que preferiram falar dos adversários em seus folhetos e jornais de campanha, chafurdando no ataque pessoal. Em certas situações, os denuncistas levantaram fatos sequer criminosos como se o fossem, em tom moralista, visando os adversários abaixo da cintura, tentando aniquilar sua reputação, tratando-os como bandidos e insinuando a própria alternativa como a única acima de suspeitas.

A prática do denuncismo, contudo, acabou tendo o efeito de bumerangue, pois explodiu na cara dos próprios acusadores, que deixaram de ser levados a sério pela população, marcados como maus perdedores, resultando, portanto, em propaganda ineficiente, como escrevemos no primeiro artigo desta série. Mais que o desespero momentâneo, o uso da calúnia foi revelador da ideologia efetiva dos candidatos e seus partidos. Ao transformarem a agressão pessoal em ferramenta de trabalho, eles evidenciaram que não conseguem enxergar o outro como um ser integral, também composto por emoções, sentimentos, passado e projetos de futuro, e que consideram secundárias categorias como a honra e a individualidade alheias, além do direito de defesa. A única individualidade que identificam é a própria, além da dos companheiros de ofício ou comitê, com os quais formam um conglomerado de interesses particulares, ou seja, uma corporação de apetites. A ideologia denuncista consiste, portanto, em mascarar os interesses corporativos como da coletividade, sob eles camuflando os apetites e ambições de candidatos, apoiadores e sócios; como não consegue reconhecer a autenticidade do outro, ela nega as questões da subjetividade e, em conseqüência, também não opera desde as questões da felicidade individual até os direitos civis, as questões dos consumidores e da cidadania, só as tangenciando às vezes, como, por exemplo, na defesa limitada dos direitos de parte dos humanos.

A problemática do indivíduo surgiu na filosofia e na política quase simultaneamente à formação dos Estados nacionais e, hoje, na sociedade de consumo, sofreu um novo surto, fazendo com que mesmo a condição de classe seja vivida de forma subjetiva. Quem não percebe isso, e foi o caso de várias candidaturas na Região Oeste, está atrasado e condenado ao papel de figurante menor, mesmo nos embates somente eleitorais.

26/10/1996

O uso da Justiça pelo denuncismo

Desde a eleição de 1996, há seis semanas, venho tentando dar forma a reflexões suscitadas pela campanha de alguns dos candidatos a prefeito, a respeito das técnicas utilizadas (meios) e as ideologias que as justificam (fins). Em geral, as campanhas derrotadas tiveram algo em comum: a subestimação dos programas e a diminuta divulgação de plataformas políticas. A maioria delas reduziu a divulgação dos pontos positivos a um, as pesquisas de opinião pública favoráveis, mesmo quando mentirosas e inventadas em comitê, para gerar a sensação de viabilidade e um clima, ainda que falso, de virtual vitória. No mais, os candidatos derrotados limitaram-se ao denuncismo, com o objetivo evidente, mas que não deu resultados, de desqualificar os principais adversários, com acusações de irregularidades ou até simples insinuações. As frentes de combate eleitas por eles foram basicamente três: 1) Os folhetos com a forma e a caricatura de linguagem de jornal; 2) A pressão cerrada aos jornais de verdade, para buscar eco a suas denúncias; 3) Os insistentes recursos e representações à Justiça Eleitoral, quase sempre baseados em suspeitas ou dúvidas.

A pressão aos meios de comunicação deu resultados rarefeitos, porque os repórteres precisam de provas, evidências e procuram ouvir também o outro lado, sem contar que a publicação de pesquisas falsas causou indisposição nas redações aos métodos daqueles candidatos. Os insistentes recursos à Justiça tinham o objetivo de tirar o equilíbrio dos adversários e buscar "fatos" (a abertura pura e simples de processos) que dessem sustentação à pressão sobre os jornalistas e pudessem ser usados nos jornais de campanha. A tentativa de uso do judiciário também não deu os frutos esperados, de um lado, porque as representações não forneciam indícios suficientes; de outro, porque provas (como prisões em flagrante por delitos de campanha) apareceram exatamente contra os denuncistas. Para agravar esse fato, mesmo quando processados, eles continuaram a reincidir nos mesmos crimes (o velho hábito do faça só o que eu mando).

Um simples artigo ou mesmo uma série de artigos não oferece espaço para uma radiografia ideológica dessas condutas, apenas indicações.

Como sem um judiciário isento e respeitado e sem uma imprensa séria é impraticável o confronto entre desiguais e o debate transparente de idéias, ficou claro que quem tenta uma relação utilitária com jornais e a Justiça não acredita na democracia como valor supremo.

9/11/1996

Campanha perde escrúpulo

A cinco dias das primeiras eleições diretas para presidente depois de 29 anos, a campanha perdeu seu brilho. O povo brasileiro tem razões de sobra para estar ruborizado de vergonha pela atitude de um homem que pretendia dirigir seus destinos nos próximos cinco anos e que, durante meses, esteve na liderança de todas as pesquisas. Esquecendo-se de seu programa de governo e dos graves problemas enfrentados pelo país, o candidato do PRN, Fernando Collor de Mello, aceitou entrar numa manobra suja de seu irmão Leopoldo e chafurdou no passado do candidato do PT, Luís Inácio Lula da Silva, onde encontrou uma ex-namorada e uma filha anterior a seu casamento com Marisa, a atual esposa. Mediante uma soma em dinheiro, convenceu a ex-namorada a se transformar no carro-chefe da campanha anti-Lula, fazendo com que a propaganda eleitoral descesse a níveis inferiores às mais grotescas disputas de bordel. Os lares brasileiros foram enlameados e, justamente, a consciência nacional está ferida. Além disso, o candidato do PRN deixou-se envolver pelo jornalismo marrom de Ferreira Neto e, burlando a legislação, fez propaganda ilícita e calúnias a seu adversário por duas horas na TV Record. Pelos dois fatos, foi punido pelo Tribunal Superior Eleitoral, que concedeu cinco minutos de seu tempo no horário gratuito ao PT e forçou Ferreira Neto a dedicar todo seu programa de quarta-feira ao adversário.

Ao longo da campanha, e principalmente durante o primeiro debate para o segundo turno, os dois candidatos mantiveram a disputa num nível elevado de respeito ao público e cavalheirismo. Isto não quer dizer que, em determinados momentos, a propaganda política não tenha descambado. Aconteceram brigas de rua entre militantes, agressões a jornalistas e até matérias em jornais de baixíssimo nível (aqui em Osasco mesmo, alguns "jornalistas" tentaram criar a pecha de "barbudinhos", como se a disputa se desse entre "barbudos e homens sem barba na cara"). Mas, até o dia 11, a segunda-feira vergonhosa da ex-namorada e de Ferreira Neto, os próprios candidatos não haviam se envolvido. Agora, além de envergonhada, a nação está preocupada: como alguém que desce a tanto pode pretender dirigi-la?

16/12/1989

Voto distrital e revogabilidade

O senso de humor dos brasileiros venceu uma vez mais. Em 3 de outubro, colocado entre a cruz e a caldeirinha de discursos antigos nos quais há muito já não acredita e novas conversas não correspondidas pela prática, o povo resolveu fazer uma enorme brincadeira. Subiu ao palco e tirou a roupa, tornando suas mazelas em motivo de uma zombeteira gargalhada.

O horário gratuito no rádio e TV foi transformado num show de *marketing*. A injustiça brutal na distribuição de tempo entre diferentes partidos e entre os candidatos a cargos executivos e legislativos foi encoberta pelos sons simples de musiquinhas de canto fácil, o ruído de apitos, gritos histéricos a incessante repetição de "pesquisas" de opinião. O povo foi tratado como criança por aqueles que, subestimando a inteligência infantil, tentaram ganhar sua confiança com uma guerra bisonha entre trenzinhos, corações, tucanos, cata-ventos e estrelinhas. No show de *marketing*, esqueceram-se que a platéia sabe que a política é uma coisa séria demais para ficar apenas nas mãos dos políticos e que os graves problemas nacionais, que já fizerem sucumbir tecnocratas arrogantemente civis ou fardados, não serão resolvidos do alto de picadeiros, enquanto os maiores interessados continuarem condenados a apenas rir ou chorar com os dramas e comédias dos especialistas. Por isso, o povo desligou a TV.

Foi às urnas de 3 de outubro e aprontou a maior gozação. Desconcertou a muitos, dando a impressão que é masoquista ou "mulher-de-malandro". Ressuscitou a outros, dando-lhes asas novas, mas curtas o suficiente para que não voem muito longe. E, com olhos gaiatos, fez um silêncio sepulcral às súplicas dos milhares de candidatos que imploravam seu voto.

O povo brincou porque ainda não pode ele próprio resolver com independência os agudos problemas que o afligem. A verdade profunda dos fatos sempre está um pouco mais embaixo do que acreditam os especialistas. O fato de mais da metade dos brasileiros terem preferido abster-se ou votar branco ou nulo revela que nosso povo não acredita mais na prática de seus políticos e prefere ficar surdo a ter que ouvir quaisquer discursos. A palavra perdeu o sentido. E não será resgatada apenas com novas palavras.

Infelizmente, para nosso povo, não se trocam os políticos e partidos do dia para a noite. Felizmente, para os políticos e partidos, ainda é possível resgatar um pouco da sua credibilidade, desde que adotem três medidas democráticas profundas, que dêem ao eleitor comum um papel um pouco mais significativo que o de preenchedor de cédulas: 1) a substituição do voto obrigatório pelo voto facultativo; 2) o estabelecimento do voto distrital, para que os eleitos possam ser controlados mais de perto pelos eleitores; 3) a instituição da revogabilidade permanente dos mandatos pelo qual uma parcela dos eleitores possa cancelar o mandato dos eleitos a qualquer momento, o que faria com que cada um fosse cidadão todos os dias, e não apenas de quatro em quatro anos.

13/10/1990

O voto facultativo e os candidatos sem partido

Em São Paulo, supostamente o Estado mais politizado e bem informado do País, 31,19% dos eleitores inscritos deixaram de se manifestar em 4 de outubro de 1998: 16,51% abstiveram-se, 7,53% votaram em branco e 7,15% anularam o voto para governador. Como o candidato mais votado teve 32,21% dos votos válidos, vai disputar o segundo turno pela vontade de apenas 22,17% dos eleitores; o segundo teve o apoio de somente 15,79%. Os governantes são escolhidos, portanto, sempre por uma minoria, mesmo quando a eleição é decidida no primeiro turno, como aconteceu para presidente da República.

As causas da abstenção e dos votos nulos e brancos certamente são variadas. Dentre elas há até as debilidades sócio-econômicas e culturais extremas, que transcedem às limitações do sistema eleitoral. Em parte, contudo, a fuga do voto é também uma forma de protesto contra a obrigatoriedade e um tipo de rebelião inconsciente contra a ditadura dos partidos políticos que, contrariando os princípios basilares da Constituição, nega o direito universal de votar e ser votado, restringindo o direito à cidadania plena somente aos filiados às agremiações aprovados pelas convenções partidárias.

Os dois trilhos da legislação eleitoral — a obrigatoriedade do voto e a primazia dos partidos —, além de coercitivos, não contribuem para o aperfeiçoamento da representação e comprometem a legitimidade das instituições. A instituição do voto facultativo, sem dúvida, aumentaria o interesse dos eleitores e a responsabilidade do seu voto, reduzindo o custo das eleições. O direito à livre candidatura, sem constrangimentos, não ameaçaria os partidos, que concorreriam em condições de extrema vantagem, em função de sua estrutura, contra simples cidadãos desgarrados ou representantes de entidades locais. Pelo contrário, o aumento do interesse pelas eleições teria o efeito de aumentar a representatividade dos eleitos, tornando dispensáveis os atuais micropartidos de aluguel ou conveniência conjuntural. Há treze anos defendemos neste jornal, com clareza, os princípios democráticos do voto e da candidatura livres de constrangimentos, posições que temos repetido a cada eleição e certamente seremos obrigados a retomar muitas vezes ainda, em função do espírito mesquinho das elites partidárias. Não nos cansaremos, contudo, de repetir as mesmas teses porque, ainda que vagarosamente, cremos, o sistema democrático tende ao aperfeiçoamento.

15/10/1998

O aborto e o fim do gênero homem

Mas também concordo, eu responderia a quem certamente vai objetar que pelo menos um dos artigos desta página deveria ser assinado por uma mulher. Como eu e o colega aí da direita (Luís Brandino) não podemos escapar do destino nem fugir aos compromissos de toda semana, que fazer, além de comemorar a retomada da luta pela descriminalização do aborto e temer a extinção do sexo masculino? Vamos por partes, contudo, para que fique bem claro e que se possa discordar fundamentadamente.

1) Sem levar em conta nossas diferenças etárias e de condição civil, eu e ele somos supeitos em função do gênero a que pertencemos. E estamos sujos na praça porque mentimos e traímos a outra metade da humanidade. Inclusive aqui no pedaço, como mostra a pesquisa publicada por este jornal: 56% dos osasquenses e 41% dos baruerienses mentimos na hora da conquista, 65% traímos (sempre que temos) nossas companheiras e, quando caímos em tentação, não revelamos a elas.

2) Aproveitando a deixa do Dia da Mulher, o Conselho Nacional da Condição Feminina solicitou ao presidente da República a descriminalização ao aborto. Trata-se de uma medida em favor não apenas das mulheres mas também dos homens, que visa a reafirmação da condição humana, mediante o reconhecimento ao direito do prazer independentemente da mera reprodução animal.

3) Na semana passada, pela primeira vez, foi concluída com êxito uma experiência de clonagem, na Escócia, pela qual foi obtida a réplica de um ser vivo, no caso uma ovelha, por meio da duplicação de uma de suas células, mostrando a possibilidade de preservação de qualquer espécie independentemente de cruzamento sexual entre machos e fêmeas.

Tanto o movimento pela descriminalização do aborto quanto a revolução científica que começa na genética são decorrências do progresso e da modernidade e ambas desafiam, de formas diferentes, os tabus morais e religiosos que infelicitam e fragilizam as mulheres. Apesar de tudo, quando propõem a descriminalização do aborto e, no fundo, pretendem retirar o sexo da esfera do pecado, da culpa e da punição, as mulheres estão sendo generosas e pensando também em seus companheiros. O avanço da genética, entretanto, caminha na direção contrária e indica a possibilidade de sobrevivência animal sem os machos, numa sociedade como a das lendas em torno das amazonas, que geraria uma nova espécie, somente a partir das mulheres. Sem demagogia e sem jogar para a platéia, talvez seja isso que merecemos, não apenas eu e o colega, mas todos os representantes deste gênero egoísta e violento.

8/3/1997

Quem é contra não aborta. E ponto

Num último suspiro pela passagem do Dia da Mulher, não poderia deixar de registrar algumas idéias solo a respeito do aborto. É verdade que comentei na semana passada que o direito das mulheres ao comando do próprio corpo não beneficiaria apenas a elas, mas também aos homens, por liberar o sexo e o amor da mera reprodução animal. No entanto, essa idéia acabou ofuscada pelas especulações e brincadeiras acerca da clonagem e da prescindibilidade do gênero masculino. De volta ao eixo, portanto.

Um novo projeto prevendo a descriminalização do aborto está em mãos do presidente da República, encaminhado pelo Conselho Nacional da Condição Feminina. Deixando de considerar como criminosos, suscetíveis a penas até de prisão, os profissionais de saúde que hoje trabalham em clínicas de aborto e as mulheres que os procuram, o Brasil daria um passo decisivo para o reconhecimento da legitimidade do indivíduo e de sua liberdade. Ambos passariam da esfera do crime para a legalidade, e do proibido para o permitido, mas não do obrigatório. Explico. Descriminalizando o aborto, ele poderia passar a ser realizado em condições adequadas na rede pública de saúde, beneficiando as milhões de pessoas que hoje são forçadas a recorrer a clínicas clandestinas ou parteiras amadoras, eliminando os milhões de casos de seqüelas e evitando sofrimento desnecessários. Nenhuma mulher, contudo, seria obrigada a abortar e a interrupção da gestação só poderia ser realizada sob seu consentimento expresso.

Quem é contrário ao aborto não precisa realizá-lo, nem adotar qualquer tipo de controle da natalidade, e ponto. Entretanto, as pessoas contrárias não têm legitimidade ou autoridade para impor suas crenças às demais. Os dirigentes religiosos e os pregadores de qualquer credo certamente têm o direito de difundir suas idéias e exigir a disciplina de seus seguidores, mas devem perder o poder de mandar para a cadeia quem não aceita a sua fé ou os seus dogmas. Da mesma forma que no período em que o País discutia a lei do divórcio, o sectarismo moralista vai se agitar com o objetivo de que aquilo que considera pecado continue sendo classificado também como crime. Ao descriminalizar o aborto, portanto, os deputado e senadores estarão prestando um outro serviço à liberdade e à modernidade, liberando o Estado da sujeição ao clero e separando definitivamente o sagrado do profano e a esfera secular da leiga. Não é a própria Bíblia que consagra "a César o que é de César"?

15/3/1997

A eutanásia num mundo narcisista

Uma portadora de câncer nas mamas, de 80 anos de idade, tomou barbitúrcios com xarope e um pouco de conhaque em 26 de março de 1998, no Oregon, Estados Unidos, e mergulhou imediatamente em sono profundo, no primeiro caso de aplicação da eutanásia legal no mundo contemporâneo. O Oregon é o único estado norte-americano em que a morte para interromper o sofrimento é permitida, desde que manifestamente solicitada pelo doente e a insuportabilidade da sua dor seja atestada por um médico. No Brasil, a eutanásia nem passa pelas discussões do grupo de juristas que elabora o novo Código Penal. Só dois países admitem a interrupção da vida em casos terminais, a Holanda e a Colômbia, mas eles também jamais exercitaram esse direito, em função de uma cultura narcisista, em que cada um só vê a si próprio, sem se colocar no lugar do outro. Segundo as crenças judaica e cristã, a vida a Deus pertence, sem recursos ao livre-arbítrio ou direito de autodeterminação. Ainda hoje os judeus enterram os suicidas numa parte separada e discriminada e, até bem pouco tempo, os padres católicos não podiam oficiar suas exéquias.

Ao tomar conhecimento do caso do Oregon lembrei-me de Sócrates, o filósofo que foi condenado ao suicídio em 399 a.C., defendeu-se de forma cabal da acusação de corromper a juventude ateniense e, com a maior tranqüilidade possível, antes de ingerir a cicuta, terminou seu discurso assim: "Bem, é chegada a hora de partirmos, eu para a morte, vós para a vida. Quem segue melhor rumo, se eu, se vós, é segredo para todos". Para os gregos e a maioria dos povos antigos, a morte era apenas uma das facetas da Natureza. Eles tanto aplicavam a pena máxima como admitiam o suicídio e praticavam o fim daqueles que pesavam para a sobrevivência do grupo, leia-se também da espécie. A finitude da vida só se tornou um problema desesperante depois que o homem passou a sonhar com a eternidade e começou a dominar técnicas que aumentam a longevidade. Outro dia, conversando com o secretário da Saúde de Osasco, José Miguel Spina, ele me disse que o problema da eutanásia nem se coloca para a medicina. "Nosso papel é salvar vidas". Entretanto, no ramo veterinário, quando não há mais chance de salvar a vida, o senso de humanidade decreta o estancamento rápido da dor. Se o papel dos médicos for pensado como o de mitigar o sofrimento e dar conforto físico e emocional, talvez a eutanásia não seja algo assim tão perverso.

28/3/1998

Capítulo 8
O passado contra o futuro

Estão reunidos neste capítulo alguns artigos a respeito da Justiça, cuja missão é obrigar os atores da atualidade às soluções convencionadas no passado. Os textos debatem a questão da aposentadoria privilegiada do funcionalismo, a Justiça Militar, os juízes classistas e as práticas das Juntas de Conciliação e Julgamento.

Direitos adquiridos e o passado contra o futuro

Por onze votos a zero, numa semana em que a guerra entre Judiciário e Executivo atingiu o limite da harmonia democrática, o Supremo Tribunal Federal (STF) acatou duas liminares, no último dia 30 de setembro de 1999, decretando a inconstitucionalidade da cobrança da contribuição previdenciária dos inativos e do aumento da contribuição dos altos proventos. Com uma só cajadada ruíram as reformas Administrativa e Previdenciária.

A pendenga arrasta-se indefinidamente em função da questão do teto salarial do funcionalismo; há até uma ameaça de greve de juízes, marcada para 4 de novembro, para quando uma assembléia de magistrados, no Rio Grande do Sul, à moda cutista, agendou o seu Dia Nacional de Protesto. O teto salarial, a propósito, transformou-se na mais grave ofensa aos contribuintes, pois, embora sucessivamente decidido, nunca é cumprido. O Brasil inteiro se lembra que, há um ano e meio, foi fixado um salário de R$ 8,5 mil para o Presidente da República e R$ 8 mil para deputados, senadores e juízes, entretanto, até hoje o IPMO de Osasco paga salários acima de R$ 20 mil para simples ex-assessores da Câmara. É um acinte que um povo miserável e desempregado seja assaltado por salários de 50, 60 ou 40 mil reais mensais. O argumento de sempre são os direitos adquiridos, que impedem as reformas sem as quais o Brasil não retomará o desenvolvimento, um verdadeiro atentado do passado contra o futuro, uma conspiração do estatuto contra a vida.

O vai e volta em torno do teto transformou-se numa piada tão grotesca quanto a figura dos vogais, os juízes classistas, anomalia repudiada pela unanimidade da nação; o Brasil se recorda de que até o ex-presidente Collor de Mello e seu ministro do Trabalho, Rogério "Cachorro também é gente" Magri tentaram extinguir a excrescência dos vogais. A briga sindical dos ministros é por mais dinheiro; cinco anos não há aumento para ninguém, embora o Presidente tenha concordado com um teto de R$ 10,8 mil.

Ao sepultar a reforma da Previdência, o STF condenou os contribuintes a arcar com um déficit de R$ 2,35 bilhões somente no ano que vem. E, para cobrir o privilégio adquirido das aposentadorias integrais de 750 mil servidores e o rombo de R$ 19 bilhões anuais, decretou que os demais 165 milhões de brasileiros deverão pagar R$ 112 por mês para o resto de suas vidas. Direito adquirido para alguns, escravidão imposta para os outros. E a isonomia entre os cidadãos também não é um princípio constitucional? Por que alguns são obrigados a contribuir com mais para, depois, receber menos? É por coisas assim que a legalidade às vezes é sepultada pela ilegitimidade e surgem figuras como o venezuelano Hugo Chavez na América Latina.

2/10/1999

A lógica mortal da aposentadoria

Até hoje nenhum partido, político, ex-candidato a presidente ou sindicalista (de resultados ou sem resultados) contrário à Reforma da Constituição veio a público para apresentar uma contabilidade diferente para a Previdência Social. Ninguém, amparado ou não por qualquer estudo do Dieese ou de qualquer outro instituto econômico, sequer tentou provar que as leis da aposentadoria são viáveis e podem continuar como estão. Colocando de lado o fato de que os contras, com o boicote sistemático, também estão preservando a imoralidade das aposentadorias especiais e das diferenciadas, impõe-se uma discussão que vá além da manipulação dos aposentados mais injustiçados, por sinal os mais idosos e mal-informados, enganados sob o argumento de que perderão direitos adquiridos.

Infelizmente para os entusiasmados de plantão e os enfezadinhos de ocasião, o simples exercício da lógica mostra de maneira quase cândida que os velhinhos são vítimas de seus "benfeitores" e, por paradoxal que pareça, o salário mínimo ridículo de 70 reais é conseqüência, não mais da ganância do empresariado, mas do progresso do País e do retrocesso de um certo tipo de moralidade e mentalidade. Explico em tópicos (para ficar mais fácil):

1) As condições de vida no Brasil melhoraram nos últimos cinqüenta anos e a expectativa média de vida dos brasileiros aumentou em dezessete anos (de 50 anos em 1947, para 67 anos hoje. Dados do IBGE);

2) O tempo que o trabalhador médio usufrui da aposentadoria também aumentou dezessete anos (de 3 a 4 anos na década de 50, para 20 a 21 hoje);

3) Por isso, naquela época, o sistema previdenciário tinha quatro a cinco trabalhadores pagando para um na reserva, recebendo. Hoje a proporção é de 2,3 (34,9 milhões na ativa) para 1 (15,2 milhões aposentados);

4) Com a evolução da proporção 4-5/1 para 2,3/1, o salário mínimo passou a ser determinado pelo Sistema Previdenciário, decorrente da divisão da mesma massa arrecadada por um número crescente de aposentados;

5) Por isso, há muito tempo, até *office-boys* e aprendizes de *barmen* começam ganhando mais que o mínimo que, na verdade, se tornou salário-do-aposentado. Como na lógica do escorpião, o salário mínimo transformou-se na picada mortal contra os próprios beneficiários.

Para agravar esse quadro, se continuar como está, a Previdência Social vai apresentar um déficit crescente de 3,5 bilhões de reais por ano. A divisão da massa arrecadada por mais aposentados vai continuar a reduzir a capacidade de compra do mínimo em 8 a 8,5% por ano, pois a produção e a riqueza do País não crescem por decreto, milagre ou empecilhos a mudanças na Constituição. Assim, os proventos dos jovens aposentados serão pagos pelos aposentados mais antigos e, para não serem acusados de sanguessugas de velhinhos, os anti-reformistas precisarão arrumar alguma saída para a armadilha mental em que se meteram.

1º/4/1995

Regras desiguais da aposentadoria

A noite de 17 de junho terminou em festa das oposições unidas na Câmara dos Deputados, pois, com apenas 151 votos, minoria inferior a 1/3, elas conseguiram sua segunda vitória na votação da Reforma da Previdência. Embora com 306 votos (seriam necessários 308), a maioria não conseguiu aprovar o redutor de 30% das aposentadorias dos funcionários públicos que ganham acima de R$ 1.200 por mês. Em conseqüência acabou sendo mantida também a aposentadoria especial dos magistrados e a possibilidade de servidores superiores aposentarem-se com salários maiores do que os que ganhavam na ativa; há inúmeros casos de rendimentos superiores a R$ 18.000.

Numa das demonstrações mais lamentáveis dos lobbies do corporativismo e das pressões em favor das vantagens de castas, alguns juízes, inclusive ministros do Supremo Tribunal Federal, fizeram manobras de intimidação contra a reforma. O líder do governo, Inocêncio Oliveira (PFL), chegou a acusar o próprio presidente do STF, Ilmar Galvão. "Pisou na bola ao fazer ameaças na véspera da votação (da emenda). Não tem cabimento dizer que será o caos nas eleições caso a matéria não seja alterada." Seja como for, não tem mais jeito e a conta terá que ser paga, por irônico que pareça, por Luiz Inácio Lula da Silva, o candidato a presidente do PT. É que os primeiros frutos da reforma, uma economia de 1 bilhão por ano, só começariam a aparecer daqui a três anos e, se ele ganhar a eleição...

A vitória das oposições significa a manutenção de aposentadorias médias de R$ 4.537 no Legislativo, R$ 4.368 no Judiciário e R$ 1.872 no Executivo, contra R$ 234 para os aposentados oriundos da iniciativa privada. Significa também a perpetuação do déficit de R$ 17,4 bilhões das aposentadorias do setor público, pois o Tesouro paga R$ 19,9 bilhões de proventos e a Previdência arrecada apenas R$ 2,5 bilhões dos atuais funcionários.

As oposições vão precisar agora justificar por que os trabalhadores da iniciativa privada continuam limitados a aposentadorias máximas de R$ 1.081. A pergunta é simples: por que todos pagam de acordo com o seu salário e, depois de aposentados, a lei condena os que ganham menos à miséria e concede o paraíso aos já privilegiados?

20/6/1998

Marajás devoram 22 bi da Eletrobrás em seis meses

A dinheirama obtida com a venda do sistema Telebrás, 22,058 bilhões de reais, vai virar pó em seis meses, pois representa apenas a metade do déficit anual da Previdência. O buraco do sistema está em 40 bilhões, porque a receita é de apenas R$ 9 bilhões, quase completamente decorrente dos descontos em folha dos empregados das empresas privadas, e o desembolso é de R$ 49 bilhões, cerca de R$ 42 bilhões para o custeio somente das aposentadorias do setor público. Os números são do economista Eduardo Gianetti da Fonseca, apresentados em entrevista a Bóris Casoy, pela TV Record, no último domingo, 9, e ilustram tanto o saco sem fundo em que se transformaram os privilégios do funcionalismo quanto o risco de a política de privatizações representar um sacrifício inútil.

Um dos principais pontos dos programas de todos os candidatos a presidente da República há quatro anos, incluindo Fernando Henrique, era a contenção do déficit público, o volume de gastos superior às receitas nas contas correntes. Após erradicar o déficit, segundo Gianetti, seria aconselhável a privatização, para a liquidação das dívidas. Todo o dinheiro arrecadado com a venda das estatais pode escapar pelo ralo da Previdência — mas é importante que se deixe claro que o rombo não é provocado pelos 15 milhões de aposentados do setor privado, limitados pelo teto de R$ 1.081 por mês (cerca de 14 milhões recebem um salário mínimo de R$ 130), nem pelos quase 2 milhões de barnabés, que também são vítimas do sistema. A raiz da crise da Previdência são as aposentadorias de uma minoria de 200 mil marajás, aí incluídos ex-militares, ex-juízes e ex-parlamentares, que se aposentam ganhando mais que na ativa e acumulam três ou quatro proventos diferentes.

O sistema previdenciário está falido e pode levar o País junto, mas a reforma da Previdência foi irresponsavelmente torpedeada por parte do Congresso no primeiro semestre. O corporativismo sindical fez uma campanha eficiente contra as mudanças e conseguiu atemorizar o conjunto dos aposentados, mobilizando milhares que ganham um salário mínimo em favor dos "colegas" que chegam a receber mais de R$ 30 mil por mês. Apesar das incompreensões, é inadiável recolocar o debate nacional da reforma, porque não temos estatais do tamanho da Telebrás para privatizar à razão de uma por semestre e nem a gigante Petrobrás vai nos salvar da hecatombe.

13/8/1998

Pena e ressurreição na cadeia

O traficante de drogas Uê vai ter que ressuscitar no mínimo umas três vezes e passar todas as suas vidas inteiras na cadeia para cumprir os 209 anos de prisão a que foi condenado pela justiça carioca. Possivelmente, ao condenar alguém a mais de dois séculos de reclusão, os juízes apostaram na evolução da medicina e na descoberta do elixir da vida eterna. Neste caso, porém, duzentos e tantos anos talvez seja uma pena demasiado curta, pois afinal, em termos de história natural e de milhões de anos... Não é descabido supor ainda que, face a sabedoria das leis e dos magistrados, a pena do traficante represente somente um ensaio para a inevitável evolução da engenharia genética e conte com sucessivas clonagens do bandido, para que suas réplicas saldem, enfim, sua dívida para com a sociedade.

Como nenhuma pessoa no Brasil pode permanecer mais de trinta anos na cadeia, o chefe do tráfico carioca deve ser solto lá pelo ano 2026 ou 2027 e ainda vai ter tempo de contar vantagens, como o fez o Bandido da Luz Vermelha, até que apareça algum gatilho mais rápido ou suas superioridades irritem excessivamente o anfitrião caridoso que lhe der hospedagem.

Se o ser humano, pelo menos com o atual grau de desenvolvimento da Ciência, vive no máximo oitenta e tantos anos, por que condenar a duzentos, quase sete vezes acima do máximo permitido pelas próprias leis para que alguém permaneça privado de sua liberdade? O estranho é que a chamada grande mídia deu o maior destaque para a sentença, rasgando manchetes e abrindo tempo no horário nobre, mas não vi um único artigo ou editorial chamando a atenção para o fato de que a condenação, por mais espetacular que pareça, simplesmente não será cumprida, por ser anti-natural. Dá até para questionar se, sob uma sentença tão drástica, não se esconde uma propaganda camuflada da pena de morte. Em vez de chocar e atemorizar, tal rigor não cai no descrédito e provoca risadas? Colocando as hipóteses e suposições de lado, as penas meramente ficcionais e tão despropositadas apenas ilustram o divórcio quase completo entre a lógica burocratizada da aplicação da Justiça e a lógica da própria vida. É por isso, dentre outras coisas, que o que visava a comoção acaba se transformando em piada e a credibilidade das leis anda tão baixa.

4/4/1998

Uma só Justiça para todos

É intensa a agitação entre os generais e só poderia estar ocorrendo em agosto, embora o Brasil de 1996 seja muito diferente do de 1964. Em que pesem as restrições que se possa fazer à lógica fria da concorrência e da competência, a globalização é hoje um fator de sobrevivência e impõe-se de forma irrecorrível não apenas na esfera econômica, mas também no plano político. As regras mundialmente consagradas para a convivência entre os povos na virada do século são as da democracia formal e dos regimes representativos, legitimados pelo voto. Os riscos de sucesso de um *putsh*, portanto, são mínimos, mas o começo de insubordinação subversiva é suficiente para evocar lembranças terríveis de um passado não muito distante.

Um dos pretextos para a ebulição é a discussão pelo Comitê dos Desaparecidos Políticos acerca da morte do ex-capitão Carlos Lamarca e a possibilidade de ele não ter tombado num combate limpo mas ter sido executado pelas costas enquanto dormia. Apesar da barulheira, a questão é outra. É que sobre a mesa do presidente da República aguarda sanção o projeto já aprovado pelo Congresso, que transfere para a competência da Justiça comum os crimes dolosos (intencionais) praticados por militares. Ou seja, o generalato está lutando encarniçadamente para manter um foro de julgamento privilegiado, subordinado à hierarquia castrense, como se o País estivesse em guerra.

Felizmente não estamos em guerra, não existem inimigos externos prestes a invadir nosso território e o mundo caminha para a globalização, colocando a concorrência comercial no lugar das guerras. Em situação de paz, a reivindicação de uma categoria para julgar seus próprios integrantes significa a defesa de privilégios. Para que o País supere definitivamente os traumas acumulados ao longo dos 21 anos de ditadura, até 1985, é imprescindível que as castas se desfaçam e os espíritos se desarmem. Não existe mais sentido em dividir o Brasil em duas partes inconciliáveis, a do país armado e a da nação legalista.

Para que os ânimos serenem e se busque o entendimento é fundamental o estabelecimento do princípio da universalidade da Justiça e a superação dos organismos infensos à vigilância da coletividade. Para que o Brasil ingresse no próximo século, supere os problemas temporários de desemprego e se torne grande o suficiente para abrigar e proteger todos os seus filhos, precisa estruturar e desenvolver uma só Justiça para todos, isenta e ágil, que garanta tanto a punição dos culpados quanto o direito de defesa de qualquer acusado.

3/8/1996

O juiz classista e as testemunhas

Embora não seja de bom tom falar do Judiciário, em primeiro lugar porque ele é a peça-mestra do Estado de Direito e, em segundo, por causa do risco de cutucar sensibilidades à flor da pele de gente com caneta na mão (veja-se o caso do jornal *O Debate*, de Santa Cruz do Rio Pardo), não resisto a um comentário, ainda que breve, a respeito da Justiça Trabalhista.

Pelos motivos mais óbvios, no Brasil evita-se falar de juízes e de justiça, como se a instituição e seus componentes estivessem acima do bem e do mal e da própria democracia, fiadora do direito ao debate mas que se coloca acima dele. Talvez por isso são sempre em voz baixa e em tom de sigilo os comentários a respeito das juntas de conciliação e julgamento criadas pela ditadura estado-novista e praticamente não tenha repercutido a aprovação pela Comissão de Constituição e Justiça do Senado do projeto de extinção dos juízes classistas (os populares vogais) dos Tribunas do Trabalho (TRT e TST).

A erradicação dos juízes "eleitos" pelas bases sindicais de empregadores e empregados, não apenas nos tribunais mas também nas juntas, é uma necessidade, porque a figura do vogal (leigos investidos da autoridade de julgar) é uma excrescência que, ao invés de garantir o direito das partes, reflete mais nosso atraso industrial dos anos 30 e o superado corporativismo fascista da era varguista. Esse anacronismo acabou se transformando num enorme labirinto burocrático, em que processos chegam a se arrastar por até dez anos, fazendo com que trabalhadores com pleitos legítimos sejam punidos pela lentidão e empregadores se sintam vítimas da pressão para "fechar acordo" ou cerceados em sua legítima defesa. Só para citar um exemplo, testemunhas válidas para a Justiça Criminal ou a Cível não costumam ser aceitas pela Trabalhista, sob a alegação de que seriam parciais. Entretanto, em certas situações, um amigo, um parente ou alguém de confiança são as únicas pessoas que conhecem a intimidade dos fatos. Sua desconsideração não é amputar a única possibilidade de defesa? Não é por isso que advogados induzem as testemunhas a mentir?

Para superar esse traço de injustiça da justiça, contudo, será preciso não apenas extirpar o ranço paternalista do passado, mas enfrentar uma multidão de interesses do presente e bem vivos, como o do exército de rábulas de porta de junta e dos carreiristas do sindicalismo, que vêm na figura do vogal a promoção máxima a uma aposentadoria com estabilidade e salário de magistrado.

6/11/1997

Vogais, privilégios adquiridos e saúvas

Embora a cada dia mais pareça impossível mexer na estrutura sindical, na legislação trabalhista e nas aposentadorias milionárias do serviço público, chegou no último dia 17 de novembro novamente a notícia de que a excrescência dos juízes classistas, os vogais eleitos para uma última mamata sindical, estão para ser extintos. Com os votos contrários de 75 deputados do *lobby* do corporativismo e a abstenção de outros dezenove, a mudança constitucional foi aprovada em primeira discussão; espera-se a segunda votação para dezembro; para ser promulgado, o projeto aguardará a próxima sessão conjunta do Congresso Nacional.

A figura dos vogais constitui uma aberração leiga na Justiça, uma forma de garantir rendimentos surperdimensionados a sindicalistas em fim de carreira, para majorar suas aposentadorias, a definitiva mamada nas tetas magras do erário.

Há dez anos que, de tempos em tempos, se anuncia para breve a extinção dos classistas e de outro anacronismo da estrutura trabalhista, o imposto sindical, ferramenta de espoliação da base pelos burocratas enquistados nos organismos de representação popular. Até o presidente cassado Fernando Collor e seu ministro do Trabalho Rogério Magri tentaram acabar com esses dois clones da *Carta del Lavoro* do fascismo italiano. Além de acomodar e perpetuar lideranças desacreditadas, essa estrutura sindical existe para validar uma legislação que castra os movimentos de trabalhadores e premia individualmente tanto as vítimas de injustiças quanto os oportunistas e a casta de advogados que vivem da indústria dos acordos.

No Brasil, lamentavelmente, as mazelas do passado são conservadas graças à figura dos direitos adquiridos, na verdade privilégios consagrados. Aos poucos os argumentos dos "direitos adquiridos" estão se transformando nas saúvas de que reclamava Monteiro Lobato e postulantes a vogais estão aplicando manobras para arrastar a situação até o final de 2002, pois o projeto em debate prevê o término dos mandatos dos que já tiverem sido empossados. Com base nas palavras do presidente da Associação Nacional dos Juízes Classistas, Ramon Castro Touron, "enquanto não aprovarem a emenda, não podem rasgar a Constituição", sindicalistas do Brasil inteiro organizaram uma verdadeira corrida ao bonde da alegria. Em São Paulo, no último dia 11, foram indicados 27 novos vogais à Justiça Trabalhista. Na Bahia, no último mês, as nomeações bateram na casa de 66. O fundo do tacho parece que é sempre ainda mais embaixo. Ou o Brasil acaba com as saúvas ou as saúvas acabarão com o Brasil, alertava Lobato.

20/11/1999

Por que amigo não pode testemunhar?

Pediram para eu desdobrar um assunto anterior, e vamos lá, a respeito da urgência da reforma da legislação fascista é da extinção da justiça trabalhista (juízes classistas inclusos), porque as injustiças decorrentes do exercício da justiça são as que mais doem e oprimem.

Vou citar um exemplo para que se analise a prática, que citei, de as juntas de conciliação e julgamento desconsiderarem as declarações das testemunhas que confessam francamente ter alguma relação, de parentesco ou amizade, com uma das partes. A desqualificação exatamente dos depoimentos honestos, sem investigar se a amizade induz à mentira, não significaria esforço insuficiente para buscar a verdade, calando exatamente quem supostamente mais conhece os fatos? A recusa de testemunhas pode até ser útil para forçar o acordo, mas é perniciosa para fazer justiça e pode premiar os profissionais do engodo, advogados que pré-fabricam testemunhas e declarações. Um pequeno empresário procurou-me ontem para narrar que, nesta semana, foi notificado por um oficial de justiça de que teria o prazo de 48 horas para pagar a bagatela de R$ 70 mil a um funcionário que abandonou sua empresa, num processo que se iniciou há quatro anos. Como não terá esse dinheiro, sua máquina será penhorada e ele terá que demitir os três trabalhadores que a operam hoje. O ganhador da bolada de R$ 70 mil, um belo prêmio da loteria, ganhava pouco mais que um salário mínimo mensal. Que exploração sofreu para ser ressarcido hoje em 583 salários, o que levaria 45 anos para receber trabalhando? Seu advogado argumentou que ele trabalhava sábados, domingos, natais, mais de 20 horas por dia, como quase cem em cem processos do tipo. Testemunhas? Só duas: 1) Outro ex-funcionário, que disse não ser amigo do reclamante; 2) O guarda, que mora num quarto nos fundos do prédio e é a única pessoa que tem a chave da empresa; ou seja, para que alguém entrasse para fazer hora extra, ele teria que abrir a porta. Embora ele tenha desmentido as alegações do ex-funcionário, confessou inocentemente ser grato ao empresário por lhe permitir residir no quarto. Resultados: seu depoimento foi desconsiderado; a empresa foi condenada e agora vai ter que fechar as portas.

Não vou concluir, mas indagar: Foi levantada a verdade? Ou o sentido da justiça trabalhista não é fazer Justiça, mas caridade às custas de terceiros, conforme o modelo paternalista dos ano 30?

8/11/1997

"Voluntários" que cobram direitos

Exageradamente comparada ao serviço militar obrigatório, a lei que regulamenta o serviço assistencial voluntário foi sancionada em 18 de fevereiro pelo Presidente da República. Ela permite que pessoas de qualquer idade, sobretudo estudantes, canalizem seus sentimentos altruístas em favor da comunidade, sobretudo das populações mais carentes, por intermédio das entidades credenciadas pelo projeto Comunidade Solidária, coordenado pela primeira-dama Ruth Cardoso.

A regulamentação da generosidade e da doação parece algo fora de propósito, mas foi explicada por Miguel Darci de Oliveira, conselheiro do Comunidade Solidária, como uma reivindicação das entidades filantrópicas, que estão cansadas da ação dos oportunistas da indústria das reclamações trabalhistas; algumas praticamente suspenderam suas atividades por não ter como pagar as sentenças e acordos. As entidades costumam pagar ajuda de custo às pessoas que prestam serviços voluntários mas vinham sofrendo um número crescente de processos na Justiça Trabalhista, sendo forçadas a pagar férias, décimo-terceiro salário, horas extras não trabalhadas, fundo de garantia e até as contribuições à Previdência. A lei sancionada desobriga as entidades de obrigações trabalhistas ou previdenciárias em relação aos "voluntários".

Se o ataque da indústria das reclamações atingiu proporções que levarm o governo a criar uma lei para salvar as instituições de caridade, não é difícil imaginar os transtornos pelos quais passam as pequenas empresas, que não dispõem de relógios de ponto e formas de controle mais sofisticadas, para provar, por exemplo, a não-realização de horas extras por reclamantes. O uso indevido da Justiça para levantar algum dinheiro a mais, sem dúvida, é um dos produtos do desemprego em massa e do excesso de escritórios de advocacia trabalhista, mas também decorre do detalhismo engessante da legislação específica e dos esforços para a obtenção de acordo pelas Juntas de Conciliação e Julgamento. Até para que o candidato a um emprego deixe de ser sentido como uma ameaça futura e os pequenos empresários voltem a ter coragem de contratar, impõe-se uma reformulação muito mais profunda que a doação do contrato temporário nas leis e na Justiça trabalhistas.

20/2/1998

Capítulo 9
A crise em busca de uma oposição

A curva dos índices de desemprego é ascendente desde 1982. Com a articulação da Conclat, da CUT, da CGT e da Força Sindical, no começo dos ano 80, popularizou-se a palavra de ordem "greve geral", embora nenhum movimento do tipo tenha sido realizado. As crises nascem, amadurecem e passam, sem uma solução estrutural, em função da superficialidade e do imediatismo das oposições, como é demonstrado pelos artigos selecionados, publicados a partir de 1987.

O desemprego veio para ficar?

As sucessivas notícias de demissões em massa, como a dos 565 funcionários da Braseixos, repercutem como bombas sobre a credibilidade do Plano Real. Entre maio e junho de 1995, de acordo com os dados da Carta do IBGE, o nível de emprego industrial reduziuse em 1,4%. Somente em agosto passado, conforme os dados da Fiesp e da Fecesp, a diferença entre o número de empregados demitidos e admitidos é 93 mil. Apesar do relativo controle da inflação, ao lado da questão dos sem-terra, o problema do desemprego parece ser o calcanhar-de-aquiles do Plano Real. As taxas de juro começaram a cair, principalmente em função da redução dos depósitos compulsórios sobre empréstimos de 8% para 5%, adotada na semana passada. Também em decorrência da flexibilização dos consórcios, a pior fase da recessão parece ter acabado e a economia voltou a andar. As ondas de demissões, entretanto, continuam.

Como não poderia deixar de ser, o desemprego fornece o grosso da munição aos partidários da inflação. Será, contudo, que o desemprego decorre apenas da política de juros altos? Se fosse isso, a crise de desemprego seria passageira e estaria no fim. O maior problema da Argentina, com o Plano Cavallo, é também o desemprego e, no México, só neste ano, desapareceram 1.100.000 postos de trabalho. O desemprego hoje é também o maior problema dos Estados Unidos, do Japão, da França e da Alemanha, que estão impedindo a entrada de novos imigrantes. Ou seja, menos do que um problema brasileiro ou da fase de estabilização financeira, o desemprego parece uma conseqüência inevitável do desenvolvimento tecnológico. Como em outras fases históricas, o progresso gera a redução momentânea dos postos de trabalho. Por isso, a retomada do desenvolvimento pode não bastar para conter o desemprego.

Por incrível que pareça, em função dos quinze anos seguidos de crise, desde a recessão de 1981/1982, o Brasil está mais bem-preparado que a maioria dos países para enfrentar a aparentemente inevitável tendência de queda dos empregos formais. Forçado a sobreviver aos sobressaltos econômicos e às interferências brutais do Estado, o povo brasileiro aprendeu o caminho do jeitinho e da informalidade. Hoje, enquanto o PIB (Produto Interno Bruto) está em 426,3 bilhões de dólares ao ano, calcula-se que os negócios não-registrados pelo Estado alcancem a cifra de 250 bilhões. Ou seja, 37% do produto real brasileiro vêm da economia informal. As crises, no fundo, são do Estado, e o povo tem resistido a elas migrando para a economia informal, que reequilibra as condições de subsistência. Embora pareça impossível conter a tendência de redução dos empregos formais, o país saberá como evitar o caos, via negócios e trabalhos não-tributados.

30/9/1995

Eficiência com desemprego. É por aí?

Há algum tempo já, e algumas vezes isso transbordou em outros artigos, ando carregado de dúvidas a respeito do que é melhor para as próximas gerações. Resolvi voltar ao assunto face ao desemprego alarmante e às ameaças de redução salarial, que começam a se impor por sucessivas alterações na legislação trabalhista.

Não tenho dúvidas de que a humanidade deve marchar para a frente e trilhar as sendas do progresso, da modernização e da ampliação das oportunidades, visando a criação das pré-condições para a igualdade. Os bens do conhecimento devem ser socializados e implantados na produção e na distribuição das riquezas, o que passa pela internacionalização das relações humanas em geral, vulgarmente chamadas de globalização. A informatização e a robotização, a propósito, são inelutáveis e inevitáveis. Entretanto, o progresso vem sendo acompanhado de um alheamento crescente do Estado para os problemas sociais e por uma nova ética que só enfatiza a eficiência e a competência, tornando o homem escravo do trabalho, desumanizando as relações sociais e banalizando a vida, reduzida a uma repetição enervante e cotidiana dos mesmos valores e dos mesmos procedimentos.

Será que o ponto final, ou a próxima estação da marcha para a frente, é necessariamente uma sociedade inspirada no modelo norte-americano? No tipo de acumulação acontecido no Japão, na retomada alemã do pós-guerra, ou fundada na poção milagrosa adotada pelos tigres asiáticos? Apesar das diferenças, em todos esses países há um aspecto em comum: o culto ao trabalho alienante e uma visão de felicidade baseada apenas no ganho econômico. Nos EUA, hoje, menos do que em classes sociais, as pessoas dividem-se segundo os padrões de "vencedoras" e "fracassadas", as primeiras, completamente sem graça e sem charme, disciplinadas, dedicadas e servis, as outras, mesmo que com vocações artísticas ou amantes do lazer, desprezadas e humilhadas. No Japão, apesar da abundância de bens de consumo e da possibilidade de altos salários, isso se consegue com jornadas de doze horas, sem férias, como se o mundo do trabalho fosse uma infinita guerra de extermínio. Será que é essa a felicidade que nos espera? A cada dia me indago mais se nossa cultura não tem virtudes que não somos capazes de perceber, e se não devemos buscar outras alternativas para continuar nossa caminhada, sem negar nosso passado e nossas características.

13/12/1997

O luxo de um país sem oposição

Parafraseando as palavras de ordem típicas da data na década de 80 teremos amanhã um Primeiro de Maio de luto. A chamada força de trabalho, como não acontecia há muitas crises, está massacrada pelo desemprego e pela falta de oportunidades. Os aposentados, uma vez mais, vão se sentir humilhados e ofendidos com o novo piso de R$ 130. Depois de trabalhar a vida inteira, vão ter o feriado para equacionar o desafio de pensar como é possível, com o novo salário, encher a geladeira e comprar os remédios para a hipertensão (que chegam a custar de R$ 180 a 230). Os trabalhadores da ativa, por seu lado, continuam condenados à inatividade, por uma crise de desemprego que parece incurável e, na Grande São Paulo, já passou da casa dos 18,1%, vitimando mais de 1,5 milhão de pessoas. O pior é que não há qualquer perspectiva de melhora, em função da falência do sistema previdenciário, no caso dos aposentados, das taxas de juros, decorrentes do ITB de 28%, que desencorajam os investimentos, e da inexistência de oposição ao governo e de uma alternativa não-demagógica à política econômica.

Mesmo nos tempos mais sombrios da ditadura havia um tipo de oposição no Brasil que fornecia parâmetros e inspirava o governo a fazer concessões, quando não dentro dos quadros institucionais vacilantes do MDB, pelo menos nas greves de 1968, nas organizações da resistência armada ou nas teses acadêmicas que faziam a crítica sistemática e apontavam os limites do modelo econômico. Hoje, além das gritarias e adjetivos eleitoreiros, não temos uma oposição que balize a conduta do governo, porque não existe um programa alternativo para o conjunto da sociedade e os partidos ditos de oposição perdem a maior parte do seu tempo e de sua credibilidade em questiúnculas internas. Com a convenção do Rio de Janeiro do último final de semana, a oposição mergulhou em crise terminal porque, além de se dividir, colocou o PT ante o dilema de partir isolado para o sacrifício ou baixar o centralismo, pisoteando a democracia interna e a principal marca daquela agremiação, seu basismo. Apesar das dimensões continentais, da profundidade e da complexidade de nossos problemas, somos uma nação que se dá ao luxo de viver sem oposição e cheia de chiliques, permitindo que os trabalhadores, a principal riqueza de qualquer nação, sejam dizimadas.

30/4/1998

A crise em busca de uma oposição

O desemprego voltou a subir e o presidente Fernando Henrique Cardoso (PSDB) caiu nas pesquisas, mas seu principal adversário, Luís Inácio Lula da Silva (PT), mesmo reforçado por Leonel Brizola (PDT), praticamente não subiu. O índice de desemprego na região metropolitana de São Paulo, segundo o Dieese/Seade, que adota critérios de mensuração completamente distintos do IBGE (Fundação Instituto Brasileiro de Geografia e Estatística), divulgado no último dia 20 de maio, chegou em abril último a alarmantes 18,9%. Hoje, do total de 8,72 milhões de trabalhadores da Grande São Paulo, 1,648 milhão estão na rua da amargura. Pode ser que os números do Dieese/Seade sejam exagerados, pois uma taxa de desemprego desse tamanho já teria dado pelo menos duas voltas em cima do ponto de crise insurrecional. Apesar disso, é evidente que o desemprego não cansa de bater recordes, que o número de cheques sem fundo e a inadimplência proliferam e que as pequenas e médias empresas estão no roteiro da falência, não suportando a pressão dos juros (a taxa do Banco Central, embora reduzida para 21,75%, a menor do Plano Real, continua uma das maiores do mundo).

Um dia depois da publicação da pesquisa sobre o desemprego, o instituto Vox Populi, de Belo Horizonte, divulgou pesquisa eleitoral mostrando que o presidente da República perdeu 6 pontos percentuais nas preferências da opinião pública em cinco meses, caindo de 40% em dezembro para 34% em maio. Curiosamente, segundo o instituto, nesse período, o eleitorado virtual de seu principal oponente, o líder do PT, permaneceu o mesmo, na margem de erro (que costuma ser de 3% para cima ou para baixo), variando de 24% para 25%. A queda dos níveis de emprego está sendo muito mais brusca do que a equipe governamental imaginava, mas a população, sem esperanças, não está vendo alternativas sérias ou minimamente confiáveis, o que é extremamente preocupante.

A tendência é que, a partir de agora, comece a crescer também a irritação contra a verborréia sem programa e as radicalizações inconseqüentes das invasões de terras e saques indiscriminados. Vivemos sob uma conjuntura lamentável, que poderia ser descrita como a de uma crise em busca de uma oposição confiável, pois a que temos não consegue ir além de torcer contra e festejar os percalços do adversário.

23/5/1998

Brincando de greve

"Onde é Brasil?
Que verdura é amor?
Quando te condensas, atingindo
o ponto fora do tempo e da vida?"
Do VI canto de *Lições de vida*, de Carlos Drummond de Andrade

O movimento sindical brasileiro parece ter os olhos cada vez mais estrábicos e centrados no próprio umbigo, buscando auscultar e dirigir suas próprias revoluções intestinas denunciadas por escandalosos borborigmos. E, sistematicamente, tem sofrido rotundas derrotas, desmoralizando seus supostos representados e colaborando com a oligarquia, ao impedir que a maioria do povo brasileiro, os trabalhadores, ascenda à cidadania.

As greves gerais sucessivamente marcadas com antecedência desde 1980 — e, uma depois da outra, fracassadas — começam a virar tema de galhofa, lançando no descrédito uma forma legítima de pressão dos trabalhadores. A redundância da insistente propaganda da greve geral de 12 de dezembro (contra o Plano Cruzado I), que em Osasco conseguiu minguados 30% de adesão, foi largamente superada pela "greve" do último dia 20 (contra o Plano Bresser), que não conseguiu sensibilizar 10% dos trabalhadores.

Em vez de uma greve geral, o que se assistiu em Osasco (a cidade cujo movimento de 1968 representou um berro de indignação contra a tirania e a ditadura) foram cenas de "piqueteiros" raivosos, alguns infantilmente armados com singelas bolinhas de gude, sendo presos pela polícia no centro da cidade.

Ao longo da semana, enquanto sucessivos sindicatos decidiam não participar da greve, as centrais sindicais (CUT e CGT) radicalizavam suas propostas. E, enquanto aumentava a tensão entre sindicalistas, que assumiam claramente conotações políticas (exemplo: o vereador João Paulo Cunha acusando Antônio Toschi de ser o Medeiros de Osasco, sem tentar explicar por que os metalúrgicos de São Paulo elegeram Antônio Medeiros para o maior sindicato do País), as bases mostravam-se mais alheias à propaganda da greve.

A última greve foi marcada no grito, logo após o anúncio do Plano Bresser. E deveria ter acontecido anteontem (dois meses depois), exatamente no momento em que o citado plano mostra alguns resultados positivos. Não poderia mesmo ganhar a adesão dos trabalhadores, que parecem viver num país diferente do de seus dirigentes sindicais. Para que a greve, forma de pressão mais legítima e eficaz que os trabalhadores encontraram para se defender, volte a ter crédito junto à sociedade como um todo, é imprescindível que suas lideranças deixem de brincar de greve geral de seis em seis meses.

22/8/1987

As greves de cada um

O Brasil continua sendo um país mágico e fantástico: aqui a versão continua sendo mais importante que o acontecimento, a aparência que a realidade, e a propaganda que o produto. Quanto mais distantes da realidade, as pessoas parecem ser mais servas dos próprios desejos que da observação lúcida dos acontecimentos. Quem acompanhou com um mínimo de atenção a cobertura da imprensa diária sobre a paralisação de dois dias decretada pelas centrais sindicais CUT e CGT certamente terá a impressão que o país saiu não de uma, mas de duas — ou mais — greves gerais.

A CUT e a CGT apregoam que 70% dos trabalhadores aderiram ao movimento. Já a Fiesp (Federação das Indústrias) garante que o comparecimento ao trabalho nos dias 14 e 15 de março foi da ordem de 90% a 95% e apenas entre 5% e 10% dos trabalhadores teriam feito greve — e, mesmo assim, pela ausência de transportes coletivos. O porta-voz oficial do governo para o momento, o ministro da Justiça Oscar Dias Correa — que desempenhou lamentável papel arcaico durante todos os acontecimentos — vem a público e diz com a maior desfaçatez que não houve greve geral, mas apenas pequenas paralisações onde o movimento teria sido estimulado e dirigido pelo "poder público" (leia-se: prefeituras governadas por militantes do PT e PDT).

A quem as centrais sindicais, a Fiesp e o governo acham que enganam com sua guerrilha numérica? Aos trabalhadores, que participaram da greve e podem avaliá-la ou aos que compareceram ao trabalho e viram como as empresas funcionaram? Aos empresários, que sentiram na produção os efeitos do movimento paredista? Ou a sindicatos como os de Osasco que, mais próximos da realidade, avaliaram a adesão à greve em 40%?

Um fato é inegável: ao contrário das propostas fanfarroneiras que se repetem desde 1981, pela primeira vez o Brasil viveu um clima de greve geral, embora ela não tenha sido um sucesso de mobilização.

A CUT e a CGT, sem dúvida, aprenderam a lição de que razões econômicas não são pretexto suficiente para uma greve política. E que o "choque verão", apesar da ausência de credibilidade do governo, ainda personifica parte significativa da opinião dos trabalhadores, que acreditam mais no congelamento (ou redução) dos preços que em aumentos artificiais de salários para a recuperação de sua qualidade de vida. O governo, apesar dos discursos, prontificou-se imediatamente após "o fracasso" da greve a discutir uma revisão da política salarial.

Quem perdeu ou lucrou mais com o movimento, atualmente, é o que menos importa. O que vale é que a greve foi pacífica e que a nova Constituição foi respeitada e saiu vitoriosa do confronto. Temos uma legislação que não sufoca o atrito social e garante que as forças em conflito usem armas legítimas de pressão.

18/3/1989

O grevismo, o PT e a democracia

Os dirigentes da Federação e dos Sindicatos dos Petroleiros — que decidiram manter uma greve decretada ilegal e abusiva, desafiando o Tribunal Superior do Trabalho — e alguns de seus críticos — homens da direitice política dos ex-ministros da ditadura Roberto Campos e Delfim Neto — têm pelo menos uma coisa em comum: estes acusam aqueles de bolchevismo e eles ouvem a acusação como um doce elogio e reviram os olhos sob os sonhos de revolucionários do Kronstadt e têm orgasmos de radicalizadores. Em verdade, colocando de lado tanto a imaginação mal-assombradada dos ex-ministros e hoje deputados quanto os devaneios dos sindicalistas, aos quais faz coro a CUT (Central Única dos Trabalhadores), a insubordinação dos petroleiros não ameaça as instituições ou a democracia. Por mais transtornos que possam causar às donas de casa sem gás e aos motoristas com dificuldade de abastecer seus carros, o movimento dos petroleiros não passa de uma grevezinha de no máximo 50 mil funcionários de uma estatal. Além disso, a greve está politicamente isolada, rejeitada pela opinião pública e por todos os partidos, exceto o PT, que está expondo até sua principal liderança ao descrédito público. Essa greve não é o começo de uma revolução, como gostariam os militantezinhos de chumbo, nem vai interromper o rancho sonolento dos quartéis, contrariando a torcida dos amantes extremados da ordem. Ao contrário, em poucos dias, cansada da aventura em que foi mergulhada, a base retornará ao trabalho, deixando os sindicalistas falando para o vento.

Menos do que esnucar o governo de Fernando Henrique, deter a reforma da Constituição e as privatizações, a insubmissão dos petroleiros é um sintoma do impasse em que está mergulhado o Partido dos Trabalhadores. Em 1989, logo após a derrota para Fernando Collor, o PT fez uma profunda autocrítica e redefiniu sua estratégia. Suas lideranças, o próprio Lula à frente, fizeram um intenso trabalho de propaganda, com visitas às redações (*Primeira Hora* recebeu e publicou entrevistas, dentre outros, com Luís Gushiken e José Dirceu), para dizer que a partir daquele momento, para eles, a democracia teria passado a ser um valor essencial e permanente, superior até à luta de classes. Com a presente intransigência e arrogância do PT na defesa da continuidade de uma greve considerada abusiva pela Justiça, está ficando a cada dia mais evidente que, para o partido, a democracia não é um valor essencial, mas um mero chavão de campanha. Com isso, o partido deve se desmoralizar ainda mais e perder forças nas fábricas, no comércio e nos bairros pobres, justamente entre os setores sociais mais prejudicados pelas ditaduras. O Brasil dos militares e a União Soviética da nomenklatura são os melhores exemplos disso.

20/5/1995

O corporativismo chega a seu fim?

As medidas de impacto com sentido ambíguo — que deixam os adversários sem condições de criticar e os partidários tão perplexos quanto entusiasmados — estão definindo o estilo Collor. Aparentemente, o governo se apropria das bandeiras de seus adversários, mas escolhe o momento certo para fazê-lo: exatamente quando o atendimento às reivindicações mais antigas da oposição mais pode prejudicá-las. Nesta semana, por exemplo, os sindicatos patronais se rebelaram e os de trabalhadores ficaram aturdidos quando os ministérios do Trabalho, da Economia e da Justiça deixaram escapar para a imprensa que o presidente deve enviar brevemente ao Congresso mais uma medida provisória, esta extinguindo liminarmente o famigerado imposto sindical.

Esse imposto é a pedra angular da estrutura sindical brasileira, copiada da *Carta del Lavoro* da Itália fascista de Mussolini. Por meio da cobrança compulsória de um dia de serviço contra os trabalhadores e da redistribuição da verba para os sindicatos (60%), federações (15%) e confederações (5%) — os outros 20% ficavam em poder do próprio Ministério —, o governo mantinha firmemente atreladas as entidades representativas dos trabalhadores e empresários. À sombra dessa gorda verba prosperaram desde sindicatos-fantasmas até os milhares de pelegos, pragas que corroem a autenticidade da representação e corrompem o caráter dos movimentos dos trabalhadores.

Desde o começo da década de 60, as chamadas "oposições sindicais" e os "sindicalistas autênticos" combatem o imposto sindical, que também tem sido duramente criticado por inúmeros empresários.

Neste momento, contudo, não só os milhares de pequenos sindicatos — mesmo aqueles sob o controle da CUT — como todos os sindicatos patronais dependem diretamente da arrecadação compulsória contra os trabalhadores e suas empresas. Como a política econômica do governo vinha encontrando maior oposição precisamente junto às entidades patronais e no grevismo de categorias menores ou ligadas ao serviço público, a futura medida provisória, sem dúvida, tem o objetivo imediatista de limpar o campo para o sucesso das teses de Zélia Cardoso de Mello.

A médio prazo, é certo, a independência econômica dos sindicatos provocará um acentuado fortalecimento dos movimentos dos trabalhadores. A curto prazo, contudo, ela reduzirá a pressão contra as medidas recessivas. E isto com o silêncio aturdido das forças sindicais mais combativas. É assim o estilo Collor. Resta saber se isso bastará para erradicar a praga do peleguismo e se o Estado brasileiro saberá conviver com sindicatos fortes e independentes.

1º/9/1990

Quem dorme com o corporativismo...

Após montar uma armadilha com fundo de cobras e lanças envenenadas para o Plano Real e o governo do PSDB, a própria CUT caiu nela. Como nos "contos" de Kierkgaard que o velho Karl Marx era mestre em narrar, o criador está perdendo o controle da criatura e esta se agiganta e ameaça devorá-lo. Autora da greve, por encomenda da correia de transmissão petista, a CUT (e, em conseqüência, também o PT) isolou-se da opinião pública nas filas do gás e começa a ser comida viva dentro das próprias refinarias da Petrobrás.

Detonada ainda sob o efeito da derrota eleitoral de 3 de outubro, a greve tinha o objetivo evidente de provocar a implosão do Plano Real, desmoralizando o governo. Na estratégia de gabinete, o objetivo era faturar respaldo popular com o descrédito do governo e, assim, reestruturar a frente dos contras à reforma da Constituição, brecando a privatização das estatais e mantendo os privilégios dos funcionários públicos e a não-gerenciabilidade do País dos Gérsons. A realidade, contudo, é sempre mais ampla e surpreendente que as hipóteses de laboratório e, como na crítica do craque Garrincha ao técnico Feola, os estrategistas só se esqueceram de ensaiar também os erros do adversário. O inimigo, no caso o presidente da República, não cooperou com o plano dos estrategistas e não representou o papel a ele reservado, de tucano frágil e assustado em cima do muro. Pelo contrário, endureceu e pagou para ver, roubando a bola e alterando o *script*. Em duas semanas, ao invés de revoltada com o governo, a população estava farta da greve e o TST (Tribunal Superior do Trabalho) decretaria a ilegalidade do movimento. Sem cintura, a CUT não foi capaz de imaginar outra reação que mais uma volta no torniquete da radicalização, desafiando arrogantemente a decisão judicial.

Tarde demais, só depois de empalado na própria armadilha, o PT se deu conta de que sua epopéia virara tragédia. Enquanto Lula passou a apelar a uma intervenção do STF, seu vice Rui Falcão enviava mensagens desesperadas para que a greve fosse suspensa e Jair Menghelli (deputado e ex-presidente da CUT) passava a dizer que os funcionários precisam encontrar outras formas de reivindicação menos prejudiciais à população. Intimados a pagar até a tarde de ontem, 2, uma multa de R$ 35,7 milhões (R$ 2,1 milhões cada um) ao TST, os dirigentes dos dezessete sindicatos começaram a buscar saídas "honrosas" para a greve, mas a massa radicalizada de petroleiros, que perdera o senso das conseqüências, escapou de seu controle e lança contra seus antigos líderes o grito desmoralizante de "pelegos". Quem brinca com o corporativismo das estatais está sujeito ao ditado popular sobre o sono com as crianças. Quem dorme com elas amanhece...

3/6/1995

Sindicalismo e casos de polícia

Só na última semana as delegacias de polícia de Osasco registraram dois conflitos de proporções entre facções de sindicalistas. O primeiro foi o quebra-pau generalizado na assembléia de prestação de contas dos funcionários públicos, que acabou sendo adiada. O segundo resultou na desmobilização de uma assembléia de bancários que pretendiam desmembrar-se da Capital. Lamentavelmente, esses casos não são exceções, mas a "norma" de convivência na maior parte dos sindicatos. A democracia sindical virou um artigo poluído e em extinção, com eleições, via de regra, disputadas e vencidas por cinzentas chapas únicas, assembléias iniciadas em segunda chamada, com qualquer quórum, e terminadas em pancadaria e um grevismo que prejudica sobretudo as camadas mais pobres da população, fechando hospitais e escolas da rede pública.

No passado, a questão social no Brasil era tratada como caso de polícia. A consciência limpa da nação, entretanto, encarava os sindicalistas como militantes desprendidos, capazes de sacrificar a própria vida em favor dos despossuídos. Agora, parece que os representantes da questão social travestiram-se, envergam fraque e cartola e, íntimos da violência e da ofensa, entram nas delegacias pela porta da frente, na condição de acusadores dos colegas. O que mudou da época em que a militância era fruto da abnegação à causa social para hoje, em que tantos se servem da miséria e da penúria alheias?

No caso dos funcionários, as duas facções em luta se acusam de roubos, falcatruas e venda de mandatos sindicais. Na questão dos bancários, enquanto a diretoria do Sindicato de São Paulo imprime um jornal chamando os dissidentes de "fantasmas" e "vendidos", estes acusam os dirigentes de explorar economicamente a categoria em Osasco. Parece que não existem mais diferenças políticas, de linhas de atuação, entre os sindicalistas, mas apenas discrepâncias morais e de interesses mesquinhos. O pior é que, com a democratização da vida política, a representatividade sindical transformou-se em cacife eleitoral e sindicalistas hoje postulam cargos públicos.

É urgente que a política brasileira se moralize, para que o país volte a ter alguma esperança. Se a nação já estava convencida de que não quer a remoralização das baionetas ou a volta à violência da ditadura, hoje os próprios sindicalistas, na sua prática cotidiana, começam a deixar patente que dificilmente a esperança reside nos sindicatos.

12/6/1993

O preço da alface e os sem-terra

Não adianta tergiversar, porque as idéias de modernidade, progresso e eficiência são primas irmãs. Para que a alternativa oferecida por um setor da sociedade seja viável, sua racionalidade precisa ser evidente para a maioria e esta deve convencer-se que pode viver melhor sob sua hegemonia. Só têm chão histórico as propostas concretamente capazes de significar mais conforto e progresso para as próximas gerações. Evidentemente, a esperança e a felicidade não passam apenas pelo econômico, mas as condições de existência continuam sendo o fator determinante.

Fui levado a essas reflexões pela primeira da série de matérias do repórter Marco Borba, que acompanhou a caravana osasquense para o grande *meeting* político do dia 16 de março, em apoio aos sem-terra do Pontal do Paranapanema. Sem dúvida, meu primeiro impulso, a partir do quadro de desespero e condições de vida subumanas, como o traçado por ele, é a solidariedade incondicional. O desemprego e a fome, contudo, não justificam qualquer tipo de atitude, nem revogam o esforço de compreensão. Os clássicos socialistas no passado diriam que a história não se move pela piedade, mas por pactos de interesses definidos, fundados nas condições materiais presentes e na racionalidade das utopias que elas projetam.

Confesso que não estou inteirado do problema da terra além do que tem sido noticiado pela mídia diária, mesmo porque a sociologia rural anda em recesso e os partidos políticos não têm ido além de chavões desgastados, permanecendo rigorosamente aquém das bandeiras e debates da década de 60, em que, ao invés de reforma, propunha-se a revolução agrária; em vez de pequenas propriedades, vislumbravam-se grandes fazendas coletivas como instrumentos da fartura. Vou ter que estudar para voltar ao ponto mais tarde; entretanto, para que os movimentos sem-terra — que repropõem, como nas décadas de 30 e 40, a divisão da terra — prosperem, eles precisam ter fundamento e horizontes históricos. Embora pareça pomposo, precisam provar que são viáveis porque encerram uma possibilidade efetiva de novidade e conforto para a maioria. Para ser didático: hoje, o pé de alface está sendo vendido a R$ 0,33, três pés por R$ 1,00; o quilo do feijão, nos supermercados, está até a R$ 0,78, e o do arroz, até R$ 0,55. Sem dúvida, a reforma agrária proposta pode reduzir o valor incorporado pelos intermediários. Se ela puder melhorar esses preços e, portanto, a vida de todos, tem chão histórico, se não, representa apenas um eco atormentado de sonhos já superados.

22/3/1997

Pescaria radical com os policiais

> "Agora, pra fazer sucesso,
> pra vender disco de protesto,
> todo mundo tem que reclamar.
> Eu vou tirar meu pé da estrada
> e vou também entrar nesta jogada,
> quero ver agora quem vai me aguentar (...).
>
> "Ao meu lado, o dicionário,
> cheio de palavras, que eu nunca vou usar.
> Mas agora eu também resolvi dar uma queixadinha,
> porque também sou um rapaz latino-americano
> que também sabe se lamentar."
> Trechos de *Eu também vou reclamar*, de Raul Seixas e Paulo Coelho.

O líder do MST (Movimento Sem-terra) José Rainha, e o próprio presidente nacional da CUT (Central Única dos Trabalhadores) Vicentinho Paulo da Silva, entraram de cabeça nas manifestações dos investigadores e policiais-militares. Evidentemente nenhum deles é anarquista do tipo espanhol que os republicanos procuravam desmoralizar com a piada *se hay gobierno, soy contra*, mas lideranças e ídolos petistas, embarcados somente em mais um protesto, porque é protesto. Como bons pescadores de águas turvas, eles se preocupam com os lucros imediatos, recusando-se a pensar nas conseqüências de médio prazo ou com o que arrecadarão com seus anzóis no dia em que seu partido for governo, se não puder aumentar os funcionários. Se o que vende disco é reclamar, como cantava Raul Seixas, "também vou entrar nesta jogada", "como um rapaz latino-americano"...

Em outras ocasiões comentei como causa de sua estreiteza histórica a incapacidade do PT em estabelecer alianças e disse que união se faz com quem é diferente, fazendo concessões exatamente do que é importante, para somar forças rumo a um objetivo maior. Agora, a legitimação da insubordinação das baixas patentes não significa uma aliança com um segmento diferente, encarregado da repressão e ameaçador dos direitos humanos, mas só uma tentativa de desestabilização. Não tem o chamado objetivo maior e apenas arremeda grandes equívocos do passado, como a aliança entre operários, camponeses e soldados da Revolução Russa de 1917 (que fez com que o regime se estribasse nos serviços de informação, e descambasse para o totalitarismo social-corporativista) e o movimento de cabos e sargentos de 1964. A aparente intransigência, no fundo, revela apenas afobação e ausência de programa de um partido que se conforma com as reivindicações, sacrificando o futuro no altar do presente.

O governo não vai cair por isso, ainda que tenha que ceder, mesmo porque, se for para trocar apoios com a CUT e o MST, os soldados preferirão o pão duro e a disciplina. Entretanto, o precedente da quebra da hierarquia terá conseqüências no futuro, se um dia a neoesquerda chegar ao poder, aliás como já aconteceu em tantas situações recentes, como no Chile do socialista Salvador Allende, em 1973, por exemplo.

26/7/1997

Manifestantes de aluguel e alianças oportunistas

Certamente existem pequenos produtores que estão sendo levados à falência pelos juros, e não pelas intempéries da Natureza. A maioria dos pequenos agricultores e criadores, entretanto, raramente consegue financiamento, mesmo em situações extremas, da mesma forma que os pequenos e microempresários urbanos. O protesto de caminhões e tratores que se realiza em Brasília, portanto, não é um movimento da agricultura, mas dos grandes proprietários rurais, exatamente aqueles que sempre contaram com fartas linhas de crédito. A maioria deles, como acontece no Brasil há quinhentos anos, com toda certeza levantou dinheiro muito acima de suas necessidades, remetendo dólares para o exterior e comprando automóveis e iates importados. São exatamente esses magnatas do campo que estão se utilizando das agruras de um ou outro pequeno proprietário para reivindicar para si o direito ao calote. O conjunto de itens de seus pleitos, o Proer dos grandes fazendeiros, visa a um abatimento de 60% de suas dívidas com a União.

Sensível a qualquer ruído no deserto brasiliense, o Congresso Nacional está condoído até às lágrimas com o privilégio exigido pelos latifundiários, sem perceber que eles chegaram à Capital Federal a bordo de requintados jatinhos particulares e mobilizaram manifestantes de aluguel para a concentração que atravanca a Esplanada dos Ministérios. Os antigos aliados dos sem-terra hoje andam de braços dados com os grileiros e chefes de jagunços, na confraternização entre MST e UDR (União Democrática Ruralistas).

Evidentemente os pequenos produtores que conseguiram algum empréstimo, investiram-no totalmente em máquinas e insumos, e hoje estão em dificuldades em virtude das taxas de juros, precisam ter seus problemas considerados. Entretanto, quem desviou os recursos não merece a mesma atenção. De uma forma ou de outra, as dívidas sempre são saldadas. Se não pelos devedores, por inocentes, no caso os contribuintes.

Mais consciente do que no passado, a Nação começa a exigir esclarecimentos sobre o que é feito com os recursos públicos e, desta vez, não tolerará o perdão aos aproveitadores. Quem bancou o Proer, o absurdo socorro aos bancos falidos, no fundo, não foi uma entidade abstrata chamada governo, mas os contribuintes. Como neste País, infelizmente, quem paga impostos são os pobres e os trabalhadores, a elite financeira e incompetente foi salva pelos marmiteiros e donos de botecos que morrem à míngua. No atual momento, como antes, é compreensível que os latifundiários e a aristocracia rural viciados pretendam dar mais um golpe no restante dos brasileiros. O que não dá para compreender é que a oposição de neoesquerda e a dita de esquerda tenham se tornado seus cúmplices, por mera cupidez política.

21/8/1999

A marcha a Brasília apenas dez dias depois

Quem ainda está impressionado com a Marcha dos 100 mil a Brasília? Uns diziam que eles foram mais numerosos que isso, outros que bem menos. Quem se recorda dos motivos concretos e das reivindicações apresentadas? O dia seguinte começou a colocar as coisas no lugar e a desembaralhar as idéias. Apenas dez dias depois, porque aconteceram em 26 de agosto, e apesar da intensa cobertura da imprensa e da TV, inclusive da malfalada Globo, que transmitiu *flashs* da caminhada do mais ou menos 100 mil, as lembranças começam a se perder nas brumas da memória. Sem grande exagero, estão mais vivas na lembrança pública as cenas da passeata dos cem mil, em protesto ao assassinato do estudante Edson Luiz de Lima Souto, que aconteceu no Rio de Janeiro, há 31 anos, no final de março de 1968, embora a TV tenha se omitido a respeito e as matérias dos jornais tenham sido censuradas.

Com um círculo numa foto imensa, que decora uma matéria de somente cem linhas, a revista *Veja* de 1º de setembro jogou a última pá de cal sobre a mobilização que custou mais de 2,5 milhões de reais à CUT (Central Única dos Trabalhadores). Enquanto essa entidade, mais a UNE e o MST, pediram a renúncia do presidente Fernando Henrique, e outras não assinaram qualquer manifesto — como a OAB, a ABI e a CNBB —, os partidos de oposição, PT à frente, entregaram um abaixo-assinado pedindo uma CPI para a privatização da Telebrás. Informando que no Brasil, há quatro anos, havia 600 mil celulares e que hoje eles chegam a 11 milhões, com crescimento anual de 1.800%, a *Veja* desmoralizou o último argumento das "oposições", colocando em evidência o telefone celular de Luiz Inácio Lula da Silva enquanto discursava.

No passado, a mídia eletrônica tentou, sem sucesso, diga-se de passagem, abafar manifestações como as realizadas pela diretas-já, não falando sobre elas. Agora com coberturas completas, mostrou que é possível "matar" um protesto falando abundantemente sobre ele. Não foi a imprensa, contudo, cujo dia, aliás, comemora-se no próximo 10 de setembro, que "matou" a marcha por falar demais dela, mas seus próprios líderes. Eles não mediram que 90 ou 110 mil pessoas não passam de "uma gota no oceano" de nossa população. Além disso, investiram tudo o que tinham nas técnicas de mobilização de gente, esquecendo-se de dar um sentido ao protesto e de definir um projeto de futuro para um País cansado da crise.

4/9/1999

Capítulo 10
Banalização do ensino
e futuro sombrio

Os textos publicados neste capítulo representam parte do acompanhamento crítico do autor sobre as mudanças adotadas pelo Ministério e pela Secretaria Estadual da Educação na década de 90, bem como os movimentos grevistas comandados pelo Sindicato dos Professores.

Guerra de intenções e ensino sem rumo

Com a volta às aulas, entrou em classe também o projeto batizado de escola-padrão e começou mais uma guerra de intenções. Implantada em algumas poucas unidades da rede estadual de ensino, com apenas duas semanas de existência e operando ainda sem o conjunto de meios técnicos e materiais previstos, a escola-padrão não representa mais que uma intenção de reforma. Apesar de ainda pouco conhecida, esta iniciativa já tem inimigos com argumentos aparentemente sólidos, que organizam um amplo movimento, com peças de propaganda, mobilização de professores e ações jurídicas. Os inimigos da escola-padrão são os mesmos que combatiam os Cieps do Rio de Janeiro, criticam os Ciacs e todas as tentativas de moralização do ensino público.

O campo de batalha é a infância e a juventude deste país, atormentado não só pela recessão econômica mas também pelo crescimento da delinqüência e, ainda, pelo agravamento da crise de incompetência — com sucessivas gerações de estudantes chegando ao mercado de trabalho despreparadas e jovens ingressando na vida adulta alienados da cidadania. Os horizontes nacionais a cada dia desenham-se mais estreitos e sombrios, refletindo acima de tudo um sistema educacional falido e moralmente pernicioso.

Prensados entre a impossibilidade econômica de manter os filhos em escolas particulares e o desespero de submetê-los à falência da escola pública tradicional, milhares de pais — muitos, inclusive, profissionais de ensino — correram neste começo de ano para as escolas-padrão, em busca de uma vaga. Sua esperança de uma educação decente para os filhos, entretanto, pode ser estraçalhada pelo corporativismo das entidades do professorado. Confundindo a atividade sindical com a disposição arrogante de tutoras do senso de cidadania dos professores, tais entidades podem minar a vontade e a disposição dos profissionais da educação, sem os quais qualquer intenção de reforma do ensino será natimorta.

Evidentemente, os professores integram a categoria profissional mais humilhada salarialmente desde os tempos da ditadura militar. Hoje, é lícita e justa a luta para que tenham salários decentes. Entretanto, não existe justificativa moral para vinganças que vitimam principalmente a infância e a adolescência. Ainda é cedo para julgar as intenções que estão por trás do projeto escolas-padrão, mas o Brasil já sofreu demais para saber que o imediatismo e o reducionismo corporativistas são sinônimos de atraso, subsdesenvolvimento e até de intenções escusas.

---

* Publicado em 15 de fevereiro de 1992, uma semana após o início da implantação do projeto escola-padrão pelo governo do estado que, em poucas escolas centrais inicialmente, dava autonomia aos diretores e as dotava de coordenador escolar e biblioteca, aumentava a carga horária e os salários dos professores.

Escolas ainda sem aulas

A ociosidade e o desrespeito estão se transformando nas principais matérias ministradas aos alunos das escolas públicas. Depois de três semanas da volta às aulas, desafiamos as autoridades educacionais a mostrar uma única classe nas 84 escolas de Osasco que teve todas as aulas, cujos alunos não tinham sido desrespeitados pela dispensa na porta da escola ou mais cedo. Mesmo nas oito escolas-padrão da cidade, a partir das quais o governo pretende remoralizar o ensino público, pagando melhor aos professores e implantando mais horas de aula, até hoje a tônica tem sido a dispensa dos alunos. A justificativa é que ainda não foram contratados professores em número suficiente e as faltas ao trabalho dos já contratados. Absurdo e injustificável. A cidadania paga impostos e tributos não para favorecer os eventuais ocupantes de cargos públicos ou funcionários de carreira, mas para poder dispor de serviços essenciais, como a educação. O brasileiro é um dos povos que paga mais impostos no mundo e, por isso, tem direito de exigir os melhores serviços do Estado e dos servidores públicos.

As empresas privadas regulam-se pelas leis do mercado, ou seja, as que não se adaptam às necessidades dos consumidores fracassam e são levadas à falência. Seus funcionários são obrigados à pontualidade — sofrem descontos nos salários em casos de simples atrasos —, ao empenho e à qualidade — ou são demitidos por desinteresse ou incompetência. Por que as exigências que valem para as empresas e seus dirigentes não devem valer também para o Estado e os governantes? Por que não exigir dos servidores públicos aquilo que é exigido dos demais trabalhadores?

Por mais hipócrita que possa parecer a justificativa, ouve-se que as aulas só começarão de fato depois do Carnaval, como se o atraso crônico do país pudesse esperar ainda mais, como se fosse lícito — e até charmoso — continuar enterrando a faca e matando as esperanças da infância e da juventude. Depois do Carnaval certamente se ouvirá que a vida escolar deve começar depois da Semana Santa. Em seguida, se resolverá aguardar os feriados do 1º de Maio que, afinal, é Dia do Trabalho, e depois o fim das férias de julho, pois ninguém é de ferro. No segundo semestre, as desculpas serão outras, a educação pública afundará ainda mais e a escola-padrão será motivo de piadas.

Dessa forma, o país do adiantamento, do jeitinho e do vantagismo vai se transformando no reino da irresponsabilidade. Vamos aguardar até o Carnaval passar para pensar?

22/2/1992

Educação e trabalho

Uma das mais graves conseqüências da ditadura militar foi a destruição do ensino público, pois a ditadura já acabou há sete anos e sucessivas turmas de estudantes despreparados continuam sendo lançadas na vida, incapazes de enfrentar os desafios do cotidiano profissional e os crescentes problemas de uma sociedade como a nossa. O aspecto mais grave da crise de competência e de valores que afeta o ensino público é que a maioria dos principais interessados em sua transformação — os professores, os estudantes e a comunidade — parecem conformados e até interessados em que a situação do ensino continue mergulhada na vergonha atual.

A reforma do ensino público, que começa a ser implantada pelo governo estadual através das escolas-padrão, sem sombra de dúvida, é a tentativa mais séria e consistente já tentada em São Paulo para moralizar o ensino, na medida em que aparelha as escolas, valoriza a figura do diretor, aumenta o período letivo e majora os salários dos professores. Evidentemente, a educação pública está tão deteriorada que não pode ser salva por um milagre ou pela simples intenção de eventuais governantes. Qualquer projeto para a recuperação da qualidade do ensino depende do apoio da comunidade e, sobretudo, do compromisso e da vontade de trabalhar dos alunos e dos professores. Embora o projeto possa e deva ser criticado e melhorado, a resistência a ele parece ser motivada pelos motivos mais mesquinhos, dentro das próprias escolas-padrão. Há duas semanas, alguns estudantes liderados por professores fizeram uma manifestação na vila Yara, reivindicando que o ano letivo caia de 250 dias para os antigos 180 e pedindo o fim das aulas aos sábados à tarde para os alunos do período noturno, embora pesquisas feitas pelos diretores de escola mostrem que apenas 5% dos alunos dos cursos noturnos trabalham nos sábados à tarde.

Ou seja, os adversários da escola-padrão querem trabalhar menos, esquecidos de que a educação é um trabalho, tanto para os professores quanto para os alunos, e que, como em qualquer outro trabalho, a qualidade depende de uma quantidade mínima de dedicação e empenho. Essa realidade simples foi entendida há muitos anos pelos países desenvolvidos. No Brasil, o último e mais pernicioso entulho do regime autoritário e do atraso sobrevive na educação, incrivelmente sob a forma da falta de compromisso de parte dos educadores e educandos com o futuro.

25/7/1992

Educação ou prostituição?

Ambas terminam na rima pobre do "ão", uma consonância inaceitável num título jornalístico, mas que infelizmente revela uma despudorada mancebia na triste realidade de um país de presente angustiante e, a cada dia, com menores razões para alimentar esperanças no futuro. O secretário estadual da Educação, jornalista Fernando Moraes, certamente não honrará mais seu mais bonito pronunciamento ao assumir a Secretaria: a de, ao final do governo Fleury, transferir seus filhos de uma escola particular para uma pública. Ou se tornará um pai desnaturado, pois suas crianças, como a de qualquer contribuinte, merecem algo melhor que o descompromisso, a incompetência e a ociosidade. Além de operar com instrumental limitado, em prédios em geral caindo aos pedaços, a rede estadual funciona hoje sem diretrizes pedagógicas eficientes e com professores, em sua maioria, herdados da ditadura militar, despreparados e robotizados para deseducar.

O secretário propusera-se a um gigantesco projeto, o da escola-padrão, que seria implantado aos poucos, aparelhando as escolas, aumentando a carga letiva (dos ridículos 180 dias para 250), reciclando os professores e melhorando os salários dos profissionais de ensino. As entidades classistas do professorado, entretanto, resistiram, pedindo, como sempre, mais salários e, de forma constrangedora, menos trabalho, tripudiando com o futuro de um país que teria nascido "deitado em berço esplêndido", segundo as oligarquias coloniais. Por incrível que pareça, até os canhestros grêmios estudantis, em vez de lutar pelo direito da juventude a ter acesso ao conhecimento, encarniçaram-se brigando a favor da ignorância e do despreparo, reivindicando menos aulas. O secretário, ao que tudo indica, não teve condições de insistir no seu projeto num ano eleitoral e sucumbiu. Na última semana, acabou concordando em reduzir o ano letivo de 250 para 200 dias. Baseando suas informações não se sabe em que fontes, lideranças do professorado apregoam falsamente que nos países desenvolvidos a carga horária é ainda menor que no Brasil e continuarão a reivindicar menos trabalho, pois para elas a qualidade do ensino não tem qualquer relação com a quantidade de trabalho.

Parabéns. As forças da ignorância e da ociosidade venceram mais uma vez, perpetuando o pior mal causado ao país pela ditadura de 21 anos. Resta saber até quando o contribuinte continuará calado face a tantas humilhações.

1º/8/1992

Educação exige reforma total

Há exatos 31 dias a maioria das escolas públicas do estado está sem aulas. Só em Osasco, a nova greve dos profissionais de ensino afeta em torno de 155 mil dos 170 mil estudantes. Os prejuízos são irremediáveis. Certamente, para cumprir as exigências legais do ano letivo, os dias parados serão repostos no período de férias, em dezembro e provavelmente em janeiro também. Entretanto, a reposição não restabelecerá a credibilidade da educação que, com o último movimento grevista, está definitivamente comprometida. A obra de destruição do ensino público e gratuito, iniciada pelo movimento militar de 1964, está concluída. Hoje, ninguém mais acredita na qualidade da educação oferecida pelo Estado e todas as partes envolvidas limitam-se a tentar extrair egoisticamente a última gota de seiva do paquiderme moribundo.

Depois de um mês de greve e passeatas pelas ruas centrais da Capital, os professores não conseguiram comover a comunidade. Os pais lamentam mais a falta da merenda que a de aulas. Os professores (que, se pudessem, jamais confiariam o futuro dos próprios filhos aos colegas de profissão) não mais acreditam que subirão um fio de cabelo acima do salário de miséria, ainda que obtenham reajustes superiores aos atualmente oferecidos pelo governo estadual; em conseqüência os mais preparados continuarão migrando para outras profissões e a educação será confiada cada vez mais aos mais despreparados e desinteressados. O mais grave de tudo isso é que até os alunos da rede pública não têm qualquer vontade de retornar às aulas e começam a considerar perdido o tempo de permanência na escola, a rotina escolar, um fardo inútil.

Os governantes já não acreditam que as crises do sistema educacional possam fazê-los perder votos e preferem investir em setores eleitoralmente mais vantajosos. Os sindicatos das categorias dos educadores, por seu lado, que já haviam esquecido os compromissos com a comunidade e o futuro, hoje não representam mais os interesses corporativos dos professores, mas apenas os dos próprios sindicalistas.

Evidentemente, é necessário encontrar uma solução para mais essa prolongada greve, pois, pelo menos, não é justo que as crianças fiquem sem a merenda num tempo de recessão e desemprego. Entretanto, a solução para a greve não resolverá a crise da educação. Para que os direitos da juventude e da coletividade voltem a prevalecer será imprescindível colocar o sistema de ensino de cabeça para baixo.

18/9/1993

Municipalização da educação

Decididas as datas para a revisão constitucional, é hora de começar a pensar o que é bom mudar na Carta Magna. Embora o período de apenas seis meses impeça mudanças mais profundas, é importante que se faça uma reflexão profunda e sem preconceitos dos grandes problemas enfrentados pelo País. E não é necessária uma ampla pesquisa para descobrir que o Estado tem falhado e contribuído para a infelicidade do povo sobretudo nas questões sociais, notadamente no que se refere à saúde, à educação e à segurança pública.

De muito tempo para cá, durante todas as campanhas eleitorais — de presidente a vereador —, todos os partidos vêm pregando a prioridade no social. Entretanto, nenhum governo — da direita à esquerda — tem honrado seus compromissos. A cada dia, a assistência pública à saúde torna-se mais precária. Com o passar do tempo, o medo e a insegurança vêm se tornando a regra de terror da convivência, sobretudo nas grandes cidades. E a educação, um direito do cidadão e obrigatória pela Constituição, está se transformando numa ofensa às crianças e ao futuro do país. Sem entrar no mérito das vontades políticas dos sucessivos governantes, é evidente que a centralização das decisões e dos recursos nas mãos do governo estadual e, sobretudo, do federal constituem o grande entrave a qualquer prioridade ao social. Além disso, a centralização gerou mastodônticas máquinas burocráticas, simplesmente ingovernáveis. As gravíssimas questões sociais só terão encaminhamento quando a saúde, a educação e a segurança forem completamente municipalizadas.

No dia-a-dia de Osasco, como também ocorre em outras cidades, vimos observando animosidades crescentes entre a Guarda Municipal e a Polícia Militar, freqüentes desavenças desta com a Polícia Civil, e um distanciamento da última em relação à Promotoria. Não seria o caso de juntar todas essas instituições numa única, colocando-as no âmbito do poder municipal, o mais sensível à fiscalização e controle da população? Da mesma forma, o sistema estadual da educação transformou-se num paquiderme moribundo, inerme, ingovernável e sem perspectivas de recuperação. Como já afirmamos tantas outras vezes, a única esperança para as próximas gerações é a colocação da educação de cabeça para baixo. Sem atentar contra o princípio do ensino gratuito e do controle público, não seria o caso de municipalizar todo o sistema educacional, sem temer, inclusive, sua privatização se isto melhorar sua eficiência?

2/10/1993

De volta a um país sem futuro

Depois de 79 dias de paralisação, e contra os desejos da diretoria de seu sindicato, a Apeoesp, os professores decidiram retornar ao trabalho. Como as aulas só se normalizarão em 10 de novembro, as escolas tiveram sua rotina prejudicada por 83 dias corridos. Lamentavelmente, a maioria dos professores retorna descontente e com a sensação de derrota, pois a maior parte de suas reivindicações não foi atendida.

Os salários de fome recebidos pelo professorado são uma ofensa ao bom senso, como reiteramos outras vezes. Entretanto, a greve provocou a redução do ano letivo de 200 para 180 dias nas escolas-padrão e não é mais possível repor sequer este calendário pífio até o final de dezembro e durante o mês de janeiro. Além disso, o que se pode esperar de um paquiderme moribundo como o sistema educacional, em que os alunos já se acostumaram a viver sem aulas e em que os professores retornam com a sensação de derrota ao trabalho e revoltados com um salário aviltante?

O braço de ferro de quase três meses não teve vitoriosos. Só derrotados. Perdeu uma elite sindical que pensava mais nos seus interesses político-eleitorais do que nos interesses legítimos de 220 mil professores. Foi batido um governo que não soube negociar e viu naufragar suas escassas políticas educacionais, como o projeto escola-padrão. E, sobretudo, vítimas sem direito de lutar, perderam os 6,5 milhões estudantes da rede pública, a quem foi negado o direito à escola e é vedado um lugar no futuro, eternos perdedores desavisados dos braços de ferro da deseducação oficial.

Pura e simplesmente falando: não dá mais. A rede pública de ensino, que primava pela ineficiência, pelo autoritarismo e pela arbitrariedade, tornou-se inadministrável. Presta hoje um desserviço à juventude e ao futuro do País. Como abutres insaciáveis, correntes políticas de todas as tendências abatem-se sobre a juventude, com vistas apenas às próximas eleições. A educação precisa sair da esfera de influência dos interesses partidários e passar a gravitar em torno do controle direto da comunidade. Evidentemente, os pais precisam sair da apatia e tomar dos governos, partidos e sindicatos a responsabilidade pela educação dos seus filhos. Para isso, é inadiável, primeiro, a municipalização da educação (com repassagem dos recursos) e, segundo, a transformação de cada escola em fundação, sob controle majoritário de pais e alunos, mas com a participação de professores, funcionários, governo e outros setores da comunidade.

6/11/1993

Educação precisa de uma revolução

A prioridade anunciada pelo presidente Fernando Henrique para o Primeiro Grau no dia 7 de fevereiro só se efetivará se as autoridades educacionais puderem contar com os governos estaduais e municipais e tiverem apoios da indústria, do comércio, do movimento sindical e, sobretudo, os pais e alunos se mobilizarem numa campanha pela democratização do ensino e pela remoralização da escola pública. Na verdade, o acesso de toda a população ao saber só acontecerá mediante a derrubada de interesses conservadores arraigados nas elites políticas, entre os técnicos que dirigem os organismos educacionais, nos sindicatos das categorias profissionais, que utilizam os professores como trampolins políticos, e entre os próprios professores e educadores, em geral malpagos, é verdade, mas, em sua maioria, também despreparados e desinteressados. A remoralização do ensino dependerá ainda de uma cuidadosa desmontagem dos arcabouços legais que protegem e mancomunam a burocracia enquistada no Estado com os setores corporativistas, pois os atingidos pela revolução na educação tentarão manter seus privilégios e/ou sua acomodação na Justiça.

Ainda mais: a mudança do sistema educacional não poderá contar com muito dinheiro, porque os órgãos oficiais da área, só em salários, já consomem mais que os valores previstos pela Constituição. Por isso, as idéias enunciadas pelo Presidente, que provocaram manifestações jocosas de sindicalistas e "autoridades pedagógicas", embora possam parecer simples, são brilhantes. Ele pretende que cada uma das 194 mil escolas da rede seja dotada de uma antena parabólica, um aparelho de videocassete e, pelo menos, um aparelho de TV. Com isto, todas as escolas seriam ligadas ao Ministério da Educação por dois satélites e, pelo sistema de ensino a distância, poderia providenciar a reciclagem do magistério e dirigir o ensino de cada matéria, em cada série. Parece um truísmo mas, com isso, os alunos poderiam contar com monitores até malpreparados, que aprenderiam junto com eles. Em contrapartida, os grandes professores, que hoje ensinam para quarenta alunos, poderiam passar a lecionar para milhões, como âncoras ou estrelas de TV, assessorados por equipes de especialistas, desenhistas, músicos, editores (para a preparação de apostilas) etc. Essa equipe poderia ser muito bem-remunerada e a educação seria completamente reestruturada até em cada escola, onde os raros professores qualificados poderiam ser reaproveitados em novas funções, evidentemente com salários à altura. Igualmente importante, o ensino a distância daria objetividade e transparência aos conteúdos curriculares, como já acontece hoje, por exemplo, na Fundação Bradesco, dando condições aos pais e alunos de controlar o processo de transmissão de conhecimentos.

11/2/1995

Escola, palco do prosaico

A nova greve de professores, iniciada há quinze dias, dá também motivo para o começo de uma reflexão filosófica e ideológica sobre os efeitos dos últimos dezessete anos, com pelo menos uma greve na rede pública por ano e os professores ganhando hoje menos do que em 1978.

Greve já não é uma palavra que causa comoções nos pátios das escolas e nem atrai mais a repressão da PM, embora atinja um setor outrora considerado essencial da sociedade. Pelo contrário, greve de professores hoje faz parte da rotina escolar. Os alunos estão tão bem informados quanto os professores sobre as datas de seus movimentos e, enquanto os do período da manhã aproveitam para dormir um pouco mais e ver desenho na TV, os da tarde praticam *skate* e os da noite começam a acompanhar novelas. Ninguém mais lamenta a perda de "ensinamentos". Os pais de alunos "politizados" já não se mobilizam em favor dos professores grevistas e os "cidadãos" não se revoltam mais com o desrespeito aos direitos dos filhos em receber educação. As greves de professores caíram na rotina empoeirada do corporativismo e do burocratismo e se tornaram tão maçantes quanto as intermináveis negociações de cartas marcadas com o governo. Em termos crus, os movimentos salariais dos professores se banalizaram. Ou seja, viraram tão corriqueiros que o governo não está preocupado se esta greve durará duas semanas, 80 dias, como em 1989, ou 79, como em 1993.

As greves já fazem parte do cenário da rede pública tanto quanto o quadro negro e o giz. Enfastiada, a maioria dos professores competentes migrou para a rede particular ou trocou de profissão. Da mesma forma, os pais das classes altas e médias transferiram seus filhos para as escolas particulares. Em conseqüência, o ensino público ficou reduzido a alunos pobres e professores despreparados, a maioria contratados a título precário, estes sem presente e aqueles sem futuro.

O efeito mais dramático da rotinização da miséria e do grevismo foi a queda do magistério e do ensino também na vala da banalidade. Há trinta anos, os salários dos professores também não eram tão altos, embora fossem melhores que hoje, mas o magistério era respeitado como um exército profissional quase sagrado. O salário inferior ao dos médicos e engenheiros, por exemplo, dava aos professores o ar de mártires do progresso e do humanismo. Os pais, mesmo os mais pobres, depositavam nos professores a esperança de que os filhos teriam um futuro seguro. Hoje, a cada dia de ensino de baixa qualidade e de greve, infelizmente, decresce o respeito da população ao ensino público, à categoria dos professores e à própria educação. Estamos caindo no reino do prosaico, sem sonhos, esperanças ou grandes revoltas.

8/4/1995

Quem perde com a banalização?

Enquanto a atual greve dos professores continua, depois de completar 22 dias de impasse, agora secundada pela paralisação dos funcionários da saúde, aproveito para propor mais uma reflexão sobre o significado desses movimentos.

Como se sabe, antes de qualquer coisa, ideologia significa sistema de idéias, conjunto social integrado de signos e significados, ou seja, conceitos e pré-conceitos de uma determinada época. Além disso, as ideologias de classe significam os pontos de vista de cada classe social, em luta, no campo geral das idéias. Então, do ponto de vista primitivo de ideologia, gostaria de levantar uma questão de fundo que talvez ajude a compreender o crescente impasse dos movimentos grevistas dos professores: Qual a repercussão dos dezessete anos e dezenas de greves dos professores sobre a imagem da categoria?

Não é segredo para ninguém que, ao longo dos últimos dezessete anos, para legitimar suas reivindicações, os sindicatos representativos do magistério primeiro tentaram obter a solidariedade dos pais e, depois, a cumplicidade dos alunos. Para fazer isso, um grande número de professores, de forma desordenada, passou a utilizar o tempo de aula para falar de suas reivindicações, informar seu salário e suas condições de vida aos alunos. Ou seja, embora de maneira informal, as condições de vida do professorado passaram a fazer parte crescente do currículo. Sem dúvida, no início, as comunicações dos professores chocavam, depois passaram a ser recebidas de forma crescentemente natural e, hoje, provavelmente não causam mais efeito, porque se banalizaram. Voltando à questão original: depois de dezessete anos ouvindo os professores falar sobre suas próprias misérias, qual o conceito dos alunos sobre as pessoas que se dedicam ao ensino? Informados também de que o nível do ensino estadual não parou de cair, qual a imagem dos pais acerca dos profissionais do magistério? E os professores, antes orgulhosos, que idéia fazem hoje de sua categoria?

A repetição das mesmas informações, inicialmente, faz com que elas se difundam. Depois, contudo, por mais graves e escandalosos que sejam os fatos, ela os banaliza, tornando-os incapazes de causar espanto ou indignação. Em seguida, a repetição soa a coisa gasta e passa a enjoar a quem ouve.

Depois de dezessete anos e dezenas de greves, com os professores ganhando progressivamente menos, qual o conceito da educação para os envolvidos: alunos, pais, professores e políticos? A última greve dos professores durou 79 dias. No final, graças à mágica das cadernetas, houve reposição de "faz de conta" e os alunos foram aprovados sem conhecer a matéria. Agora a greve já completou 22 dias e o impasse pode prolongá-la indefinidamente. E parece que ninguém está ligando para isso, o sindicato, o governo, os professores, os pais e os próprios alunos. Por quê?

15/4/1995

Terra de ninguém: a mágica da caderneta

Uma greve depois da outra na educação — e a atual já entra no 29º dia —, percebe-se que uma das causas tanto dos sucessivos e desgastantes movimentos quanto da falência do ensino público é a escandalosa ausência do Estado na educação. A exclusão do Estado decorre menos da falta de vontade política dos governadores e mais da quebra dos elos de comando do poder estadual em relação à imensa rede de escolas públicas. Os principais canais de presença do Estado na educação, os supervisores de ensino e os diretores de escola, mudaram de lado: deixaram de atuar como quadros do Estado e passaram para o sindicalismo imediatista, tornando-se meros agentes de reivindicação salarial. Ao participar e insuflar a greves e vaias, os diretores perderam autoridade sobre os professores e legitimidade junto aos alunos e seus familiares. Da mesma forma, os supervisores de ensino perderam a moral de fiscais dos conteúdos curriculares e dos direitos da coletividade de acesso ao saber acumulado pela humanidade.

Ao longo das greves, os pontos das escolas são "fajutados" e, no final do ano, mediante a mágica das cadernetas, é iludida a reposição das aulas. Os alunos são as únicas vítimas do estelionato na rede escolar — em que a maioria dos funcionários falsifica para receber sem trabalhar e preservar o mais possível suas férias — e o processo de fraude acaba por envolver até, ainda que por omissão, as próprias Delegacias de Ensino. Por tudo isso, a educação virou terreno de ninguém, em que os currículos se tornaram letra morta e ninguém tem meios de avaliar a qualidade do ensino.

Embora a necessidade da melhoria das condições de vida dos educadores seja um consenso — do qual partilham tanto os políticos que militam nos sindicatos quanto seus adversários —, depois de tantas greves e algumas eleições legítimas, os professores ganham cada vez menos. Por que os resultados são sempre o inverso do pretendido por todas as partes? Por que, apesar de tudo, o quadro na educação só se agrava? Dentre outras coisas, se o Estado perdeu os canais de comando sobre a rede escolar, também perderam sua função os organismos governamentais em que as reivindicações do professorado têm eco e que procuram fórmulas para manter os níveis de insatisfação do magistério sob controle.

A Apeoesp jamais poderá reclamar de repressão contra a atual greve. Em compensação, o governo também não procurou convencer os professores a voltar às aulas, nem demonstrou interesse em encontrar saídas para o movimento. Ou seja, ficou visível que o governo do estado perdeu o comando e a dimensão da imensa rede de escolas, mas também ficou patente que, desmoralizada a greve, o sindicato já não tem como comover o governo ou a população para a miserabilidade dos profissionais de ensino.

22/4/1995

Política vulgar atrapalha ensino

Oficialmente depois de 35 dias, na prática depois de 31, terminou em mais uma derrota a última greve dos professores. Nem o piso quase ridículo reivindicado pela Apeoesp, de apenas R$ 210, um pouco mais do que dois salários-aposentadoria, foi alcançado. Os professores voltam para as escolas humilhados. A diretoria da Apeoesp vai ostentar um ar de vitória, e colocar mais esse "movimento" em seu currículo, ignorando que o maior sinal de sua incapacidade de liderança foi a agressão dos tomateiros do PSTU ao governador Mário Covas, que isolou ainda mais os professores e prejudicou a imagem da cidade vítima de sua ação, Carapicuíba. Os professores mais sérios, mobilizados por suas necessidades econômicas — e não por seus alinhamentos partidário-sindicais —, devem estar se perguntando se não foram utilizados por lideranças irremovíveis.

Ao radicalizar novamente, dispensando todas as outras formas de mobilização e pressão e, sobretudo, por não tentar ganhar o apoio popular, deixando os alunos sem aulas em outra greve de tempo indeterminado num setor essencial, o sindicato contribuiu para o aumento do descrédito do professorado. Agora vai impedir um balanço sério do movimento, de um lado porque os estatutos burocratizados e as minorias organizadas dos donos da verdade impedirão uma avaliação livre do movimento, de outro porque a democracia já não existe na vida sindical (em que a disputa sadia foi trocada pelo regime das chapas únicas ou das oposições de fachada). Em suas casas ou com os amigos, os professores mais sérios devem estar se indagando se sua profissão tem jeito e se o ensino público pode ser recuperado.

Como profissionais com formação superior e numa função estratégica para o futuro do país (se encarassem suas atividades com empenho e competência), os professores deveriam ter salários dez a quinze vezes maiores que os atuais. Entretanto, como a Secretaria da Educação tem aproximadamente 340 dos 647 mil funcionários estaduais, como os professores têm um nível de formação lamentável e como a opinião pública já não acredita no ensino oficial, o problema do salário profissional, mantidas as atuais estrutura e concepção de ensino, não tem solução. Para salvar o salário dos professores é preciso tirar a discussão do politicismo vulgar e tentar, primeiro, salvar a própria educação e o direito ao saber das crianças e jovens. Isto passa, certamente, pela introdução do conceito de diferença, que permita remunerar os professores segundo a competência, o empenho e a eficiência de cada um, mediante a municipalização e descentralização da rede escolar e pela adoção dos recursos da informática, da eletrônica e da comunicação, revolucionando os modos de ensinar e tornando a educação contemporânea do final do século XX.

29/4/1995

Para onde vai o ensino público?

Saiu afinal do papel o projeto de ensino a distância do governo federal. Um aparelho de TV em cada escola, conectado a um satélite, poderá receber praticamente durante as 24 horas do dia a programação do Ministério da Educação, com aulas visando a reciclagem dos professores, identificados como o aspecto mais vulnerável da rede de ensino. Os pontos do currículo de cada matéria passíveis de retreinamento foram decididos em pesquisas sobre as maiores dificuldades de aprendizagem dos alunos.

Quase simultaneamente ao anúncio da iniciativa do Ministério, o governo de São Paulo concluiu sua proposta de reforma. Por entender que a convivência entre alunos de todas as séries dispersa os esforços dos dirigentes escolares, além de forçar o amadurecimento precoce das crianças e a imbecilização dos adolescentes e jovens, o Estado pretende separar, já no ano que vem, em estabelecimentos distintos, os alunos de 1ª a 4ª séries. A médio prazo também devem ficar em prédios específicos os estudantes de 5ª a 8ª séries e os do colegial. Especializadas por faixa etária e grau do conhecimento, as instituições escolares poderão aprimorar sua prestação de serviços, com economia de meios, ou seja, um número menor de professores, que poderão ser mais bem pagos.

Em vez de concorrentes entre si, as duas reformas são complementares e poderão imprimir velocidade ao processo de recuperação do ensino público, apesar da indisposição das entidades sindicais dos professores, sempre contrárias a qualquer mudança. Para que as reformas atinjam seus objetivos, contudo, é importante analisar com isenção as iniciativas anteriores de melhoria e recolher os pontos positivos. Por maiores que sejam as críticas ao ex-governador Orestes Quércia, é forçoso reconhecer que os Cefams representaram um avanço, pagando um salário a estudantes do curso de magistério e preparando melhor as futuras alfabetizadoras. Da mesma forma, o projeto escola-padrão, do governo Fleury Filho, ao aumentar a independência e responsabilidade dos diretores, limitar o funcionamento das escolas a três períodos, melhorar os salários, estabelecer horários-atividade e introduzir orientadores educacionais nas escolas, seguramente representou a mais firme das sacudidas já dadas na agonizante escola pública. O problema é que as iniciativas nunca têm continuidade. O Cefam, por exemplo, ficou limitado a muito poucas escolas (só uma em Osasco, em prédio emprestado e hoje ameaçada de despejo) e a escola-padrão não chegou a 30% da rede. As novas iniciativas precisam, portanto, de humildade, para recuperar coisas positivas dos governos anteriores, e determinação, para completar as reformulações iniciadas, estendendo-as a todas as escolas.

23/9/1995

Salários dos animadores de livro didático

Com a proposta submetida à Assembléia Legislativa de aumento de 30% sobre o salário base e a manutenção dos dois últimos abonos salariais (de R$ 25, concedido no ano passado, e de R$ 118, em vigor desde 1º de abril), os professores terão em 1º de novembro um reajuste mínimo de 19,27% sobre os salários de outubro; algumas categorias da educação passarão a ganhar mais 27% em relação a este mês. Comparado com os aumentos de outras categorias (10 a 12%), os profissionais de ensino parecem em rota de recuperação da dignidade.

Contabilizando também o abono de abril, R$ 118, o piso salarial dos professores P1 em início de carreira passará de R$ 281,99 em março para 477,09 em novembro, acumulando neste ano uma correção de 69,18%; até setembro, neste ano, nenhum índice registrou inflação superior a 13%; pelo IGP-M ela está em 12,49% e, pelo IGP da FGV, em 12,71%. A política salarial adotada pelo governo Covas, portanto, está esvaziando a prática grevista da Apeoesp, o Sindicato dos Professores, que sempre centrou sua propaganda nos salários recebidos pelos principiantes. A manutenção do expediente dos abonos, entretanto, é questionável, pois está corrigindo em ritmo muito mais lento os salários dos professores mais antigos, logo os mais experientes e qualificados, e dos profissionais superiores da educação, exatamente os que estão trocando o ensino público pelo particular e abandonando o magistério por outros ramos de atividade. Enquanto os professores em início de carreira terão neste ano um reajuste de 69,18%, os supervisores de ensino terão um aumento acumulado de apenas 39,35%.

Embora seja verdade que, praticamente pela primeira vez nos últimos trinta anos, os salários de todas as categorias do magistério estejam ganhando da inflação, o privilégio aos professores em início de carreira não significa um erro e uma subordinação à propaganda sindical? Com isso, o governo não está premiando a inexperiência e o despreparo e desestimulando os mais experimentados? Apesar de mais sensíveis à política grevista do seu sindicato, os professores iniciantes, na maioria ainda estudantes ou profissionais mal-sucedidos em seus campos de formação, têm uma contribuição pequena a dar em sala de aula, atuando mais como bedéis e, no melhor dos casos, como animadores de livros didáticos. Para eles, ainda mais importante que o salário é a oportunidade do primeiro emprego. Ao contrário, os antigos professores — com anos de estrada, filhos para sustentar, a noção das responsabilidades familiares e a consciência das obrigações de educador — representam um patrimônio da sociedade e deveriam estar no centro das atenções do governo, pois, sem eles, não haverá a desejada recuperação do ensino.

14/10/1995

Quem quer o ensino como está

"Mas os médicos aconselham que não se ponha as mãos nas feridas incuráveis; e não sou sensato ao querer isso ao povo que há muito perdeu todo conhecimento e que, por não sentir mais o seu mal, bem mostra que sua doença é mortal." Discurso da servidão voluntária, de Étienne La Boétie.

Professores da rede pública que fingem ser pais da periferia mas mantêm os filhos na escola particular e dizem que a didática e o futuro das crianças importam menos que a distância da escola. Mães moradoras de bairros pobres que agem como se os funcionários públicos não pertencessem à burocracia do Estado e subordinam o futuro dos próprios filhos ao presente dos professores. E alunos, crianças de 13 ou 14 anos de idade, que protestam como se fossem sindicalistas treinados em vaias e faixas, reclamando que a educação é um dever odioso, do qual querem logo se livrar. No último dia 25 de outubro, eu entrei na Torre de Babel e provei o gosto da discussão sem nexo, da recusa pela recusa, o debate simplesmente para contrariar, com cara de protesto para manter o *statu quo* na audiência pública promovida pela Câmara para discutir o projeto de reforma do ensino pelo governo Mário Covas. Vi até o vereador procurando o aplauso fácil ao garantir que foi lá e mediu, dizendo que no remoto Três Montanhas uma escola fica a mais de um quilômetro e meio da outra. Apesar de tudo, driblando a hostilidade e as agressões, as representantes da Secretaria da Educação conseguiram mostrar que o governo tem uma proposta clara para o ensino, mas isto era o que menos interessava.

A iniciativa da audiência pública foi o fator mais importante da noite, pois o público presente não foi à Câmara para se informar, ouvir ou discutir, mas para se posicionar e protestar. Felizmente — pasmem — eles eram tão poucos, uns vinte estudantes, duas mães, e uns 45 professores. A questão da educação, para eles pelo menos, que sem dúvida têm o poder de reduzir a maioria ao silêncio, não é tema de debate ou consciência, mas de representação teatral, em que até o público entra ensaiado para o espetáculo: vaia sempre que alguém diz apoiar a reorganização das escolas e aplaude entusiasmado quando outro garante que a escola estadual é melhor que a particular ou simplesmente fala quinze minutos para desabafar. Sinceramente, assistindo à representação lembrei-me do velho Leon Trotski e do seu conceito de hipostasiação, ainda não consagrado pelo Aurélio. Trata-se do fenômeno pelo qual o representante hipostasia, ou seja substitui, passa a agir, a sentir e a se expressar como se fosse o representado, assumindo politicamente o seu lugar. Segundo ele, por esse fenômeno, a direção sindical assumia o lugar da base, o partido passava a ser a classe, o comitê central e o secretário-geral o sentimento e a voz da executiva, do comitê, do partido e do próprio povo. Por isso Stálin se transformou no proletariado russo e o professor público que tem o filho na escola particular virou a voz do pai da periferia.

28/10/1995

Pilatos, salário e o desensino

Depois dos resultados divulgados pelo Saeb (Sistema de Avaliação do Ensino Básico), é fundamental implantar qualquer medida ou reforma para salvar a educação, seja ela qual for. Podem ser retomadas as experiências do Cefam* ou da escola-padrão, qualquer coisa, ou novamente redistribuir a rede física, mas a juventude não pode continuar relegada ao descaso. Somente 1% dos estudantes do 3º colegial seriam aprovados numa prova média de Português com base no currículo e, conforme o levantamento do Saeb, apenas 3,7% são capazes de resolver todas as questões formuladas na área de Matemática. Ou seja, depois de sete anos de escola, os estudantes apresentam dificuldades elementares com a língua pátria, são semi-alfabetizados, sem nenhuma intimidade com os raciocínios matemáticos e desqualificados para a aprendizagem dos rudimentos de Física, Química, Biologia, Contabilidade ou Literatura. Se os exames finais fossem realizados pelo governo, e não pelos próprios professores, só um aluno de cada duas a três classes terminaria o colegial.

A crise não é só da rede pública. Desesperados, os pais de classe média lamentam que, no passado, o ensino oficial era decente e, hoje, fazem das tripas coração para tentar salvar o futuro dos filhos, pagando para que eles aprendam. Entretanto, a escola particular continua tão fraca quanto sempre foi. A diferença é que, empurrado para o abismo pela ditadura militar, o ensino público descambou para o descompromisso com o futuro e a irresponsabilidade profissional. Para que o nível de ensino caísse tanto foi necessário que os dedicados professores do passado fossem substituídos por uma nova geração de mestres em nada.

É evidente que a progressiva redução dos salários é uma das causas da queda dos níveis de competência, mas, com certeza, não é a única, porque também ocorreram perdas morais que a baixa remuneração não justifica. Há lideranças político-sindicais que reduzem tudo à questão econômica e acabam se tornando cúmplices e beneficiárias dos crimes realizados em sala de aula pois, ainda que ganhem mal, os professores recebem para ensinar, não para enganar. A argumentação corporativista, como em tudo, pratica o vício de jogar a culpa sempre para cima, transferindo as responsabilidades e repetindo o gesto de Pilatos. Há não muito tempo, depois de descobertos, membros dos esquadrões de fuzilamento e dos centros de tortura também disseram candidamente que cumpriam ordens. E hoje, de quem partem as ordens para desensinar a juventude?

---

* Experiência implantada pelo governo Orestes Quércia, comentada em outros artigos, em que os alunos de algumas escolas de magistério passaram a estudar em período integral e receber uma bolsa mensal de um salário mínimo.
30/11/1996

Escola que aprova mais é melhor?

Embora gerando alguns tumultos, por ser implantada aparentemente de improviso, a recuperação de férias é outra iniciativa do governo estadual na área da educação que merece aplausos. O mês de janeiro, que sempre foi inteiramente desperdiçado pelos alunos, assim como julho e, no mínimo a metade de dezembro e de fevereiro, está sendo transformado num período útil. As portas abertas e as luzes acesas nessa época do ano representam um esforço para reduzir a ociosidade dos prédios e quadros, pois as escolas permaneciam um quarto do ano paradas. Agora, com mais um mês de trabalho, está sendo oferecida a oportunidade aos alunos de recuperar o período que eles haviam sido condenados a perder em suas vidas.

O importante da recuperação é que ela é opcional, podendo ser freqüentada apenas pelos interessados. Outra mudança é que os professores podem ser outros e que o trabalho concentrado com repetentes exige inovações pedagógicas. A experiência vinha sendo aplicada em Santos, permitindo o reaproveitamento de 50% dos alunos antes condenados, cujo desempenho melhora também nas séries seguintes. Os valores investidos, por outro lado, são amplamente compensados pela economia decorrente da redução da repetência.

O sucesso da recuperação deve-se à variação de diversos fatores do ensino. Embora o aluno seja o único punido com a reprovação no caso de não-aprendizagem, ela pode decorrer também de falhas dos profissionais de ensino ou até do currículo. Ao dar uma segunda chance ao aluno, a Secretaria também está dando uma segunda época a si própria, para compreender e tentar superar as deficiências do sistema.

11/12/1996

A máfia do ensino e o provão do MEC

Se conseguir superar a pressão dos lobbies e da máfia da educação, nos próximos dias o MEC (Ministério da Educação) deve divulgar o relatório final do provão aplicado no ano passado aos formandos em alguns cursos superiores. O texto com os dados e analisando os resultados está pronto e tem mais de setecentas páginas. Nas antecâmaras do governo e nos corredores do Congresso, contudo, cresce a movimentação de empresários para ocultar as conclusões, pois elas encerram um escândalo de proporções muito mais danosas que o caso dos precatórios e uma história de engodos e venda de ilusões quilometricamente maior que a montada pela quadrilha de Alagoas de Fernando Collor e PC Farias.

O objetivo do provão era avaliar o ensino superior no País e 35% das faculdades em funcionamento, ou seja, 3,5 em cada 10, foram reprovadas com desonra, 20% com o conceito D e 15% com E, todas da rede particular. A avaliação por conceitos hoje é familiar a qualquer aluno e os números mostram que 35% das faculdades estão absolutamente desqualificadas, cobram caro dos alunos para formá-los mas os lançam despreparados no mercado, desensinam ao invés de ensinar, cobrando pelo trabalho que só fingem realizar. A causa do baixo nível profissional não é, portanto, a falta de empenho ou de inteligência dos alunos, mas a ganância das escolas. Além de enquadradas e proibidas de funcionar pelo MEC, seus proprietários deveriam ser investigados pelo Procon e autuados pelo Código do Consumidor, por prometerem um produto, receberem por ele, mas entregarem apenas vento e ilusão. As vítimas da máfia perfazem mais de um milhão de diplomados todos os anos, a grande maioria dos quais acaba se empregando em serviços públicos, parte na rede pública de ensino, realimentando a espiral da ignorância e do engodo na educação.

É importante que os dados venham a público e que o País comece a se mobilizar imediatamente, não apenas para que não reste mais um aluno fora da escola, mas sobretudo para que a juventude deixe de ser enganada, iludida e trapaceada dentro da escola. Outro motivo para divulgar as conclusões do provão é mostrar que, apesar de tudo, nem tudo que é público é necessariamente ruim, pois, as das faculdades que obtiveram o conceito A, as 15% do total, 20% avaliadas com B e as 30% com C, em sua maioria são públicas, estaduais ou federais. O escândalo da educação reproduz-se todos os anos, atrelando o aluno à dependência social e condenando o País ao subdesenvolvimento econômico e humano. E, sem a remoralização do ensino, é impossível manter a fé no futuro.

29/3/1997

A falta de vagas e a arma da mentira

É até concebível que um pai se revolte por não matricular o filho na escola mais próxima, entretanto não é crível que leve seu inconformismo ao extremo de prejudicar a criança, só para usá-la como objeto de denúncia. Além disso, distância é uma coisa e falta de vaga na rede pública é outra, completamente diferente; o primeiro problema, aliás, pode ser atenuado com medidas simples como passes de ônibus, transporte solidário ou até a cooperação entre as mães. Um mês atrás, não acreditando na possibilidade de que milhares de estudantes tivessem ficado fora da escola (dos quais cerca de 1.700 já cadastrados, segundo o movimento "Nenhum aluno fora da escola"), a repórter descobriu que as lideranças não haviam se preocupado em analisar as fichas que brandiam como bandeiras e deliberou conferi-las, descobrindo que os números alardeados haviam sido abundantemente inflacionados e estavam sendo usados de forma sensacionalista. A matéria irritou os organizadores do movimento "Nenhum aluno fora da escola", que não pouparam adjetivos e insinuações para agredir a repórter Rosemeire Fraga.

As Delegacias de Ensino mobilizaram-se para solucionar o suposto problema e prorrogaram as matrículas até o último prazo legal, 30 de abril. Sintomaticamente o número de interessados foi de duzentos e poucos, ou seja, em média menos de 2,4 alunos para cada uma das 88 escolas da rede. Isto mostra que o movimento por vagas militava sobre a mentira e fazia uma agitação destituída de seriedade.

Ao invés de se preocupar efetivamente com os direitos constitucionais dos que não conseguiram se matricular, o movimento criava fantasias e usava frivolamente os "sem-vaga" como instrumentos do denuncismo politiqueiro, numa radicalidade aparente que, no princípio do século e pelos melhores autores ainda citados (mas não lidos pela neoesquerda), era classificada como manifestação doentia. Esse tipo de afecção, a rigor, faz muito mais mal que bem à cidadania, pois eleva ao proscênio um falso problema e, com isso, esconde as questões reais. Apesar do desvio e do barulhaço, o obstáculo mais grave e difícil para o futuro do Brasil reside de fato na educação, pois o ensino público de Primeiro e Segundo Graus transformou-se em ferramenta de perpetuação da exploração dos mais humildes e de reprodução em escala ampliada da miséria e das diferenças sociais, tanto pela omissão dos governantes quanto pelo oportunismo de profissionais que ganham para isso, e até de pais que fingem que tudo está bem e dos exploradores das desgraças alheias.

10/5/1997

Escolas municipais e nível de ensino

Em Barueri e em Santana de Parnaíba, as aulas nas escolas municipalizadas começam depois de amanhã, em 2 de fevereiro. Em Osasco, Jandira e Itapevi o ano letivo começa no outro dia 9, e na menos organizada Carapicuíba ainda nem se sabe se houve tempo para completar o processo de transferência das escolas. Este será, apesar dos desencontros, um ano especial para o ensino e a experiência da municipalização entra numa fase decisiva de testes. Trata-se da mais ousada tentativa de remoralização da educação, após a separação, dois anos atrás, em prédios diferentes, dos alunos de primeira a quarta séries.

A maioria das escolas públicas de ensino fundamental, as últimas quatro séries do Primeiro Grau e o Segundo Grau continuam sob a responsabilidade do estado e das delegacias de ensino. A mudança, por isso e por enquanto, beneficia somente uma minoria dos alunos — 12 das 87 escolas de Osasco e 14 das de Barueri. O sindicato centralizado do professorado, com a mudança, perderá parte de suas receitas, mas, em contrapartida, os profissionais poderão agora organizar-se de maneira mais flexível e eficiente e as prefeituras poderão avaliar e reconhecer os méritos individuais. De qualquer forma, e como os demais serviços públicos, a rede de ensino não deve mesmo servir aos interesses das burocracias sindicais, mas à comunidade, e visar a qualidade da formação das próximas gerações.

Com mais de 6.800 escolas e uma clientela de 7 milhões de alunos, a rede estadual transformara-se num monstro impossível de dirigir, em que ainda campeiam o desinteresse, a incompetência e o politiquismo imediatista. Em conseqüência disso, em vez de oferecer oportunidades iguais para todos, e reduzir as diferenças decorrentes do nascimento, o ensino público tornou-se um odioso instrumento de aprofundamento das desigualdades, condenando os mais pobres ao despreparo e reduzindo até suas oportunidades de trabalho. A municipalização, apesar dos inevitáveis problemas iniciais, representa uma proposta de descentralização e uma possibilidade de controle do trabalho pelos pais e pela comunidade. Torcemos para que a iniciativa seja bem-sucedida e o conceito de ensino público e gratuito retome a sintonia com a qualidade.

31/1/1998

Apêndice
Dois relâmpagos na noite do arrocho

Artigo escrito em 1978, para a edição número 2 da revista *Cadernos do Presente*, da Editora Aparte, comemorativa aos dez anos das greves de 1968. O texto articulava-se com outros artigos, entrevistas, pesquisas e mesas-redondas, que envolveram as mais variadas figuras do movimento e dirigentes sindicais de dez anos depois. O artigo é publicado a seguir, sem os seus corolários, na forma de vinte anos.

As greves operárias de Osasco e Contagem em 1968 foram apenas dois breves e intensos relâmpagos. Não bastaram para trazer a classe operária à luz do dia da luta política. Depois do breve clarear, seus lampejos apagaram-se na longa noite de catorze anos (1964-1978) em que o movimento operário se viu reduzido a resistências individuais ou moleculares. A importância dessas greves, entretanto, não foi obscurecida pelos dez anos que se seguiram. As bandeiras da contratação coletiva do trabalho, dos reajustes trimestrais de salário e do desatrelamento da estrutura sindical voltam hoje a tremular, orientando a luta de milhares de trabalhadores. Nas seções de fábricas, agências de bancos e até nos escritórios volta a correr uma expressão que sensibiliza um número crescente de trabalhadores: a organização de comissões de empresa. Ao mesmo tempo que se torna necessário compreender as leis que regeram a noite — arrocho salarial acompanhado de incapacidade de resistência da classe operária — torna-se também imperioso saber o que foram exatamente e como ocorreram os relâmpagos — ou seja, como surgiram e se desenvolveram os movimentos de Contagem e Osasco e por que eles não tiveram continuidade.

Na época, 1968 parecia o ano da grande revanche. Pelas milhares de cabeças que o incendiavam, passava a certeza de que aquele era o ano da lavagem de alma dos movimentos populares derrotados em 1964. E tudo se passava como numa festa, em que muitos dançavam, mas os músicos e os principais dançarinos eram os estudantes; onde o vinho servido tinha o cheiro e o gosto da rebeldia estudantil. E tudo ocorria também como numa festa com hora certa para terminar; hora esta que não havia sido fixada pelos estudantes e nem eles sabiam qual era, mas que já estava próxima.

Depois da morte de Edson Luís, em março, o movimento estudantil entrara num período de rápido ascenso. Passeata dos 100 mil; movimentos de rua nas principais cidades; luta acirrada entre as várias correntes políticas pelo controle da UNE e das UEEs (Uniões Estaduais dos Estudantes); correntes políticas tentando romper o cerco do movimento estudantil e influenciar o desenvolvimento dos movimentos de outras camadas sociais; ocupação de faculdades etc. Esse ascenso refletia-se também no surgimento de inúmeras entidades de profissionais liberais, artistas e intelectuais, que se inspiravam e viviam à sombra do movimento estudantil.

O movimento operário de 1968, certamente, tinha seu ritmo próprio, mas ele se confundiu, foi influenciado pela dinâmica dominante no microcosmo das oposições. As palavras de ordem gritadas pelos operários não podiam deixar de misturar-se às vozes que entoavam as

224

canções de Geraldo Vandré. Assim, a greve de Contagem em abril, o 1º de Maio na praça da Sé, a greve de Osasco em julho vieram a animar e a alimentar a grande esperança da desforra. A segunda greve de Contagem (outubro) ocorreria já numa conjuntura de descenso.

Os estudantes: entre a origem pequeno burguesa e a vontade de chegar ao proletariado

Entre 1966 e 1968, a história do movimento estudantil, grosso modo, pode ser dividida em dois períodos: o primeiro vai de setembro de 1966 até o final de 1967; o segundo compreende fundamentalmente o ano de 1968. No primeiro momento, expressando a sua maneira a insatisfação generalizada da pequena burguesia, o movimento estudantil lançou suas bases e cresceu. No segundo momento, em face do processo de recuperação da pequena burguesia pelo regime, o movimento estudantil passou a se definir e organizar de forma autônoma, em função de uma dinâmica interna que o fazia privilegiar a necessidade de aliança com uma outra classe social, o proletariado.

1965, 1966 e a primeira metade de 1967 é o tempo em que a pequena burguesia se afastou do regime que havia ajudado a instaurar em 1964. Em 1964, grande parte dessa camada social se manifestara contra o comunismo, clamando pelo golpe de Estado que redimiria a propriedade privada, a ordem, a moralidade e as "tradições ameaçadas".

Depois do golpe, com efeito, essa camada assistiu às investidas do novo regime contra os sindicatos, entidades e outras associações profissionais; acompanhou as intervenções feitas em todos os setores da vida social, com as prisões e cassações políticas e a perda de empregos pelos possíveis opositores. Só que, além disso, o regime também promoveu uma redistribuição da propriedade, que favoreceu os grandes capitais nacionais e multinacionais — a "operação saneadora" do ministro Roberto Campos. Em conseqüência, centenas de pequenas empresas foram obrigadas a cerrar suas portas em 1965 e início de 1966.

Para acertar as arestas e inaugurar um novo ciclo de acumulação capitalista, também foi necessário reduzir os salários ou rendimentos profissionais das camadas médias. Logo depois do golpe, portanto, setores da pequena burguesia se viam de novo às voltas com o risco da pauperização. Fato que ilustra isso: a breve crise da indústria automobilística, cujos pátios se encheram de automóveis para os quais não havia compradores. A propósito, a votação obtida pelo MDB nas eleições de 1966, quando ele ainda era tido como co-irmão da Arena foi bem alta (só superada pela votação de 1974); também foi elevada a quantidade de votos nulos, através da campanha do MCD (Movimento Contra a Ditadura), promovida pela UNE.

Em 1966, quando voltou à evidência, o movimento estudantil foi entusiasticamente saudado nas ruas. Durante a "setembrada" (passeatas realizadas em setembro de 1966 em São Paulo), dos prédios choviam papéis picados sobre os estudantes. As campanhas em favor dos excedentes (vestibulandos aprovados para os quais não havia vagas nas universidades) eram encaradas pela classe média como movimentos seus. E o movimento estudantil crescia rapidamente. Chegou a quase todos os estados, penetrando nas principais faculdades e se ampliando até a algumas escolas secundárias. A UNE voltou a se fortalecer, embora clandestina, e ressurgiram as UEEs e algumas entidades secundaristas, como a Ubes.

Em 1967, completada a "limpeza da área", ou seja, redistribuída a propriedade segundo o modelo de acumulação que asseguraria a retomada e o "milagre", as várias frações e os diversos setores da burguesia estavam coesos em torno do regime. Tornava-se então possível reconquistar o apoio da pequena burguesia também porque, em parte, o desenvolvimento seguinte se processaria em cima do "consumismo" dessa camada da população. Fatos que ilustram isso: a criação de consórcios para a venda de automóveis; a política do BNH para a venda de casas; a política creditícia e os financiamentos para a venda de todas as modalidades de bens de consumo. Afastado o temor do empobrecimento generalizado, a pequena burguesia reapurou os ouvidos para a fraseologia anticomunista, moralista e "ordeira" do regime. Nesse quadro, a passeata dos 100 mil, na Guanabara, não representou mais que o agradecimento final da pequena burguesia, que se despedia daqueles que haviam encarnado suas insatisfações.

A grande imprensa e as "famílias", aos poucos, passaram a ver o movimento estudantil como sinônimo de subversão e de ameaça à ordem. Tendo se aprofundado bastante nas escolas que mobilizara, o movimento deixa de se espraiar, passando a radicalizar apenas com as bases que já tinha. Num ritmo acelerado, os estudantes promovem seguidas manifestações de rua, sucedendo-se os combates com a polícia. Agora já sem as chuvas de papel picado, mas com os resmungos dos "chefes de família" que não mais queriam perder a hora do jantar nas ruas congestionadas.

Isolado da classe que lhe dera sustentação, o movimento estudantil passa a definir-se tendo como referência sua dinâmica interna. Seu móvel passa a ser um outro setor social, o proletariado, mas as organizações políticas que nele atuavam buscam açodadamente o controle das entidades estudantis (em São Paulo chegou a haver duas UEEs). O processo de busca do proletariado, na verdade, vinha desde

1966, mas só em 1968 assumiu formas quase dramáticas. E não só os setores atingidos pelo movimento ou pelas organizações políticas estudantis seriam marcados por ele.

Frustrado em seu objetivo de conseguir uma vinculação significativa com a classe operária e corroído por suas lutas internas, o movimento estudantil estava historicamente condenado. Seu fim dependeria apenas de outros tantos enfrentamentos com a polícia, como Congresso de Ibiúna.

A influência estudantil sobre o movimento operário

Nos momentos de extrema desorganização, decorrentes de derrotas profundas ou da inexistência de uma consciência de classe autônoma, a passagem da classe operária a uma atitude combativa depende de acontecimentos exteriores que tenham reflexos imediatos sobre ela.

Utilizando uma metáfora: quando adormecida, é necessário algum impulso exterior para que ela acorde, mas é ela quem acorda. O sono não é sinônimo de morte, mas de uma vida sem atuação sobre o exterior. Implica, antes de mais nada, uma ação voltada para o interior, de sobrevivência.

Historicamente, esse "impulso externo" sobre a classe operária tem sido as crises econômicas e/ou políticas que abalam o sistema de dominação. As próprias crises criam condições para a movimentação da classe, que reage à depreciação de suas condições de vida, animando-se ou reanimando-se. Geralmente, contudo, tem sido necessário um outro elemento social para a ativação do proletariado: os protestos das classes médias. Estas, em virtude de sua organização social, intimidade com as "idéias" e o poder, têm condições de se mobilizar muito mais rapidamente. E o fazem sempre que, para elas, é iminente o risco de proletarização. Nesses momentos, a pequena burguesia procura incendiar o ânimo do proletariado por ver nele o aliado ideal para conter seu próprio empobrecimento. Depois, dependendo da duração da crise, do grau de consciência e organização alcançado, o movimento operário pode adquirir força e clareza para caminhar sobre os próprios pés, inaugurando um processo de construção de sua autonomia política e ideológica.

A animação do movimento operário em 1967/68 foi diretamente influenciada pelas organizações políticas estudantis. Mas essa influência teve um peso diferente sobre cada setor ou parte da classe operária, variando segundo o tipo de tradição e organização local e, também, de acordo com o grau de clareza e capacidade das vanguardas locais de receber influências externas e de dirigir suas bases.

A própria natureza da influência do movimento estudantil, entretanto, já estava historicamente marcada e delimitada em função de sua capacidade de sobreviver. O movimento estudantil já perdera suas bases de sustentação social. O regime se fortalecera em virtude da coesão das frações e setores da burguesia e já reconquistara o apoio da pequena burguesia. A questão social — operária, estudantil ou outra — só teria um tratamento: o da força. Para desarticular o movimento estudantil, que começava a adotar formas de luta mais violentas, ou para pôr em prática a política de contenção salarial (peça-chave do "milagre econômico"), o regime não encontraria qualquer obstáculo para lançar mão dos recursos policiais que se fizessem necessários.

Assim, embora o movimento estudantil tenha aberto espaços efetivos para a mobilização operária, apesar de ter ido cutucar os trabalhadores lá onde eles estavam e de haver obtido respostas, acabou também influindo sobre o isolamento e a radicalização dos setores mais organizados da classe operária (Osasco e Contagem). O movimento operário, dessa forma, não teria tempo para se organizar independentemente, para passar a marchar sobre os próprios pés. O desfecho da greve de Osasco (julho) e da segunda greve de Contagem (outubro) inauguraria o maior período de descenso do movimento operário dos últimos trinta anos.

A desorganização das bases, a intensa vigilância policial e o domínio aberto dos sindicatos pelo peleguismo seria o tripé determinante da conduta operária nos anos seguintes. Logo após as derrotas, parte dos seus líderes acompanhou os estudantes mais combativos na aventura militarista, por meio de pequenos grupos que pretendiam derrotar o Estado pela via armada. Do ponto de vista organizativo, essa tentativa desesperada acabaria permitindo ao regime aplicar seu golpe de misericórdia no movimento operário (e também no estudantil).

As condições para a reanimação do movimento operário

Em 1967, ou seja, apenas três anos depois do golpe de Estado, os salários reais já haviam caído cerca de 35%. Num espaço de tempo bastante curto, portanto, as condições de vida dos trabalhadores haviam sido rebaixadas a ponto de provocar uma profunda insatisfação. O arrocho salarial não decorria de uma crise no modo de acumulação capitalista, mas, pelo contrário, era fruto da transição para um novo modo de acumulação. Não refletia, por isso, uma crise grave do sistema. Entretanto, a não-resistência aberta da classe operária ao arrocho não pode ser explicada apenas em virtude da disposição do regime em impedir qualquer contestação a sua política econômica. Ela se devia principalmente a dois outros fatores: primeiro, a desarticulação das atividades sindicais em 1964; segundo, a profunda desorganização e desmobilização das bases depois do golpe de Estado.

A desarticulação das atividades sindicais em 1964 foi realizada mediante intervenções em centenas de sindicatos, acompanhadas pela prisão ou simples perda de emprego por parte de dirigentes sindicais. A propósito, consta que só em São Paulo mais de mil delegados sindicais perderam seus empregos depois do golpe. Inúmeros líderes operários foram forçados a mudar para outras regiões, por não conseguir emprego em suas cidades. Os interventores nos sindicatos e seus sucessores eleitos em 1965 — eles próprios, ou candidatos por eles apoiados — formaram uma nova casta de pelegos caracterizada pela extrema docilidade em relação ao poder e por sua capacidade de desmobilizar as bases (transformaram os sindicatos em órgãos meramente assistencialistas).

Com o golpe de 1964, a classe operária ficou acéfala pois, de fato, antes ela realizava um dos mitos preferidos da burguesia: isto é, tinha "cabeças". A prática pré-64 era essencialmente cupulista (acordos inter-direções sindicais) e a "massa" só era mobilizada para reforçar as manobras ou acordos das cúpulas. Sua mobilização era operada principalmente através de piquetes (que reuniam os quadros mais combativos da classe), que não contribuíam para elevar o nível de consciência e organização das bases. A aplicação da legislação anterior a 64, principalmente a CLT (Consolidação das Leis do Trabalho), mais a substituição dos antigos dirigentes sindicais, bastou para que o regime desmobilizasse os trabalhadores. As leis baixadas pelo governo militar, como a lei 4.330 (lei antigreve), e a campanha sistemática de intimidação policial, foram suficientes para que as massas, desorganizadas, fossem desmoralizadas e inativadas a ponto de se incapacitarem a resistir à política do arrocho.

Fenômeno ilustrativo da desmobilização e da incapacidade de organizar-se para a luta contra o arrocho são as raras e pequenas greves ocorridas em 1965 e 1966. Sem dúvida, a classe operária estava afetada pelo arrocho, mas as greves travadas nesse período sequer colocavam o fim do arrocho como um de seus móveis: as razões alegadas para sua realização foram atrasos de pagamento, cortes de funcionários (os facões), ou o não cumprimento do dissídio pelos patrões. (Única exceção: a "operação tartaruga", realizada pelos operários da Cobrasma, em fins de 1966; mas Osasco, nessa época, já se distinguia no conjunto da classe operária).

Não bastava, portanto, uma razão suficiente para uma reação operária (condições de vida extremamente deterioradas pelo arrocho), era necessário mais: era preciso que a classe fosse despertada na sua vontade de luta, que ela se sentisse minimamente organizada ou, pelo menos, amparada, para retomar a iniciativa.

O impulso necessário à reanimação do movimento operário veio de fora. Dependendo das condições internas a cada setor da classe, ele teve efeitos peculiares. Em São Paulo, por exemplo, onde o movimento estudantil foi às ruas em 1966, levantando *slogans* que também diziam respeito à classe operária (e onde as organizações políticas de composição estudantil buscavam adesões de operários), se desenvolveu a oposição sindical, organizando principalmente os quadros operários mais combativos do período pré-64, os "piqueteiros" que, em grande parte, começavam a repudiar a prática não-organizativa e não-conscientizadora anterior. Atuando dentro de sindicatos com diretorias pelegas, ou que se pautavam pelas práticas não-mobilizativas (tipo pré-64), as oposições sindicais forçavam as diretorias dos sindicatos a atitudes mais decididas contra o arrocho. Em função de sua atuação, em setembro de 1967 foi formado o MIA (Movimento Intersindical Antiarrocho) que, nos moldes cupulistas anteriores, organizava dirigentes sindicais como José Ibrahim, de Osasco; Joaquim Andrade, metalúrgico de São Paulo; e Frederico Brandão, bancário de São Paulo. Mas a divergência que opunha a prática cupulista e as posições que pleiteavam a participação intensa e organizada das bases, seis meses depois, provocaria o fim do MIA. Em Minas Gerais, na mesma época, também houve a tentativa de criar uma FIA (Frente Intersindical Antiarrocho), que não passou da primeira reunião.

O MIA, contudo, cumpriu um papel: incorporou definitivamente a palavra de ordem "luta contra o arrocho" nas atividades sindicais, mesmo que apenas no jargão vazio dos pelegos.

Atividades sindicais de Contagem sobreviveram a 64

Em 1964, o presidente do Sindicato dos Metalúrgicos de Contagem-Belo Horizonte era Ênio Seabra. Apesar da prática então nacional dos acordos de cúpula e dos pactos intersindicais, a diretoria desse sindicato buscava uma participação maior das bases na vida sindical, de maneira que, após o golpe de Estado, sobreviveu na região uma espécie de confiança nas possibilidades de atuação do sindicato.

Além de esse fato ter produzido uma diferenciação tênue entre o Sindicato dos Metalúrgicos de Contagem e os demais, os efeitos do golpe de Estado lá foram menos profundos que em outras regiões. O sindicato sofreu intervenção, tendo Seabra sido substituído pelo pelego Onofre Martins. Mas a maior parte das lideranças sindicais (a exemplo

230

do próprio Seabra) pôde continuar trabalhando e residindo na cidade. Logo após o golpe, as antigas direções sindicais, agora na oposição, voltaram a atuar dentro do sindicato, tentando retomá-lo. Afastadas dos encargos de direção, procuraram criar raízes nas fábricas.

A história do movimento operário de Contagem obedeceu a um fluxo circular entre a tentativa de reconquistar (ou influenciar) o sindicato e a volta às fábricas, com o reforço constante das oposições mais combativas. Em todas as ocasiões, como no dissídio de 1966, a oposição levou propostas às assembléias sindicais e, depois, retornou às fábricas denunciando o peleguismo de Onofre Martins.

Em 1966, já era evidente a presença de organizações políticas nas fábricas de Contagem e na oposição sindical. Um exemplo: na época já circulava regularmente na região o jornal *Piquete*, que, em 1968, chegaria a seu número 100. Além do *Piquete* circularam outros jornais clandestinos, denotando a presença de várias organizações políticas. A ausência de uma hegemonia clara de qualquer delas parece ter contribuído para manterem um relacionamento pouco competitivo e sem grandes atritos na oposição sindical. As sucessivas voltas às fábricas, acrescidas cada vez mais de denúncias contra o sistema e de propaganda sistemática para a politização da classe, contribuíram para o surgimento de novas lideranças, que acabaram por organizar grupos de trabalho altamente respeitados pelas bases. Inicialmente, esses grupos tinham pouca ou nenhuma coordenação entre si, mas, a partir deles, depois de novembro de 1967, iriam se desenvolver as "comissões de fábrica".

Outro fato que contribuiu para fortalecer a oposição sindical de Contagem foi a crise particularmente grave que afetou a região a partir do final de 1966 (quando a oposição já dispunha de alguma força), provocando drásticos cortes de pessoal (como na Mannesmann, seiscentos operários despedidos) e atrasos de pagamento (como na Companhia Siderúrgica Nacional de São João Del Rei e Ibirité).

Boa parte das pequenas greves anteriores a 1968 ocorreram em Contagem e Belo Horizonte (tendo afetado inclusive serviços públicos municipais). Sem dúvida, elas foram, em parte, resultado do trabalho de propaganda e organização das bases pelas oposições sindicais.

A Chapa Verde: vitória e metade devolvida às fábricas

Os acontecimentos relacionados às eleições para a diretoria do Sindicato dos Metalúrgicos de BH-Contagem, em 1967, viriam reforçar ainda mais as lideranças e os grupos de trabalho. Durante a campanha evidenciou-se ainda mais a presença das organizações políticas, todas de composição basicamente estudantil. A campanha da chapa de oposição, a Chapa Verde, colocou no primeiro plano a luta contra o arrocho, mas fez também a propaganda do direito de greve (contra a lei 4.330) e da autonomia dos sindicatos em relação ao Estado.

Com a campanha salarial, intensificou-se a ida e vinda sindicato-fábricas, agora integrando os vários grupos de trabalho antes dispersos. Simultaneamente, nos três colégios de Contagem, ressurge o movimento estudantil; brotam sociedades de amigos de bairro; cineclubes; e ganham novo alento as atividades religiosas (assembléias paroquiais). O período de campanha coincidiu com algumas pequenas greves em Belo Horizonte e Contagem e a Chapa Verde toma a defesa dos operários (caso da dispensa de seiscentos empregados da Mannesmann, por exemplo), denunciando a omissão e o comprometimento da diretoria do sindicato.

Durante a campanha, a DRT (através do delegado Onésimo Viana, o mesmo que destituíra Seabra em 1964 e nomeara Onofre Martins interventor) cogitou — e a notícia se espalhou — impugnar o nome de Ênio Seabra, candidato a presidente do sindicato pela Chapa Verde. A Chapa Azul era encabeçada pelo ex-interventor Onofre Martins e foi derrotada nas eleições de julho de 1966, depois de um mês de acirrada campanha.

Vitoriosa, mas ainda não empossada, a Chapa Verde, por meio do jornal *O Metalúrgico*, comemorava a vitória, conclamando os operários a lutar contra o arrocho salarial, segundo índices "que possam atender o custo de vida". A chapa vitoriosa, contudo, não chegaria a ser empossada inteira: a DRT impugnou os nomes de Ênio Seabra e de dois outros diretores. Antônio Santana, originalmente candidato a bibliotecário pela Chapa Verde, acabou sendo empossado na presidência do sindicato.

A impugnação dos principais nomes da Chapa Verde, por um lado, não impediu a chegada da oposição à diretoria do Sindicato; por outro lado, devolveu ao trabalho de fábrica, junto às bases, as principais lideranças operárias da região. Ao fazer isso, permitiu não só uma dinamização da atividade sindical — que passou a ser regida por métodos democráticos — mas provocou também uma quase subordinação do sindicato aos grupos de trabalho de fábrica.

As comissões de fábrica, ou de cinco

A diretoria do Sindicato dos Metalúrgicos, juntamente com a dos bancários de Belo Horizonte, não conseguiu implantar, em setembro de 1967, a FIA, uma organização tipo MIA em Minas Gerais, dadas as divergências com os dirigentes de outras categorias. Posteriormente, nos primeiros meses de 1968, essas diretorias sindicais tentariam promover a criação de uma outra entidade do mesmo tipo, o CIA (Comitê Intersindical Antiarrocho), que teve a mesma sorte do primeiro. Só que o CIA, no dia 28 de março, ou seja, dezenove dias antes da greve de abril, promoveria uma concentração com mais de 2 mil trabalhadores, que certamente contribuiu para a propaganda da greve e para que as direções operárias, que vinham se agrupando nas comissões de fábrica desde novembro de 67, acertassem seus "ponteiros".

As comissões de fábrica, também chamadas comissões de cinco, surgiram após o dissídio de novembro de 1967. Em assembléia, os metalúrgicos decidiram ir a dissídios com os patrões levando a reivindicação de 60% de aumento salarial. Desde 1965, os reajustes salariais passaram a ser fixados pelo governo, por meio de índices de correção baixados todo mês. Em 1967 o índice foi de 17%. Uma vez mais os metalúrgicos de Contagem tinham explorado as possibilidades da atuação sindical. E uma vez mais voltavam para as fábricas frustrados com os resultados. De forma inicialmente espontânea, mas logo a seguir propagandeada pelas organizações de esquerda, começam a surgir as comissões de empresa. Nos panfletos que apareciam nos banheiros das fábricas, nos vestiários e até dentro dos capacetes dos operários, todos eram convidados a formar grupos de cinco, que se coordenassem entre si para que, brevemente, partissem para a greve.

Em várias fábricas surgiram comissões e elas, em face de toda a luta anteriormente travada, tinham certo grau de representatividade.

Numa das fábricas da região, a Belgo-Mineira, as comissões de empresa conseguiram ser mais amplas e ter maior autoridade, inclusive com uma direção horizontal. Havia quase o suficiente para declarar a greve: boletins afixados nos lugares os mais diversos da fábrica começaram a trazer orientações concretas para os operários, informando, inclusive, partes dos planos para tomada da empresa — o que mostra como a greve foi preparada. Faltava apenas uma difusão da expectativa da greve para o conjunto dos operários da região. Sem dúvida, ainda que não planejado com esse objetivo, foi esse o papel desempenhado pela concentração de 28 de março (coincidentemente, o dia da morte do estudante Edson Luís, no Rio), promovida pelo Comitê Intersindical Antiarrocho.

A primeira greve: 16 mil

A grande inovação das greves de 1968 foi o fato de elas serem realizadas sem a ação de piquetes, iniciando-se dentro da própria fábrica, em horário de expediente. Outra novidade, criada pelos metalúrgicos de Contagem, mas levada a extremos pelos de Osasco, foi a ocupação da fábrica, com os operários assumindo os postos dos vigilantes, passando a dirigir o refeitório.

A greve de Contagem eclodiu no dia 16 de abril, na trefilaria da Belgo-Mineira (1.200 trabalhadores). Logo depois, os trabalhadores formaram comissões para tomar os portões da fábrica, organizar o refeitório, dialogar com os patrões, enfim, para dirigir a fábrica sob seu poder. Nos próprios pátios eram realizadas as assembléias deliberativas. As turmas de outros turnos, quando chegavam, entravam e aderiam ao movimento. A ocupação da Belgo durou dois dias. Embora os operários tivessem se organizado para enfrentar a repressão, improvisando maçaricos e empilhadeiras como armas, os rumores de intervenção policial violenta os levaram a abandonar a fábrica e a ocupar o prédio do sindicato. A partir do terceiro dia, começaram as adesões: SBE, Mannesmann, Belgo de João Monlevade, Acesita, até um total aproximado de 16 mil grevistas.

A reivindicação levantada pelos operários da Belgo logo no primeiro dia, e depois encampada pelos operários de outras fábricas, foi de 25% de aumento salarial. O então ministro do Trabalho, coronel Jarbas Passarinho, voou para Minas Gerais para negociar com os grevistas. O presidente do sindicato negou que a entidade tivesse promovido ou dirigisse a paralisação (mesmo porque poderia sofrer intervenção da DRT em caso contrário), mas se solidarizava com os grevistas e oferecia o auditório do sindicato para as negociações. No final de abril, o presidente Costa e Silva acabou assinando um decreto de emergência, concedendo 10% de abono salarial, quantia que seria compensada no dissídio de novembro.

O resultado não agradou a grande número de operários, nem à maior parte das organizações políticas, mas acabou representando uma vitória efetiva dos metalúrgicos mineiros (que prometiam voltar à greve para integralizar o aumento). No 1º de Maio, a maioria dos trabalhadores ainda continuava em greve. As fábricas só voltaram a funcionar normalmente no dia 2 de maio.

Osasco: uma experiência de organização

Em todas as greves anteriores a 1964, como as de 1953, 1957 e 1963, os metalúrgicos de Osasco, principalmente os da Cobrasma, tiveram participação destacada. Por volta de 1962 surgira em Osasco a Frente Nacional do Trabalho (organização de operários cristãos agrupados em torno de alguns advogados trabalhistas), que se opunha ao sindicato por

234

este ser dirigido por comunistas e se propunha a realizar um trabalho de denúncia e conscientização dentro das fábricas. Em 1963, vários operários da Braseixos se afastaram do PCB e das atividades sindicais por eles consideradas cupulistas, passando a se organizar no que chamavam "comitês clandestinos de fábrica". Logo, eles influenciaram um pequeno grupo de operários da Cobrasma, que também criaram seu "comitê". Tais comitês, na época, tinham escassa representatividade; constituíam mais grupos de trabalho, que editavam boletins, faziam denúncias e procuravam estudar a história da classe operária e a teoria revolucionária do proletariado. Em 1963 também, a FNT criou na Cobrasma uma espécie de "comissão semilegal" composta por dez operários.

Assim, à época do golpe de 1964, havia em Osasco dois tipos de prática junto à classe operária: a oficial, que girava em torno do sindicato, e uma paralela e ainda pouco expressiva, centrada nas próprias fábricas ("comissão" da FNT e o "comitê"). Com o golpe, a primeira foi inteiramente desarticulada — o que levou de roldão também o "comitê" da Braseixos — mas a segunda praticamente não foi afetada. A "comissão" da FNT, assim, sobrou como a única alternativa com credibilidade. Para Osasco afluíram operários de outras regiões (onde não conseguiam emprego), que acabaram se vinculando ao nascente "Grupo de Osasco" (oriundo fundamentalmente do "comitê" da Cobrasma), carreando para ele suas experiências.

A inatividade do sindicato abriria espaços que seriam preenchidos pelas práticas antes marginais. Logo depois do golpe de Estado, com efeito, houve uma paralisação de cinco minutos na Cobrasma (promovida pelo comitê e pela comissão, que estreitavam seu relacionamento) em protesto à morte de um operário num acidente de trabalho. Na prática, ainda que não oficializada, já existia então uma comissão de empresa. Depois dessa demonstração de força, os patrões concordaram em formar uma comissão mista de operários e patrões para resolver os problemas internos. A primeira eleição para a comissão legal de empresa da Cobrasma foi realizada em 1965, tendo sido eleitos 38 operários, dois por seção (um efetivo e um suplente). Os integrantes dessa comissão, na maioria, eram membros da FNT. Dentro da comissão legal, e junto às bases, cresceria a importância do comitê. Na segunda comissão, eleita em 1966, a maior parte pertencia ou estava sob influência do grupo de Osasco, tendo José Ibrahim sido eleito presidente e Roque Aparecido da Silva secretário da comissão. Os elementos da comissão da Cobrasma passavam, aos poucos, a representar um pólo de aglutinação para todos os operários de Osasco, transmitindo sua experiência a outras fábricas e rearticulando, agora segundo suas concepções de trabalho de base, antigos participantes das atividades sindicais.

O obreirismo e a influência estudantil

Diferentemente de Contagem (onde as organizações políticas de origem estudantil participavam sem maiores problemas da oposição sindical), em Osasco muito cedo desenvolveu-se um sentimento obreirista, de repulsa às organizações políticas e de tentativa de independência em relação aos movimentos de estudantes de São Paulo.

As determinantes últimas desse obreirismo talvez sejam o desgosto com a atuação do PCB em 1964 e outros fatores sociológicos (Osasco, na periferia de São Paulo, tinha certo bairrismo e, na década de 50, viveu a campanha autonomista sob a égide de comerciantes e profissionais liberais locais). Imediatamente, entretanto, foram outras as razões do obreirismo. Em 1967, particularmente depois do início da campanha da Chapa Verde, quase todas as organizações políticas tentaram penetrar em Osasco e lá formar bases. Os integrantes do grupo de Osasco passaram a criticá-las então por não terem qualquer idéia sobre a realidade da classe operária e por terem definidas linhas de atuação que emperravam suas práticas. Mas, a princípio, não se negaram a trabalhar com elas. Confiaram-lhes certos trabalhos, como cursos de educação política, impressão de panfletos e jornais. A competição entre elas, entretanto, fez com que procurassem ampliar-se de qualquer forma, seja adulterando panfletos (colocação de palavras de ordem próprias), seja tentando afastar operários (notadamente os que recebiam cursos) do grupo e do trabalho de Osasco. Por outro lado, o contato de alguns membros do grupo com a Universidade contribuiu para o obreirismo; lá, eles passaram a ter uma visão extremamente negativa das organizações políticas que atuavam no movimento estudantil.

Apesar do obreirismo que permeava o grupo de Osasco, passando pelos trabalhos desenvolvidos em fábricas, sindicato, escolas ou bairros, a influência do movimento estudantil universitário sobre Osasco foi extremamente forte, talvez até maior do que em Contagem (até abril de 68). A negação enfática de práticas pejorativamente classificadas como pequeno burguesas acabou constituindo a condição mais favorável para uma influência mais profunda e duradoura do movimento estudantil sobre o operário. O conduto maior para essa influência foram os estudantes secundaristas de Osasco.

Da mesma forma que em outras cidades e bairros da Grande São Paulo, na década de 60 os cursos ginasial, clássico e científico do período noturno eram freqüentados por grande número de jovens operários e trabalhadores de escritório das fábricas. Boa parte dos líderes de Osasco haviam sido (como Ibrahim) ou eram estudantes secundaristas (como Roque A. da Silva, José Campos Barreto e outros). A reorganização do movimento secundarista em Osasco iniciou-se em 1965, mas completou-se em setembro de 1966, logo depois das tentativas feitas em Osasco para promover passeatas de solidariedade aos universitários paulistas.

A maior parte das mobilizações universitárias de São Paulo e outras cidades repercutiam quase imediatamente entre os secundaristas de Osasco. No início de 1966, com o fechamento da UEO e dos grêmios, só havia na cidade uma entidade, a recém-fundada Associação do Curso Clássico do Ceneart, o maior colégio da região. Depois da setembrada, surgiram grêmios nos seis colégios da cidade e foi organizada uma entidade municipal de estudantes, o CEO (Círculo Estudantil Osasquense); José Barreto seria um dos presidentes dessa entidade. Roque A. da Silva, além de pertencer à Comissão da Cobrasma e ao sindicato, integrou também a diretoria do CEO e da Ubes (União Brasileira de Estudantes Secundários). As tentativas dos secundaristas de Osasco de reproduzir as manifestações dos estudantes de outras cidades constituíram, assim, o conduto mais eficaz da política estudantil para a operária. Um dado que ilustra isso: em abril de 1968, quando ocorriam passeatas em várias capitais brasileiras como protesto à morte de Edson Luís, em Osasco houve duas passeatas de estudantes, operários (estes minoritários) e operários-estudantes, com 2.500 e 3 mil participantes; na segunda, principalmente, foram agitadas questões operárias, tendo sido o desfile aberto com uma bandeira do Vietcong.

Relações informais e uma vanguarda local

A expressão "Grupo de Osasco" foi apenas uma forma posteriormente criada para designar o conjunto de operários, operários-estudantes e estudantes que viviam em Osasco e atuavam nos movimentos locais. As relações que uniam o grupo eram informais, ou seja, ele não tinha caráter partidário. Um conjunto de concepções vagas, entretanto, dava-lhe certa unidade: defesa do socialismo, recusa das práticas conciliatórias de classe e privilegiamento da participação e da ação das bases. Ainda que com visões ligeiramente diferentes, todos os membros do grupo defendiam a criação de comissões de empresa (legais ou não) e a participação em todos os instrumentos legais de organização (como o sindicato). Além disso, também havia no grupo uma evidente simpatia pela Revolução Cubana e pela luta armada. Exceto em alguns momentos de maior mobilização — quando eram criadas coordenações —, o grupo não possuía qualquer direção regular. As reuniões dos seus integrantes eram realizadas nos mais diversos lugares, mas sempre em função do cumprimento de tarefas ligadas à mobilização ou à organização para movimentos concretos.

A informalidade do Grupo de Osasco decorria de sua própria origem (mais ou menos espontânea, a partir de grupos de amigos) e denotava um caráter quase provinciano que estreitava seus horizontes. A ausência de definições mais gerais confinava o grupo a Osasco. A inexistência de uma direção regular praticamente o impedia de cumprir certas decisões, como o enraizamento do trabalho de fábrica também nos bairros, em estruturas clandestinas. Mas, por outro lado, o grupo tinha extrema agilidade e notória sensibilidade para responder aos problemas imediatos mais intensamente sentidos pelos operários ou estudantes da região. Em espaços curtíssimos de tempo, mobilizava-se para responder (propagandeando ou organizando lutas) às possíveis reivindicações dos operários ou estudantes de Osasco.

A partir de seus núcleos iniciais (Comissão da Cobrasma, Associação de Curso Clássico), o grupo ampliou-se significativamente depois da setembrada, quando fundou e passou a dirigir os seis grêmios estudantis locais e o CEO.

Em 1966, quando a UNE propunha o voto nulo, o grupo adotou uma posição singular: anular os votos para deputados e senador, mas participar ativamente da campanha eleitoral no âmbito municipal. Apoiou um candidato do MDB à prefeitura, Guaçu Piteri, e lançou candidato próprio (pela legenda da oposição) a vereador; também fez propaganda de dois outros candidatos a vereador. Todos foram eleitos.

Aproveitando-se de sua presença na Câmara Municipal e da relativa influência na Prefeitura, o grupo também tentou participar de Sociedades Amigos de Bairro e em campanhas de alfabetização de adultos.

A informalidade do grupo que, por um lado, dava-lhe agilidade e sensibilidade, por outro, além de impedi-lo de espraiar-se a outras cidades e criar outras formas de organização em Osasco, o tornava pouco apto a superar suas limitações. Depois de março de 1968, ou seja, depois das passeatas em protesto à morte de Edson Luís, Osasco entraria no processo de luta ideológica que se travava na esquerda. Também lá, um dos pontos centrais do debate era a questão da tomada do poder pela via armada. Com o debate travado em Osasco, enquanto uma parte do grupo passava a se posicionar em favor da guerrilha rural, os outros membros foram se retraindo e desmobilizando. Inúmeros integrantes do grupo foram, um a um, sendo recrutados por uma organização militarista (entre março/abril e agosto/setembro de 1968). A integração individual dos últimos dificultaria que a experiência do grupo tivesse peso significativo dentro da organização política (que tinha composição basicamente estudantil). Duas foram as razões para que os "osasquenses" fossem integrados por uma determinada corrente militarista: primeira, essa corrente não tinha qualquer definição acerca do movimento operário e, portanto, "não atrapalhava"; segunda, ela lhes parecia séria pelo simples fato de já estar praticando ações armadas, o que a isentaria de um "caráter pequeno-burguês"!

Um Primeiro de Maio de luta

Em 1967, a partir principalmente da Comissão da Cobrasma, mas com operários de outras fábricas (para onde haviam estendido sua influência), a FNT e o Grupo de Osasco organizaram uma chapa para as eleições sindicais. A FNT ficou com a maioria dos cargos, mas o Grupo de Osasco teve maior influência na definição do programa. Este colocava claramente a luta contra o arrocho, pelo direito de greve, pela organização de comissões de empresa, pelo reajuste trimestral de salários; também propunha a adoção do sistema de contratação coletiva de trabalho. Até hoje, este foi o programa mais avançado de uma chapa eleita para a diretoria sindical.

A chapa de situação (Azul) era encabeçada por Henos Amorina (presidente do Sindicato dos Metalúrgicos de Osasco de 1965 a 1967 e de 1969 até hoje). Em quase todas as fábricas, os resultados revelaram um certo equilíbrio entre as duas chapas. A Cobrasma decidiu as eleições em favor da Chapa Verde.

A partir de setembro, o presidente dos metalúrgicos de Osasco, José Ibrahim, participaria das articulações do MIA. Sua atuação dentro dessa entidade cupulista o afastaria ainda mais dos dirigentes pelegos e o aproximaria das oposições sindicais, criando impasses que poriam por terra o MIA. Em virtude das posições assumidas pela direção metalúrgica de Osasco, o sindicato esteve prestes a sofrer uma intervenção da DRT, tendo Ibrahim sido suspenso do cargo por quinze dias. O principal reflexo do MIA em Osasco foi a ativação da participação das bases na vida sindical: assembléias constantes por fábricas, seções etc. Como resultado desse trabalho de agitação, começaram a ser criadas comissões de empresa clandestinas em outras fábricas, como a Lonaflex e a Brown Boveri.

Logo após o fracasso do MIA, os dirigentes sindicais paulistas passaram a organizar uma "festa" para o Primeiro de Maio. A direção metalúrgica de Osasco foi convidada para os preparativos, mas começou a articular-se também com as oposições sindicais, entidades estudantis e organizações políticas armadas para transformar a festa num dia de luta. Enquanto as direções pelegas convidavam autoridades e artistas para a comemoração do Dia do Trabalhador, a diretoria dos metalúrgicos de Osasco mobilizava suas bases, propagandeando duas palavras de ordem: "Minas é exemplo de luta" e "Greve contra o arrocho".

Logo após o 1º de Maio, José Ibrahim foi muito criticado por algumas organizações políticas estudantis, tendo sido classificado até como pelego, por não ter aparecido na praça da Sé, embora o sindicato tenha fretado ônibus e custeado a ida de mais de mil trabalhadores ao ato. O risco de uma intervenção da DRT foi a razão principal da ausência de Ibrahim, levantada pela diretoria do sindicato e outros membros do Grupo de Osasco. As correntes estudantis que hostilizavam Ibrahim não sabiam de dois fatos: uma greve estava sendo preparada secretamente pelos trabalhadores; e, em Osasco, julgava-se fundamental continuar no sindicato para poder preparar e deflagrar essa greve.

O momento político da greve

A greve de Contagem, de certo modo, pegara o regime de surpresa. Forçara-o a negociar e a fazer concessões. Representara um primeiro "furo" no arrocho, mas este, se continuasse a sofrer novas afrontas, acabaria comprometendo a própria política econômica oficial. A greve de Contagem tivera implicações políticas na medida em que desafiara a política econômica oficial. E só ocorrera por ter partido de dentro das fábricas.

Em julho, o fator surpresa já não existia. Só um movimento amplo e extremamente organizado — para o que dependeria de uma análise de conjuntura muito clara — poderia ser vitorioso. A politização (ou pelo menos sensibilização a seus interesses políticos) das bases fora operada pelo Grupo de Osasco, mas apenas de acordo com suas possibilidades. No final de junho, os estudantes paulistas haviam ocupado a Faculdade de Filosofia (Maria Antônia) e havia notícias de movimentos camponeses em Santa Fé do Sul (São Paulo). Além disso, articulava-se a Frente Ampla com Carlos Lacerda, Jango e Juscelino, o que lançava suspeitas de uma cisão nas classes dominantes. Esses simples fatos bastavam para cegar os olhos à conjuntura política e para alentar a esperança de que a entrada do movimento operário em cena poderia alterar fundamentalmente os rumos históricos do país. Se a possibilidade de repressão quase imediata à greve era um dado quase palpável, por outro lado havia expectativas tão grandes que se acreditava na possibilidade de, pelo menos, abalar o regime.

240

Por outro lado, em Osasco a agitação da palavra de ordem "greve contra o arrocho" fora tão longe que as bases estavam prontas para paralisar o trabalho e começavam quase a exigir a greve. Em fins de maio, uma fábrica de trezentos operários, a Barreto Keller, onde o Grupo de Osasco e a FNT sequer tinham bases, entrou em greve; conseguiu um abono salarial e a criação de uma comissão legal de empresa. A exigência da greve por parte das bases e de elementos do grupo e da Frente iludia ainda um outro fato: com o aprofundamento da luta de posições políticas, o próprio grupo deixaria de ter as mesmas condições organizativas que antes. A possibilidade de extensão da greve a outros lugares, como São Paulo, ABC e Minas Gerais, era reduzida, mas também era evidente a solidariedade e a disposição de luta das oposições sindicais. Além de todos esses fatos, a própria organização militarista, que pretendia a radicalização dos movimentos de massas, pressionava seus militantes a decidir-se pela greve.

Após o dissídio de novembro de 1967, quando o índice de correção salarial foi de apenas 17% contra os 52% pleiteados, a vanguarda de Osasco decidiu ir à greve. Mas se preparava para a greve na época do próximo dissídio, em novembro de 1968. Todo o processo de radicalização acima descrito fez com que os planos fossem antecipados para julho mesmo. Os planos que serviram de base para a sua eclosão continham um erro fundamental: imaginava-se que a repressão levaria pelo menos quatro ou cinco dias para intervir. No primeiro e segundo dias, seriam paralisadas diversas fábricas, algumas seriam ocupadas pelos operários; os trabalhadores de outras marchariam em passeata até a sede do sindicato, para não se desmobilizar. Esses quatro ou cinco dias, imaginava-se, seriam suficientes para que os operários mobilizados formassem piquetes, a fim de parar todas as fábricas das imediações (Jaguaré, Lapa etc.). E havia ainda uma última esperança: a de que, em função de uma greve de tais dimensões, as oposições sindicais também pudessem paralisar outras fábricas em São Paulo e no ABC. As reivindicações gerais: 35% de aumento salarial; reajustes trimestrais de salários e a contratação coletiva do trabalho. Além destas, cada fábrica elaboraria um elenco de reivindicações específicas.

A derrota da Greve de Osasco

No dia 16 de julho, atendendo ao sinal convencionado (o apito da Cobrasma, às 8h40), a partir da seção de limpeza e acabamento da fundição, os operários começaram a ocupar a fábrica. Organizaram, durante o dia, as comissões de vigilância, abastecimento, informações e mobilização. Nas horas marcadas, 12 e 14, foram parando outras fábricas. Os operários da Barreto Keller, Osran e Granada dirigiram-se em passeata para o sindicato. Os da Lonaflex ocuparam a empresa.

Um enviado do delegado regional do trabalho, general Moacir Gaya, foi a Osasco dialogar com Ibrahim, que, como ocorrera em Contagem, procurou isentar o sindicato da responsabilidade pelo movimento. O coronel Passarinho voou para São Paulo e montou seu QG no Palácio dos Bandeirantes. No começo da noite, a polícia interveio. Primeiro na Lonaflex, depois na Cobrasma. No dia seguinte, outras fábricas aderiram: Braseixos, Brown Boveri e, parcialmente, a Cimaf, a Eternit (total aproximado de grevistas: 10 mil). Depois a polícia investiu contra o sindicato, pois já havia sido decretada a intervenção.

No primeiro dia, cerca de trezentos a quatrocentos prisões na Cobrasma (aproximadamente cinqüenta operários ficaram detidos); no segundo, prisões em igrejas. A cidade toda ocupada por policiais em duplas, com cachorros amestrados e armas de guerra.

No terceiro dia, embora já sem um comando de greve, o movimento continuou. Dispersas, as lideranças tentaram manter a mobilização de qualquer forma. Numa assembléia de estudantes na Faculdade de Economia da USP em apoio aos grevistas, Manuel Dias do Nascimento, o Neto de Osasco, chegou a prometer a continuação do movimento com greves de grevilhas: ou seja, paralisação um dia de uma seção, outro dia de outra, e num outro ainda falta dos moradores de um certo bairro ao trabalho.

Por volta do sexto dia, todas as fábricas de Osasco já funcionavam normalmente. Trabalhadores foram despedidos, outros tiveram que ficar foragidos em função da busca policial. Mas, tempos depois, a maior parte das empresas, para evitar problemas, atendeu a algumas reivindicações específicas e deu cotas variáveis de antecipação salarial.

A consumação da derrota

Tanto em Contagem quanto em Osasco restaram núcleos organizados. Em Contagem, em outubro (quando o movimento estudantil já se desagregava) ocorreria uma segunda greve, preparada quase exclusivamente e detonada a partir das organizações que atuavam na região. Só durou um dia. Foi totalmente dissolvida pela polícia. E o sindicato sofreu intervenção.

Em Osasco, os núcleos restantes, em setembro e início de outubro, começaram a se reaglutinar para, de novo, montar a oposição sindical. Entretanto, as lideranças mais expressivas já estavam mais voltadas para a vida interna de sua organização política e se preparavam para "abandonar a cidade", para partir para a guerrilha. A dificuldade para

242

reorganizar a oposição sindical foi ampliada ainda mais quando, em virtude de sua atuação militarista, os ex-líderes de Osasco foram sendo presos. O desdobramento natural do movimento estudantil, o enfrentamento armado, levara consigo, primeiro para fora do movimento operário, e depois para a derrota armada, as principais lideranças.

Os elos orgânicos entre os movimentos de Osasco/Contagem e o movimento operário posterior foram cortados. Mas a experiência daqueles movimentos permaneceu. Primeiro, eles foram tomados como exemplo pelo regime para intimidar a classe operária. Hoje, eles são repensados porque podem ajudar a classe operária a encontrar seus próprios caminhos. A experiência das comissões de fábrica, de atuação nos sindicatos (ainda que atrelados), a luta contra o arrocho, pelo direito de greve realizando greves e pelo contrato coletivo de trabalho parecem luzes presentes tanto sob o relâmpago quanto no dia.

Agradecimentos

Sem a colaboração e o incentivo de tantos amigos,
eu não teria tido a coragem necessária para levar
essa empreitada até o fim. Eles criticaram, mostraram erros,
iluminaram caminhos, tiveram a paciência de ler e vários
até ajudaram digitando e revisando textos.
Com o risco de estar omitindo nomes e cometendo injustiças,
como resolvi citar apenas catorze pessoas, devo o privilégio
de agora poder submeter minhas angústias à crítica a:
Benjamin Abdala Júnior,
Danielly Moreira,
Decio Chiba,
Elzira Arantes,
Ênio Gruppi,
José Carlos Monteiro da Silva,
Luís Sérgio Brandino,
Marco Aurélio Weber,
Marcos Aparecido Araújo,
Mário Luiz Guide,
Olgária Matos,
Roniwalter Jatobá,
Rosemarie Fabrin,
Waldomiro de Deus.
Não seria preciso dizer, mas todas as falhas e erros são de minha
responsabilidade. Se tiver oportunidade, no futuro, corrijo.